—— *어떻게 능력을 보여줄 것인가* ——

일러두기
• 본문의 소제목 및 글의 구성은 편집 과정에서 국내의 상황에 맞게 일부 수정한 것이다.
• 본문에 나오는 인물 및 지명은 모두 영어식 외래어표기법으로 명기했다
• 8장에서 '아우라'는 어법상 '오라'로 써야 하나 한국에서 '오라'를 대신하는 표현으로 빈번하게 쓰이고 있어,
  그대로 사용했다.

Überzeugt!

by Jack Nasher
Copyright © 2017 Campus Verlag GmbH

어떻게
능력을
보여줄
것인가

당신의 가치를 빛나게 할 능력 어필의 기술

잭 내셔 지음 | 안인희 옮김

갤리온
GALLEON

차례

| Chapter 3 | 나의 장점만 떠오르게 하는 법

| Chapter 4 | 운과 재능을 내 편으로 만드는 법

충분히 노력한 당신, 이젠 인정받아라

•

모든 새로운 시작은 다른 시작의 종말에서 나온다.

— 세네카Seneca

세계 최고 바이올리니스트의 지하철역 콘서트

세계에서 가장 유명한 바이올리니스트가 자신의 정체를 숨긴 채 1,000명이 오가는 지하철역에서 연주를 한다면 어떤 일이 벌어질까? 아무런 예고도, 광고도 없이 그냥 무작정 바이올린을 켠다면?

「워싱턴포스트」지 기자 진 바인가르텐Gene Weingarten이 던진 질문이다. 미국 워싱턴의 내셔널교향악단 지휘자인 레너드 슬래트킨Leonard Slatkin은

이 질문을 듣고 대답했다.[1]

"사람들은 그를 거리의 악사쯤으로 여기겠죠. 그래도 그냥 지나치지는 않을 겁니다. 1,000명 중에 적어도 35~40명쯤은 대가의 연주를 알아보지 않을까요? 어쩌면 75~100명이 일제히 걸음을 멈추고 그의 연주를 경청할지도 모르죠."

기자는 "고맙습니다, 마에스트로" 하고 정중히 말하고는 곧 이렇게 덧붙였다. "실은 제가 이 실험을 실제로 해보았어요."

"그래요? 연주자는 누구였나요?"

지휘자는 호기심에 차서 물었다.

"조슈아 벨Joshua Bell입니다."

기자의 대답에 지휘자는 놀라움을 감추지 못했다.

"설마!"

진짜였다. 이 실험에는 조슈아 벨이 등장했다. 실험 당시 조슈아 벨은 각종 언론에서 '신동', '천재' 등의 찬사를 받으며, 바이올리니스트 역사상 다시없을 기록을 모조리 갈아치우고 있었다.

조슈아 벨은 열일곱 살에 카네기 홀에서 데뷔해, 런던 교향악단 등 세계 유수의 관현악단과 협연했으며, 수많은 상을 휩쓸었다. 머큐리 상, 도이치 그라모폰 상, 에코 클래식 상, 심지어 아카데미 시상식의 오스카 상까지 모두 그에게 돌아갔다. 그가 연주한 영화 '레드 바이올린'의 사운드트랙이 음악상을 수상한 것이다.

거리의 음악가라니! 추위가 기승을 부리던 1월 어느 날 이전까지만 해도 조슈아 벨과는 전혀 어울리지 않는 타이틀이었다. 그날 오전 8시 직전, 세계에서 가장 촉망받는 바이올리니스트가 워싱턴 D.C.의 랑팡 플라자 지하철역 계단을 내려왔다. 그는 연주비를 받을 바이올린 케이스를 발치에 내려놓고, 바이올린을 꺼냈다. 이 바이올린으로 말할 것 같으면 1713년에 제작된 악기로서, 400백만 달러에 육박하는 '걸작품'이었다. 바이올린 활 또한 18세기 후반에 장인 프랑수아 투르트François Tourte의 작업장에서 나온 명품이었다.

야구 모자를 눌러쓴, 키 크고 동작이 굼뜬 젊은이가 자리를 잡고 섰다. 사흘 전 보스턴 심포니 홀에서 열린 이 사내의 연주회는 100달러가 훌쩍 넘는 입장료에도 불구하고 전석 매진을 기록했다.

그가 선택한 곡은 '바흐 무반주 바이올린 파르티타 2번의 샤콘'이었다. 작곡가 브람스는 이 곡을 가리켜 "가장 경이롭고 해명할 길 없는 작품으로, 극히 깊은 생각과 강력한 감정으로 이루어진 세계다. 내가 그 작품을 만들 수 있었다면, 그런 영감을 받을 수 있었다면 거대한 자극과 감동이 아마도 나를 미치게 만들었을 것이라 확신한다"[2]라고 평하기도 했다.

'지하철역 콘서트'를 기획한 기자는 열광한 군중들이 몰려들 경우에 대비해 경호원까지 동원했다. 드디어 세계적인 바이올리니스트가 명품 바이올린으로 역사적인 곡을 연주하기 시작했다. 처음 3분 동안 63명이 지나갔지만 별다른 일은 벌어지지 않았다. 중년 남성 하나가 걸음을 늦추고 누군가 연주를 하고 있음을 알아챈 정도였다. 마침내 어떤 여성이 바이올린 케이스에 1달러를 던졌지만, 곧장 돌아서서 걸음을 재촉했다.

연주가 이어지는 43분 동안 조슈아 벨의 앞을 지나던 1,097명 중 바이올린 케이스에 연주비를 넣은 사람은 고작 27명뿐이었다. 이들조차 연주를 거의 듣지 않고 돈을 넣자마자 자리를 떴다. 잠깐이라도 멈추어 서서 연주에 귀 기울인 사람은 겨우 7명이었다.

조슈아 벨이 연주하는 곳에서 몇 미터 떨어진 복권 판매소 앞에는 한 무리의 사람들이 줄지어 서 있었는데, 43분 동안 이들 중 누구도 그를 향해 고개조차 돌리지 않았다. 구두닦이 한 명은 벨의 옆에 자리를 잡고는 '깽깽이' 소리가 시끄럽다며 이따금씩 투덜댔다. 이 구두닦이가 다른 날처럼 경찰관을 부르지 않은 게 그나마 불행 중 다행이랄까.

연주의 총 수입은 32달러 17센트. 거리 음악가의 수입으로는 나쁜 편이 아니다. 하지만 지나가다가 이 '전설의 음악가'를 알아보고는 깜짝 놀라며 20달러를 케이스에 집어넣은 한 여성 덕분에 그나마 이 액수가 나왔다. 그의 오랜 팬이었던 이 여성에 관해서는 1장에서 더욱 자세히 이야기하겠다.

벨은 연주가 끝난 직후가 특히 고통스러웠다고 고백했다. 아무도 박수를 치지 않았기 때문이다. 그는 무척 당황하면서 말없이 멈추어 있다가 다음 곡을 연주하곤 했다. 세계 최고의 바이올리니스트가 역사상 가장 위대한 장인이 만든 명품 바이올린으로 연주를 하는데, 단 한 명도 환호하지 않았다!

실험을 기획한 기자는 물론, 기자의 질문을 받은 세계적 지휘자 또한 '천재의 재능이란 따로 설명이 필요치 않은 것'이라고 너무나 확고히 믿었건만, 그들의 예상은 보기 좋게 빗나갔다. 이 실험을 다룬 기사는 세간에 충격을 안겼고, 기자는 그해 퓰리처 상의 주인공이 되었다.

능력은 절대 스스로 빛을 발하지 않는다

결코 무시해서는 안 될 진실이 있다. 능력은 그 자체로 빛을 발하지 않는다는 것이다. 어쩌면 당신은 자신이 맡은 분야에서 세계 최고가 될 잠재력을 갖춘 인재일지도 모른다. 누구도 아직 그 사실을 알아채지 못했을 뿐이다. 그러니까 당신은 자신의 능력을 남들에게 보여주어야 한다. 이 책은 바로 이런 문제를 다룬다.

여러 연구들은 상대의 능력을 알아보기가 얼마나 어려운 일인가를 거듭 알려준다.[3] 연구 결과들을 보고 있자면, 객관적 기준을 통해 제대로 평가할 수 있는 능력이란 아예 존재하지 않는 것만 같다.[4]

그 사람이 이룬 성과를 살펴보면 된다고? 유감스럽게도 성과 역시 능력을 알려주는 정확한 지표는 아니다. 성공이나 실패는 능력을 평가하는 데 놀라울 정도로 영향을 미치지 않는다.

의사의 예를 한 번 들어보겠다. 그가 내린 처방 덕에 증상이 완화되었어도 환자는 그 처방을 별 것 아니라 여길 수 있다. 반면 처방이 전혀 효과가 없었음에도 환자가 자신의 병은 누구라도 고칠 수 없는 불치병이었다고 생각하며, 의사의 능력을 의심하지 않는 경우도 있다.

20세기까지는 병에 걸리더라도 의사에게 가지 않는 편이 오히려 건강에 이로웠다. 만병에 처방으로 쓰이던 '피 뽑기'가 아무런 효과도 없었을 뿐 아니라, 병보다 더욱 치명적인 감염을 일으켰기 때문이다. 하지만 당시에도 의사들은 높은 지위를 누렸다.

가게 사장도 비슷한 상황을 겪는다. 매출이 올라도 사람들은 사장의 장사 수완 덕분이 아니라 제품의 품질이나 광고 덕분이라 여길 수 있다. 한

편 판매가 줄었는데도 사장의 무능함 때문이 아니라, 경쟁이 더욱 심해진 탓이라 간주할 수 있다. 한 나라의 대통령도 예외일 수는 없다. 경기가 좋고 실업률이 낮아도 대통령은 무능한 사람이라는 평가를 받을 수 있다. 그 반대 역시 성립한다.

경제 분야의 구체적인 예시를 하나 들어보자. 1983년, 경영 컨설팅 회사 맥킨지는 통신기업 AT&T의 요청을 받아, 휴대폰 시장의 미래를 예측하는 작업에 착수했다. 당시 AT&T의 사장은 그때를 이렇게 회상한다.

"맥킨지는 2000년까지 고작 미국인 100만 명이 휴대폰을 이용할 것이라고 예측했습니다. 그것도 최대로 잡아서 말입니다."[5]

물론 이 예측은 보기 좋게 빗나갔다. 2000년에는 8,000만 명이 넘는 미국인들이 휴대폰을 이용하고 있었다. AT&T는 맥킨지의 컨설팅을 바탕으로 전략적 결정을 내렸고, 그런 탓에 수십억 달러의 손실을 보았다.[6] 한때 세계에서 가장 성공한 기업이었던 AT&T는 겨우 몇 년 만에 자회사였던 사우스웨스턴벨에 인수 합병되었다.

AT&T에 수십억 달러의 손실을 안긴 2000년에 맥킨지의 운명은 어떻게 되었을까? 고객들이 모조리 떨어져나간 후, 파산 위기에 처했을까? 놀랍게도 전혀 아니었다. 오히려 이 해에 맥킨지는 가장 괄목할 만한 성과를 거두었다. 회사의 명성 또한 조금도 손상을 입지 않았다.

명성과 실제 능력이 무관하다는 명제는 전문 지식이 필수적인 분야에도 똑같이 적용된다. 미국 심리학자 필립 테틀록Philip Tetlock은 경제·정치·군사 분야의 전문가 수백 명에게 각자의 전문 분야에서 앞으로 5년 동안 일어날 사건들을 예측해달라고 요청했다.[7] 연구 결과, 어떤 전문가가 유능하다고 알려져 있는지는 적중의 정확도와 일말의 관계도 없었다. 심지어 가장 평판이 좋은 사람들이 가장 심하게 틀렸다.

이른바 '전문가'들은 이미 드러난 결과를 놓고 이야기하는 사람들이다. TV 뉴스에서 진지한 표정으로 재정위기나 전쟁 발발 등의 사건이 벌어진 원인을 분석하는 사람들조차도, 그 사건을 미리 예측하지는 못했다.

이쯤에서 우리의 상식을 완전히 뒤집어야 한다. 능력이 출중하지 못하다고 해서 반드시 무능하다는 평가를 받는 것은 아니다. 유감스럽게도 유능한 사람 또한 모두가 그의 능력을 인정해주지는 않는다.

조슈아 벨의 '지하철역 콘서트'가 끝난 직후, 주변을 지나던 몇몇 사람들에게 그의 연주가 어땠는지 물어보았다. "예, 바이올리니스트를 보긴 했죠" 하고 출근하던 변호사가 대답했다. 그리고 그의 냉정한 평가가 뒤를 이었다.

"하지만 그 사람의 어떤 점도 내게 특별한 인상을 주지는 못했어요."

당신도 혹시 '액자 없는 예술품'?

내 주된 연구 과제이자 이 책의 주제인 '능력을 보여주는 법'에 관해 이야기하면, 적지 않은 이들이 불쾌감을 표시한다. '차근차근 실력을 쌓을 생각은 하지 않고, 이미지 관리에만 몰두하라니. 너무 얄팍한 처세술 아닌가?' 하는 생각 때문이다. 당신 역시 이런 의구심을 품고 있다면 외출하기 전, 무엇을 하는지를 떠올려보자.[8]

우리는 거울 앞에서 정성스레 머리를 손질한다. 향수를 뿌려 향기로운 체취가 나게 하는 것도 잊지 않는다. 높은 굽의 구두를 선택해, 키를 더 크게 보이려 한다. 이처럼 우리는 자신도 모르는 사이에 좋은 인상을 만들기 위해 노력하고 있다.

책에서 다룰 이야기도 이 같은 노력의 일환이다. '당신의 능력을 겉으로 내보이기 위해 노력하라'는 메시지는 '상대방을 속이라'는 권고가 아니다. 나는 당신의 능력을 보다 많은 사람이 알아볼 수 있도록 하는 실용적 지침을 제공하고자 한다.

일에서 가장 중요한 요소는 물론 능력이지만, 단순한 유능함보다 유능함과 신뢰를 합친 '신뢰가능성'이 더욱 중요하다.[9] 신뢰는 공정함, 한결같음, 충성심, 성실성 등의 주관적 인상에 근거를 둔다.[10] 타인에게 신뢰받으려면 거짓말을 하지 않도록 조심해야 하지만, '진정성'이라는 조명을 효과적으로 받기 위한 노력도 놓쳐서는 안 된다.

능력을 드러내는 기술을 의식적으로 적용하면, 압도적으로 긍정적인 효과를 얻을 수 있다는 사실을 시사하는 여러 연구들이 있다.[11] 당신이 가진 능력을 적극적으로 보이면, 상대는 당신에 대한 핵심적 정보들을 얻을 수 있다. 이런 정보들은 당신이 보여주지 않았더라면 놓쳤을지도 모르는 것들이다.

열심히 노력하기만 하면 모두가 인정해줄 것이라 믿어왔는가? 안타깝지만 당신은 틀렸다. 다투는 연인들의 단골 멘트는 이런 것들이다.

"내 마음을 그렇게 몰라?"

"말을 안 하는데 무슨 수로 알아?"

이는 비즈니스의 세계에서도 적용된다. 표현하지 않아도 당신이 얼마나 유능한 인재인지 단번에 알아보는 상대란 거의 존재하지 않는다. 그러므로 당신이 지닌 능력만큼, 혹은 그 이상으로 인정받고 싶다면 망설이지 말고 여기 서술된 기술들을 사용해라.

당신의 능력에 스스로 자신감을 가지고, 유감없이 펼쳐 보여라. 마지막에 당신은 분명 다른 사람들보다 한 걸음 앞서 있게 될 것이다. 의외로 능력을 보여주는 법을 알고 행동하는 사람들은 극소수이기 때문이다. 단, 책에 나온 기술을 사용할 때는 자연스럽게 접근해야 한다. 의도적으로 영향을 미치려는 노력을 상대방이 알아챘다면, 거부반응이 나타날지도 모르니 말이다.[12]

책에 나오는 기술들은 아주 사소한 사항들이지만, 이런 작은 차이가 경쟁자와 당신의 격차를 만든다. 경쟁이 점점 더 치열해지는 오늘날에는 특히 그렇다. 스웨덴의 비즈니스 구루인 요나스 리더스트럴러Jonas Ridderstråle와 첼 노오스트롬Kjell Nordström은 오늘날의 사회를 '과잉사회'라고 명명하며, 다음과 같이 말했다.

"과잉사회에서는 비슷한 회사들의 과잉이 나타난다. 비슷한 교육을 받은 비슷한 사람들이 비슷한 회사에서 일하며, 비슷한 생각을 갖고 비슷한 가격으로 비슷한 품질의 비슷한 서비스를 제공한다."[13]

희망적인 소식은, 사람들은 대동소이한 서비스와 제품들 사이에서도 한두 가지 브랜드에 전폭적인 지지를 보낸다는 것이다. 고객은 자신이 좋아하는 브랜드를 집중적으로 소비한다. 이런 상황에서는 고객의 호감을 얻는 근소한 차이가 회사의 성패를 가른다.

미국 경제학자 셔윈 로젠Sherwin Rosen은 '슈퍼스타의 경제학'이라는 말로 이를 표현했다.

"아주 조금 앞서는 무언가, 1/100초 빨리 달리기, 조금 더 우아하게 들리는 피아노 터치 하나가 우리의 능력을 보여준다. 더 나아가 찬양을 받느냐 실패자로 무시당하느냐를 결정한다. 승자독식의 사회에서는 겨우 한 끗 다른 승자가 모든 것을 차지하기 때문이다."[14]

당신은 2유로를 내고 무명 바이올리니스트의 음반을 사겠는가, 아니면 여기에 50센트를 얹어서 '세기의 천재' 조슈아 벨의 것을 사겠는가?

한 번 더 조슈아 벨로 돌아가보자. 워싱턴 D.C.의 지하철역에서 그야말로 고독한 연주를 펼쳤던 바이올린의 거장 말이다. 이 실험을 고안했던 「워싱턴포스트」 기자는 이런 당혹스런 결과를 '액자 없는 예술품'이라는 개념으로 설명했다.

미술관에서 모든 관람객들이 경탄하며 바라보는 걸작이 있다고 치자. 같은 작품이 액자도 없이 동네 음식점에 걸려서 몇 달러에 구할 수 있게 된다면, 거의 모든 이가 작품의 예술적 가치를 알아보지 못한다.

영국을 대표하는 그래피티 아티스트인 뱅크시Banksy의 작품은 통상 수백만 달러에 거래된다. 그는 뉴욕의 센트럴파크에서 몇 시간 동안 자신의 작품을 익명으로 팔도록 했다.[15] 그리고 조슈아 벨과 비슷한 경험을 했다. 한 시간이 지나서야 첫 손님이 나타나더니, 그림 두 장을 달랑 60달러에 구입했다. 그림의 가치를 증명해줄 '액자'가 없어서 일어난 일이었다.

조슈아 벨은 이렇게 말했다.

"입장권을 산 관객 앞에서 연주할 때는 처음부터 자신감을 느낍니다. 구태여 인정을 받으려 애쓰지 않아도 되기 때문이죠."

바로 이런 자신감을 심어주는 것이 이 책의 목적이다.

이 책은 실제의 능력이 아니라, 상대에게 인지된 능력을 집중적으로 다룬다. 이처럼 겉으로 드러난 능력을 '보이는 능력'이라 이름 붙이고, 심리학 연구를 바탕으로 보이는 능력을 높이기 위한 방법을 여러 각도에서 살펴볼 것이다.

프로페셔널로 대접받을 것인가, 낙오자로 낙인찍힐 것인가

내가 베스트셀러 작가라는 '액자'를 갖는 데도 우여곡절이 많았다. 옥스퍼드대학교 석사과정을 마칠 무렵, 첫 책 『유능함을 드러내는 기술』이 드디어 세상에 나왔다. '이 책은 세상을 얼마나 변화시킬까?' 하는 부푼 기대를 안고 초판본이 든 소포 꾸러미를 열던 기억이 지금도 생생하다. 그런데 무슨 일이 일어났던가? 아무 일도 일어나지 않았다. 아무 일도!

책이 나오고 얼마 지나지 않아 내가 태어난 도시의 작은 서점에서 그 책을 발견했을 때, 나는 날아갈 듯 기뻤다. 커피 한 잔을 마신 다음 서점으로 돌아와 책이 팔려나간 것을 확인하자, 기쁨은 배가 되었다.

그러나 그 책은 고향집 책꽂이에 꽂혀 있었다. 내가 커피를 마시는 사이, 어머니가 샀던 것이다. 결국, 이 책은 철학자 데이비드 흄David Hume이 자신의 책에 대해 말한 것과 똑같은 운명을 맞이했다. 그러니까 "인쇄기에서 나오면서 죽었다".

그로부터 6년 후, 나의 또 다른 책 『거짓말을 읽는 완벽한 기술』이 불과 몇 주 만에 1만 권의 판매고를 올렸다. 독일을 넘어 러시아·체코·폴란드, 바다 건너 한국·중국·대만에서도 번역 출간되었다. 책과 함께 나라는 사람도 본격적으로 조명받기 시작했다. 그야말로 하룻밤 사이 베스트셀러 작가로 '뜬' 것이다.

『거짓말을 읽는 완벽한 기술』이 성공가도를 달리기 시작하자, 갑자기 첫 책 『유능함을 드러내는 기술』에 대한 문의가 많아졌다. 6년 동안 먼지를 뒤집어쓰고 창고에 처박혀 있던 '애물단지'가 100유로 아래로는 거의 구할 수 없는 '보물'로 탈바꿈했다.

어떤 서점에서는 직원이 판매대에 『거짓말을 읽는 완벽한 기술』을 진열하고는 그 옆에 창고에서 찾아낸 첫 책 더미를 쌓아놓았다. 내가 손님인 척하며 "요즘 이 작가 첫 책이 인기인데, 구하기가 쉽지 않네요"라고 하자, 직원은 대뜸 첫 책에 50유로라는 가격을 붙였다. 그로부터 3분 후, 『거짓말을 읽는 완벽한 기술』이 아니라 『유능함을 드러내는 기술』이 품절되었다. 두 권이 모두 베스트셀러가 되자, 사람들의 관심은 더욱 커졌다.

첫 책 출간 후 10년이 넘는 시간 동안, 나는 협상전문가이자 경영 컨설턴트로서 다양한 기업에서 강연 및 세미나를 기획하고 진행했다. 또한 뮌헨 비즈니스 스쿨 교수로서 세계 곳곳의 학술회의에 참가하고, 연구 성과를 발표했다. 연구와 강연은 서로 시너지 효과를 일으키며, 내 좁은 식견을 차츰차츰 넓혀주었다. 마침내 나는 '능력을 보여주는 법'이라는 주제에 대한 나만의 관점을 갖게 되었다. 이 책, 『어떻게 능력을 보여줄 것인가』에는 그간의 결실이 고스란히 들어있다.

이 책은 내가 가진 능력을 효과적으로 드러냄으로써 당신이 원하는 대로 상대가 믿게 만드는, 완벽하게 주도적인 자기 표현의 기술을 알려준다.

당신의 능력을 몰라주는 상대를 탓하지 마라. 능력 있는 프로페셔널로 대우받을 것인가, 무능력한 낙오자로 낙인찍힐 것인가는 온전히 당신 자신에게 달려 있다.

이 책의 첫 인쇄본 소포를 받고 떨리는 손으로 풀어볼 순간을 고대하는 동시에, 이 책을 읽는 일이 당신의 세계를 조금이나마 변화시키기를 희망한다.

뮌헨에서

잭 내셔

Chapter 1

능력 있다는 평가를 이끌어내는 법

자랑하는 법 익히기.
이는 재능에 조명을 비추는 일이다.
각각의 재능에는 유리한 시간이 있는 법이니, 이 시간을 이용해야 한다.
매일 승리하지는 못할 것이므로.

— 발타자르 그라시안Baltasar Gracián

▼

아인슈타인의 탄식
"어떻게 나 따위가 온갖 명예를 가졌지?"

본격적인 이야기를 시작하기에 앞서, 말해둘 것이 있다. 이 책은 안내서가 아니다. 나는 당신에게 어떤 지시도 하지 않을 것이다. 당신의 능력을 드러냄으로써 다른 사람들에게 확신을 심어주는 효과적인 기술들을 그저 '보여줄' 셈이다. 그중 어떤 기술을 자신의 무기로 만들지는 당신 스스로 결정할 문제다. 어쨌든 책을 쓰는 모든 순간, 내 심장은 당신 한 사람을 위해서 뛰고 있다.

요즘 시대를 살아가는 당신의 이야기는 안타깝다. 당신은 자신의 능력을 키우는 데 대부분의 시간을 바쳤다. 학창시절에는 원하는 대학에 합격하기 위해, 대학에 입학해서는 취업을 위해 학교 강의는 물론, 학원 수업과 스터디, 대외활동까지 마다하지 않았다. 회사에 들어간 이후에도 전문 분야는 물론이고 어학, 자격증 시험 공부 등에 아낌없이 투자했다. 그리고 이 모든 노력은 당신의 능력을 한 단계 더 성장시켰다.

하지만 시행착오를 거듭한 후에야 깨닫게 된다. 힘들게 얻은 능력들이 기대와는 달리, 사회적 성공에 특별히 믿음직한 보장이 되지 않는다는 사실을. 능력도 없는 동료들이 당신을 앞서버렸다! 대체 왜 이런 일이 벌어졌는가? 당신 자신을 제대로 '판매'할 준비를 갖추도록 해준 사람이 아무도 없었기 때문이다.

'내가 겨우 이 정도의 평가밖에 받지 못했단 말인가?' 하고 당신은 벌써 여러 번이나 자문했다. 그러는 사이 내면에서는 이따금 '아무것도 모르겠다', 그러니까 스스로 '무능하다'는 느낌이 차츰 커졌을지도 모른다.[1]

성공하면 이런 느낌에서 자유로워질까? 성공한 사람들은 온전히 자신의 힘으로 최고의 자리에 오른 게 아니라, 그저 운이 좋아 이 자리까지 오게 되었다는 고약한 예감에 자주 시달린다. 이것은 '사기꾼 현상'이라는 이름으로 알려진 현상이다.[2] 성공한 이들 중 약 70%가 자신을 사기꾼이라고 여긴다. 심지어 '세기의 천재' 알베르트 아인슈타인Albert Einstein도 죽기 직전에 이런 말을 남겼다.

"이런 온갖 명예로운 대우를 받다니. 원치 않게 사기꾼이 되어버린 느낌이야."[3]

이런 느낌은 정상에 오른 이들이 실제로 느끼는 능력의 한계 때문이기도 하다. 사회 지도층 중 대부분은 자신이 속한 분야에서 출중한 능력을 갖고 있었기 때문에 이 자리까지 올라왔다. 그러나 지도자의 위치에 오르고 나서는 이야기가 달라진다.

미국 교육학자 로렌스 J. 피터Laurence J. Peter의 이름을 딴 '피터 원칙'에 따르면, 누구나 자기가 맡은 일을 제대로 처리할 수 없게 되는 직위까지만 승진한다.[4] 따라서 해당 직위에 오르면 더는 승진하지 못하고, 하필 그 자

아인슈타인은 죽기 직전에 이런 말을 남겼다.
"이런 명예로운 대접을 받다니. 사기꾼이 되어버린 느낌이야."

리에 가장 오래 머문다는 슬픈 결론이 나온다. 당신의 회사에서 오랜 기간 임원으로 있는 사람들을 떠올려보면 고개를 끄덕이게 될 것이다.

하지만 이것으로 끝이 아니다. 스스로 무능하다는 느낌을 만들어내는 갖가지 이유에 또 다른 이유 하나가 덧붙여진다. 지식의 총량이 증가하는 속도가 시간이 흐르면서 더욱 빨라진다는 사실이다.

뮌헨 슈투트가르트에 위치한 막스플랑크연구소에 따르면, 1650년에는 대략 100만 명이 '교육받은' 사람으로 여겨졌다. 1950년에는 그 숫자가 1,000만 명에 이르러, 300년 만에 교육받은 사람의 숫자가 10배 더 많아졌다. 이 숫자는 불과 50년 만인 2000년에 다시 한 번 10배로 늘어나서 교육받은 사람이 1억 명에 이르렀다.

이렇게 많은 사람들이 읽고 생각하고 글을 쓰고 있으니, 지식의 총량은 점점 더 빠른 속도로 늘어날 수밖에. 오늘날 스마트폰 한 대에는 1968년 우주선에 들어갔던 것보다 더 많은 소프트웨어가 들어있다.

하버드대학교 교수 클레이튼 M. 크리스텐센Clayton M. Christensen이 제창한 '파괴적 기술'의 개념, 즉 선구적인 혁신이 계속해서 다른 기술을 사냥한다는 사실은 이제 놀랍지도 않다. 새로운 기술들은 그야말로 눈 깜짝할 사이에 산업을 변화시키고, 새로운 분야를 건설하면서 낡은 분야를 무용지물로 만든다.

한때 잘나가던 필름 회사 코닥, 높은 이윤을 내며 고속 성장을 거듭하던 투자은행 리먼 브라더스, 업계 선두에 섰던 휴대폰 회사 노키아는 세계 경제 무대에서 사라졌다. 따라서 은행가, 변호사, CEO 등 오늘날 뛰어난 능력을 가진 이들은 다른 어느 때보다 큰 두려움과 위협감을 느끼게 되는 것이다.

하지만 이렇듯 늘 존재하는 무리한 요구를 앞에 두고서 어떻게 하면 자신의 능력에 대한 한 점 신뢰를 계속 지닐 수 있을까? 나는 2000년대 초에 옥스퍼드대학교에서 '실제 능력과 보이는 능력'이라는 주제로 석사논문을 쓴 이후, 꾸준히 이 주제를 연구해왔다. 그리고 이로부터 9년이 지난 2009년 어느 날 저녁, 드디어 모든 것을 이해하게 되었다.

▼

리더란, 아주 많은 것에 관해
아주 조금씩만 아는 사람

수습변호사 시절이던 그때, 나는 미국 외무부의 법률보좌관을 보조하고 있었다. 세계는 재정위기의 폭풍 한가운데 있었고, 내게는 '어떻게 하면 국제기구의 도움을 받아 이런 위기를 돌파할 수 있는가'에 관한 보고서를 쓰라는 과제가 주어졌다.

일주일 내내 이 보고서에만 매달려서 세계은행과 국제통화기금을 강화시킬 방법을 고민했다. 상사는 내게 연거푸 "줄여라!"라는 지시를 내렸다. 그래서 내가 지금 제자들에게 이야기하는 것, 즉 덧붙일 내용이 없는 게 아니라 더는 뺄 내용이 없는 보고서가 훌륭한 보고서라는 사실을 몸소 배웠다. 마지막에 나는 단 한 쪽짜리 보고서를 제출했다. 상사가 이토록 간결한 보고서를 원했던 이유는 사실, 상사의 상사였던 이에게 시간적 여유가 없었기 때문이었다.

보고서를 제출한 다음 날, 기자회견에서 독일 정부 당국자가 장차 어떻게 세계은행과 국제통화기금의 도움으로 재정위기를 돌파할 생각인지를 발표했다. 그가 말한 계획은 그야말로 토씨 하나까지 내가 제출한 보고서와 일치했다.

그로부터 일주일 후, UN 외교관들의 모임에 참석한 나는 이스트 리버가 내려다보이는 라운지에 앉아 있었다. 내 옆에는 그가 속한 나라의 입장을 대변하기 위해 뉴욕까지 날아온 정치인 A가 있었다. 그는 하루는 아프리카의 복지에 대해 연설하고, 또 다른 날에는 중동의 치안에 관해 목소리를 높였다. 하지만 그의 연설문은 여러 날 동안 조용한 방에 틀어박혀 특정 주제를 탐구한 나 같은 가련한 바보가 만들어낸 것이었다.

술을 한 잔, 두 잔, 서너 잔 들이킨 다음 마침내 A에게 내 머릿속을 휘감고 있던 질문을 던졌다.

"당신은 어제까지만 해도 이런 주제들에 대해서는 아무 것도 몰랐을 텐데, 스스로 사기꾼이라는 생각이 들지 않으십니까?"

A는 웃으면서, 하지만 눈 하나 깜빡하지 않고 대답했다. 그는 먼 바다에 나간 선장처럼 눈길을 먼 곳에 고정시킨 채로 거침없고도 단호하게 말을 이었다. 내가 오늘날까지도 생생하게 기억하는 바로 그 말이다.

"물론 나는 디테일을 모릅니다. 내가 대체 어떻게 알겠소? 지도자로서 내 임무는 불확실성의 바다에서 확실성을 비추어주는 일이오. 전문가는 아주 적은 것에 대해 매우 많이 아는 사람이지. 이에 반해 지도자란 아주 많은 것에 대해 아주 조금씩만 아는 사람이라오."

그 뒤로 여러 기업의 CEO들을 만나면서 나는 그가 일깨운 사실을 거듭 확인하게 되었다. 성공한 지도자들은 자기들이 모른다는 사실을 두고 고민하지 않으며, 오히려 그 사실을 당연하게 받아들인다는 점이다.

독일의 사회학자 니클라스 루만Niklas Luhmann의 '시스템 이론'은 지식의 한계를 더욱 분명히 해준다.[5] 그에 따르면 모든 시스템 즉, 전문 분야는 주변 세계와의 경계를 분명하게 만든다. 공장의 노동자는 자신이 맡은 구역 안에서 움직인다. CEO도 마찬가지다. 컨설턴트도 자신의 분야 안에서만 활동하며, 다른 사람보다 모든 것을 더 잘 안다고 주장하지 않는다.[6]

세계는 너무 복잡해서 누구도 모든 분야에 대한 깊이 있는 식견을 가질 수 없다. 누구나 자신의 전문 분야 안에서만 조금씩 움직일 뿐이다. 포괄적인 지식을 추구하는 대신, 맡은 분야의 1인자로 인정받기 위해 노력한다면 성공과 행복을 얻기가 한층 수월해질 것이다.

▼

도대체 '능력'이란 무엇인가

이가 아플 때마다 찾는 단골 치과의사가 있는가? 아마도 당신은 그를 유능한 의사라고 생각할 것이다. 그렇지 않다면 오래 전에 다른 의사를 찾아 갔을 테니까. 어쩌면 친구에게 그 의사를 추천했을지도 모른다. 그렇다면 당신은 어떻게 그를 유능하다고 평가할 수 있는가?

솔직하게 말해보자. 치의학을 공부하지 않은 이상, 당신의 평가는 청결함이나 친절함 등 실제 능력과는 거의 상관이 없는 여러 기준들에 따른 것

일 가능성이 높다.[7]

　회사 동료라 할지라도 상대방의 능력을 객관적으로 평가하기란 매우 어려운 일이다.[8] 나는 법률 공부를 마친 다음, 미국의 스카덴 로펌에서 수습 변호사로 일했다. 내가 근무하던 로펌은 기업합병 전문이었고, 「포브스」지로부터 '월스트리트에서 가장 능력 있는 로펌'이라는 찬사를 받기도 했다.

　나는 단정한 정장에 넥타이를 매고 매일 12시간 이상을 컴퓨터 앞에 앉아 일했다. 꽉 끼는 정장보다는 운동복을 입고 일하는 게 훨씬 편했을 것이고, 그렇게 일했어도 큰 문제는 생기지 않았을 것이다. 고객을 만날 일은 아예 없고, 동료 변호사들과도 점심시간에만 얼굴을 마주하는 처지였으니까.

　옆방에서 근무하는 변호사들도 비슷한 일을 했다. 우리는 모두 같은 학력에 엇비슷한 학점으로 입사했고, 솔직히 말해 겉모습도 고만고만했다. 하지만 최고의 법률적 지위인 '파트너 클럽'에 받아들여지기까지 통상 7~10년을 그렇게 신참 노릇을 하며 기다려야 했다.[9] 그러니까 매일 어느 정도 같은 일을 하는 사람들도 동료들의 능력을 평가하는 데 거의 10년이 걸리는 것이다.

　하물며 그 분야에 대한 지식이 없는 사람이 전문가의 능력을 어떻게 정확히 평가한단 말인가? 그런데도 사람들은 유능한 변호사를 찾기 위해 여러 로펌을 전전한다. 결과적으로 얻을 것이 별로 없는 시도지만, 그것 말고는 달리 무슨 방도가 없다.

　이처럼 우리는 매일 누구를 믿을지 결정을 내려야 한다. 미용사부터 세무사에 이르기까지 일상에서 만나는 모든 사람의 능력을 판단해야만 한다. 보통은 아무 것도 모르면서, 그러면서도 능력을 가장 중요한 가치라 여기기를 그만두지도 못하면서 말이다.

여기서 잠깐! 모든 서적은 반론의 여지가 없는 정의로 시작하지 않던가? 그렇다면 '능력'이라는 단어에 대해서도 정의를 내려야 하지 않을까?

능력이란, 현재 직면한 일에 필요한 지능과 노력의 조합을 가리킨다.[10] 사회생활에서 능력은 '신뢰성'과 함께 가장 중요한 특성으로 꼽히고, '인기'보다 더욱 중요하다.[11] 능력과 신뢰성 말고 개인의 성과를 평가하는 데 중요한 것이 무엇이겠는가? 성과 평가는 고용과 승진에서, 그리고 업무 분담과 적정한 보수를 받는 데도 가장 중요하다.[12] 짧게 말하자면, 능력은 나에 대해 남들을 설득하는 일에서 결정적인 요소다.

약 20년동안 이 주제를 연구하면서 발견한 '능력'에 관한 사실은 상대의 능력을 객관적으로 공정하게 평가하기란 매우 어렵다는 것이다. 그러나 우리는 직장생활에서 능력을 가장 중요한 요소로 여긴다. 사회가 점점 더 복잡해지면서 세계가 점점 더 꿰뚫어볼 수 없는 '블랙박스'가 되는 만큼, 능력 있는 사람들을 주위에 둘 필요 역시 커진다.[13]

이때, 우리는 무엇을 근거로 상대의 능력을 판단하는가? 실제 능력이 아니라 겉으로 보이는 능력이다. 그러니까 우리가 상대에게서 발견했다고 믿는 능력인 것이다. 보이는 능력과 실제 능력을 구분하고 보면, 세상에는 무능하지만 존경받는 사람들이 많으며, 반대로 유능한 사람들이 제대로 이해받지 못한 채 무능력자로 간주된다는 사실이 분명해진다. 그래서 마침내 다음의 결론에 다다르게 된다.

"성공하려면 보이는 능력을 키워야 한다."

▼

세상이 공평하다고? 모르는 소리!

'성공하려면 보이는 능력을 키워야 한다'는 문장을 읽고 무슨 생각이 들었는가? 마음 한구석이 복잡하고 불쾌해지진 않았는가? 마음이 불편해지는 이유는 어린 시절 동화책을 읽으며 키워 온 믿음 하나가 마음 깊은 곳에 뿌리박고 있기 때문이다. 마지막에는 누구나 자기가 한 대로 받는다는 '인과응보'의 믿음 말이다. 동화 속에서 나쁜 사람은 항상 벌을 받고 착한 사람은 부와 명예, 사랑을 얻게 된다.

찬바람이 몰아치던 1월의 아침, 스테이시 푸루카와Stacy Furukawa도 우연히 지하철역 앞을 지나쳤다. 조슈아 벨을 발견하고 난 후, 그녀는 자기가 이토록 무지한 사람들로 둘러싸여 있다는 사실을 납득할 수 없었다.

"그건 내가 워싱턴에서 본 장면 중 가장 놀라운 장면이었어요. 조슈아 벨이 서서 연주를 하는데, 사람들은 가던 걸음을 멈추지 않았어요. 제대로 한 번 쳐다보는 이도 없고, 어떤 이들은 심지어 그를 향해 동전을 던지기도 했죠. 혼란스러운 마음이 진정되자, 이런 생각이 들었어요. '오, 맙소사! 우리는 대체 어떤 도시에 살고 있는 거지?'"

스테이시 푸루카와가 바이올린의 대가를 알아본 건 우연이 아니었다. 벨의 오랜 팬인 그녀는 몇 주 전에 조슈아 벨의 콘서트를 관람했던 것이다. 그렇지만 그녀는 자기가 그의 팬이 아니었더라도 그의 천재성을 단번에 알아보았을 거라고 굳게 확신했다. 진짜 위대함은 아무 설명 없이도 드러나게 마련이니까. 그야 물론이지!

• 어떻게 능력을 보여줄 것인가 •

032

심리학자 앨런 러너Alan Lerner는 이런 소박한 세계관을 '공정한 세계라는 원칙'이라 명명했다.[14] 우리는 성장 과정에서 확고한 도덕적 표상과 가치들을 내면화하지만, 시간이 흐르면서 차츰 이런 아름다운 믿음이 현실과는 거의 무관하다는 사실을 확인한다. 현실 세계에서는 결국 악당이 사회의 요직을 차지하고, 착한 사람은 퇴근 후 천근만근이 된 몸을 이끌고 집에 돌아와 TV에 나온 악당의 얼굴을 씁쓸하게 지켜본다.

우리는 이런 일을 거듭 경험하면서도 어린 시절의 세계관을 끝내 버리지 못한다. 세상이 공정하다는 가치관은 우리가 성장 과정에서 아주 중요하게 여겼던 가치관이지만, 훗날 우리의 발전에는 방해가 된다. 그것은 고작해야 세계의 불공정함을 견디도록 도와주는 기만일 뿐이다.

세상이 공평하다는 믿음을 버리지 못하는 이들은 자신의 능력을 타인이 알아주지 않는다는 사실을 알면서도, 해결할 방도를 찾는 대신 언젠가는 모두가 자신을 알아볼 것이라 자기 암시를 건다. 그러나 잊지 마라. 당신이 훗날을 기약하고 있을 때, 경쟁자들은 주어진 현실을 냉정하게 받아들이고, 빠른 시일 내에 가장 좋은 결과를 이끌어내려 애쓰고 있다는 사실을.

"우리는 행한 대로 받는 것이 아니라 협상한 대로 받는다"고 누군가 말했다. 여기서 '협상한 대로'를 '보이는 대로'로 바꿔도 말이 된다.[15] 많은 이들은 상사가 자신의 유능함을 본능적으로 깨달을 것이라 기대한다. 고객들이 즉시 자기가 어떤 사람인지를 알 것이라고도 기대한다. 유감이지만 헛된 기대다.

그런데도 당신 내면의 모든 것이 여전히 이런 불공정함에 반항한다고? 그렇다면 신에게 엽서라도 보내봐라. 그래도 변하는 건 없을 것이다. 주어진 여건을 객관적으로 정리하고, 자기에게 유리하게 이용하는 것이 현명한 사람의 대처법이다.

존 F. 케네디John F. Kennedy는 언젠가 이렇게 말했다고 한다. "세상은 불공평하다. 하지만 그렇다고 꼭 당신에게 불리한 것만은 아니다"라고. 영리한 사람 같으니.

▼

능력 있어 보이면, 실제로 유능해진다
: 자기실현적 예언

앞에서 서술한 숱한 한계에도 불구하고, 다른 사람에게 당신의 실제 능력을 보여주려고 무모하게 시도한다면 아마도 실패할 것이다. 이성적으로 생각해보면, 우리가 할 수 있는 일은 보이는 능력을 높이는 기술을 습득하는 것뿐이다.

어떤 실험에서 참가자들은 상대가 자신을 좋아하도록 만들라는 과제를 받았다.[16] 그리고 대부분의 사람들은 성공했다. 그들은 어떤 기술을 사용했을까? 친절하고 예의바르게 행동했으며, 자주 웃었다.

두 번째로, 참가자들은 상대에게 자신이 능력 있는 사람이라는 인상을 심어주라는 주문을 받았다. 그러자 그들은 처참하게 실패했다. 뻣뻣한 태도로 등장한 그들은 그에 못지 않게 딱딱한 어조로 말했다. 그 결과, 기대와는 달리 덜 유능하다는 인상을 주었을 뿐만 아니라 상대에게 '냉정하고 비호감'이라는 평가를 받았다. 우리는 호감을 얻는 방법을 본능적으로 안다. 하지만 자신의 능력을 어떻게 보여줘야 할지는 그야말로 전혀 모른다.[17]

이런 이유에서 이 책에서는 유능하다는 광채를 발산하는, 실제 효과가 있는 수단과 방법들을 자세히 살펴볼 것이다. 이는 이른바 인상 관리 impression management 기법으로서, 외부에 보이는 자신의 인상을 변화시키는 기술을 의미한다.[18]

보이는 능력을 높이는 기술들은 실제 능력 또한 발전시켰다. 여기에는 잘 알려진 현상이 숨어 있다. 긍정적인 기대나 관심이 실제로 좋은 영향을 미치는 '자기실현적 예언self-fulfilling prophecy'이다.

어떤 실험에서 남성 참가자가 여성과 전화 통화를 했다. 한쪽 그룹에는 여성이 매력적이라고 알려주었고, 다른 그룹에는 매력적이지 않다고 귀띔해주었다.

스스로 매력적인 여성과 대화를 나눈다고 생각한 남성들은, 여성을 재미있고 유능한 사람이라고 평가했다. 여성들도 더욱 자신감 넘치는 태도로 남성과 대화했다. 반면 매력적이지 않은 여성과 대화하고 있다고 여긴 남성들은 여성을 부정적으로 평가했으며, 여성 역시 소극적인 태도로 대화에 임했다. 두 남성 그룹은 우연한 진술을 근거로 삼았지만, 그들의 기대는 흥미롭게도 저절로 실현되었다.[19]

그러니까 꼭 맞지 않는 예측이라도 적중할 수 있다. 어떤 용한 점쟁이가 다음 몇 달 동안 당신의 몸무게가 20kg 늘어난다고 예언했다고 치자. 당신이 점쟁이의 말을 굳게 믿는다면, 당장 내일부터 시작하려던 다이어트를 미룰 것이다. 아무 소용도 없다고 생각할 테니까. 그리고 바로 그 때문에 점쟁이의 예언이 맞아떨어지게 되는 것이다. 점성술에 관한 연구들은 모두 비슷한 사실을 알려준다. 자기 별자리의 특성들을 알고 있는 사람은 모두 그 특성에 맞게 행동하고, 차츰 '예언된' 특성들을 받아들이게 된다.[20]

이 같은 사실은 '보이는 능력'이라는 주제에도 아주 잘 들어맞는다. 담당 주치의가 매우 유능하다고 생각하는 환자는 동일한 처방을 받아도 더 일찍 낫는다.[21] 심지어 환자가 의사를 신뢰하기만 한다면 처방 없이도 나을 수 있다. '플라세보 효과placebo effect'라는 이름으로 잘 알려진 현상이다. 아무 성분이 포함되지 않은 알약을 주어도 환자가 믿으면 효과를 낸다. 여기서 알약의 크기, 색깔, 형태 같은 무의미한 인자들도 약효에 영향을 미친다.[22]

또 다른 예 하나. 학생들은 잘 가르친다고 믿는 교사에게서 다른 교사의 경우보다 더 많은 것을 배우고, 심지어 더 높은 점수를 얻는다.[23] 반대로 교사가 무능하다고 여기는 학생들의 성적은 뚜렷하게 떨어진다.

여기서 중요한 또 하나의 사실. 보이는 능력이 커지면 실제 능력도 커진다. 능력 있다는 인상을 풍기면 그에 걸맞은 대우를 받으며, 그것은 다시 자신의 실제 능력에도 긍정적인 영향을 미친다.

우리 모두는 다른 사람들이 붙여준 꼬리표를 달고 다녔던 경험이 있다. 익살꾼이라고 알려지면, 진지한 이야기를 해도 모두가 깔깔대고 웃어댄다. 그러다가 자신의 유머에 자신감이 생기면 진짜로 유머 감각이 뛰어난 사람이 된다. 어떤 그룹에서 괴짜로 알려지고 그에 어울리는 대우를 받으면, 정말로 기묘한 행동을 할 기회가 많아진다.

마찬가지로 유능하다는 인상을 풍기면, 자신의 능력을 발휘할 기회가 더 많아진다. 그러니까 자신의 꼬리표인 '능력자'의 역할에 점점 더 근접하게 되는 것이다. 결국에는 자신의 진짜 능력이 남들 눈에 보이는 능력치에 가까워진다. 하지만 보이는 능력을 줄이는 잘못된 기술을 적용한다면, 정반대의 일이 일어난다. 실제로 갖고 있는 능력조차 자유롭게 펼치지 못하는 상황에 처하게 되는 것이다.

흥미로운 점은 보이는 능력의 기술을 효과적으로 이용한 사람들이 그런 기술을 이용하지 않은 사람들보다 더욱 정확한 평가를 받는다는 점이다. 보이는 능력의 기술이 당신의 진짜 능력을 드러내는 데도 도움을 주는 것이다.[24]

상대에게 휘둘리지 말고,
상대를 움직여라

—— 중요한 발표를 앞두고 있는가? 그렇다면 당신의 고민은 무슨 말을 할 것인지에 그치지 않을 것이다. 어떤 말투로 말해야 할지, 무슨 옷을 입어야 할지도 미리 생각할 것이다. 실제로 발표를 성공적으로 마치려면, 사소한 부분까지 세심하게 신경 써야 한다.

여기서 좋은 소식은, '상대가 당신을 어떻게 생각하는가'를 결정하는 요소들 중 대부분을 당신이 컨트롤할 수 있다는 것이다. 이 기회를 놓치지 말아야 한다. 당신의 능력을 유감없이 보여주고 효과적으로 자기 PR을 해라.[25] 강연이나 발표를 할 때, 이력서를 쓸 때, 면접장에서뿐만이 아니라 언제나 그렇게 해라.[26] 보이는 능력은 타인을 설득하고, 그들에게 영향을 미치고, 그들을 이끌어갈 힘을 부여한다. 조직은 가장 능력 있어 보이는 구성원에게 설득되기 마련이다.[27]

이 책에서 소개하는 기술들을 동원하면, 당신은 자신이 가진 능력을 효과적으로 밖으로 드러내고, 상대의 평가를 당신이 원하는 대로 움직일 수 있다. 수십 년에 걸친 심리학 연구를 통해 얻은 지식들이 당신의 능력을 눈에 보이도록 만들어줄 것이다.

2장에 나오는 '남들의 기대치를 컨트롤하기', 3장의 '좋은 소식과 나쁜 소식 전달법', 5·6장의 '말과 신체언어 소통법'은 즉시 이용할 수 있는 기술들이다. 이외의 몇 가지는 약간의 연습이 필요하지만, 원래의 당신을 뿌리째 바꿀 정도의 상당한 노력을 요하지는 않는다.

책에 나오는 기술들 중 '이건 해볼 만한데?'라는 생각이 드는 기술을 2가지만 찾아내 자신의 것으로 만들어도 당신의 능력은 훨씬 더 돋보일 것이다. 당신은 원래 가진 것보다 더 많은 능력을 보여줄 수 있고, 당신에 대한 상대의 확신은 커질 것이다.

이 기술은 비단 개인뿐만 아니라 조직의 차원에서도 이익을 가져다준다. 고객은 자기가 유능하다고 인정하는 기업의 제품을 구입하기 때문이다. 또한 직원들의 보이는 능력과 회사의 성공 간의 관계는 실제 연구를 통해서도 증명된 바 있다.[28] 당신이 회사나 팀을 이끄는 리더라면, 직원들의 보이는 능력을 키우기 위한 노력을 게을리하지 마라.

조슈아 벨의 놀라운 이야기로 돌아가볼까? 아직 밝히지 않은 한 가지 사실이 있다. 단 한 명의 행인이 벨이 누군지 모른 채 그의 천재성을 알아보았다. 연주 장면을 녹화한 영상을 자세히 살펴보면, 한 소년이 벨 앞에 멈추어 서 있는 모습이 보인다.

눈앞에서 일어나는 일을 아무도 알아채지 못한다는 사실을 믿을 수 없다는 듯, 계속 사방을 두리번거리는 10대 소년의 이름은 존 피카렐로John Picarello. 세계적인 바이올리니스트를 꿈꾸는 피카렐로는 이렇게 말 했다.

"숨이 막힐 듯 황홀한 연주였어요. 나는 이렇게 훌륭한 연주를 태어나서 한 번도 들어본 적이 없어요. 그의 연주는 내게 매우 큰 기쁨이고, 멋진 경험이며, 믿을 수 없이 좋은 하루의 시작이었어요."

그날, 조슈아 벨의 능력을 증명해줄 장치가 하나라도 있었다면, 더 많은 사람들이 대가의 연주를 듣고 피카렐로처럼 감동 받지 않았을까?

지하철역의 조슈아 벨이 그랬듯, 세상에는 빛을 보지 못한 '능력자'들이 아직 많다. 능력을 보여줄 약간의 기술만 있다면, 보다 많은 사람들이 세상 밖으로 나올 수 있지 않을까?

누가 아는가? 당신 역시 그런 '무림의 고수'들 중 한 명일지.

능력에 관한 8가지 진실

❶ 현대사회에서 모든 분야에 관한 깊은 지식을 갖기란 불가능하다.

❷ 우리는 상대의 능력을 제대로 알 수 없다.

❸ 비즈니스에서 능력은 가장 중요한 특성으로 간주된다.

❹ 성공하기 위해서는 보이는 능력을 길러야 한다.

❺ 성공과 실패는 유능함을 판단하는 데 거의 영향을 미치지 않는다.

❻ 세상은 우리의 믿음처럼 공평하지 않다.

❼ 능력 있다는 평가를 받으면, 실제로도 더욱 유능해진다.

❽ 보이는 능력을 높이는 법을 본능적으로 알 수는 없다.

   하지만 누구든 약간의 노력을 통해 습득할 수 있다.

Chapter 2

의심 많은 상사도 나를 믿게 하는 법

열심히 자신을 찬양하라.
항상 무언가가 남는다.

— 프랜시스 베이컨 Francis Bacon

▼
빌 게이츠의 용기
"제가 IBM을 1등으로 만들어드리죠."

1977년 미국 뉴멕시코주 알부케르케. 미리엄 루보Miriam Lubow는 새로운 직장으로 출근했다. 관습에 물들지 않은 새 회사는 퍽 혼란스럽다는 인상을 주었다.

미리엄은 사장을 한 번도 만난 적이 없었다. 그때, 청바지와 운동화 차림에 머리카락은 텁수룩한 젊은이 하나가 달려 들어왔다. 젊은이는 미리엄에게 인사 한마디 건네지 않고 사장실로 들어가서는, 가장 거룩한 장소인 컴퓨터실로 서둘러 들어갔다. 신경이 곤두선 미리엄은 옆방으로 달려가서 물었다.

"회사가 자기 것인 양 활보하는 저 젊은이는 누구죠?"

그러자 동료가 대답했다.

"누구긴! 당신 보스이자, 우리 회사 사장이지."[1]

젊은이의 이름은 빌 게이츠Bill Gates였다. 그는 미리엄이 출근했을 당시 '마이크로-소프트'라고 쓰던 마이크로소프트 사를 실제로 운영했다. 그것도 아주 성공적으로.

이로부터 몇 년이 지나 회사는 시애틀로 이사했고, 그곳에서 가히 놀라운 속도로 성장했다. 머지않아 회사에 '귀한 손님'이 자주 찾아오기 시작했다. 빌 게이츠의 오랜 친구이자, 게이츠의 뒤를 이어 마이크로소프트 CEO가 된 스티브 발머Steve Ballmer의 표현을 빌리면 "마치 여왕이 차 한 잔하러 들르듯이, 교황이 조언을 구하듯이, 신이 방문하듯이" 말이다.[2]

'귀한 손님'은 누구였을까? 컴퓨터 시장의 강자 IBM 매니저 팀이었다. 이들은 가정용 컴퓨터를 보급하고자 했다. 사실 당시 컴퓨터 업계의 선구자는 IBM이 아닌 DEC였다. DEC의 설립자 켄 올슨Ken Olson은 이런 말을 남겼다.

"누구라도 컴퓨터를 집에 둘 이유는 없다."

하지만 시대의 흐름이 바뀌고 있었고, IBM은 변화의 최전방에 서려고 했다. 그러기 위해서는 운영체제가 필요했다.[3] 당시 프로그래머 중 1인자는 '게리 킬달Gary Kildall'이라는 인물이었다. 게리 킬달의 운영체제는 60만 개가 넘게 팔려나갔다. 당시로서는 엄청난 숫자였다. 그러나 킬달은 프로그래머로서는 훌륭하지만, 사업가로서의 수완은 부족한 사람이었다.

킬달에게서 별다른 장점을 발견하지 못한 IBM 매니저 팀이 그 다음으로 게이츠를 찾아온 것이다. 하지만 게이츠도 첫 만남에 그들을 열광시키지는 못했다. 당시 IBM 매니저였던 잭 샘스Jack Sams는 이렇게 회상한다.

"우리가 문간에 서 있는데, 어떤 젊은이가 우리를 사장의 사무실로 안내하려고 나타났습니다. 나는 처음에 그가 아르바이트생이라고 생각했죠. 그런데 그가 바로 사장, 빌 게이츠였습니다."

두 번째 만남에서 관습적인 회사라는 인상을 지우기 위해 IBM 매니저 팀은 게이츠와 똑같은 청바지에 티셔츠 차림으로 마이크로소프트를 찾았다. 하지만 이번에는 빌 게이츠가 양복에 넥타이를 매고 나타났다. 그도 유능한 프로페셔널로 보이기 위해 노력한 것이다.

바로 그 만남에서 역사적인 거래가 이루어졌다. 작은 회사를 거느린 24세의 대학 중퇴자 빌 게이츠는 질주를 시작하며 세계 최고 부자로 우뚝 섰고, 40세의 스타 프로그래머 게리 킬달은 역사의 무대에서 사라졌다.

어떻게 그런 일이? 빌 게이츠는 IBM 매니저들에게 유능하다는 인상을 심어주었다. 양복과 넥타이를 단정하게 차려 입었기 때문만이 아니다. 무엇보다도 그는 IBM에 훌륭한 운영체제를 제공하겠노라는 완전한 자신감을 확실하게 보여주었다.[4]

세간에는 거의 알려지지 않은 사실 하나. 이 거래에는 한 가지 결정적인 문제가 있었다. 거래가 성사되었을 무렵, 게이츠는 운영체제를 갖고 있지 않았다! 심지어 새로운 운영체제를 개발하겠다는 생각조차 하지 않고 있었다.

IBM 매니저 팀이 돌아간 다음에야 비로소 그는 이 문제를 고민하기 시작했다. 그는 프로그래머 한 명을 찾아내서 적은 돈을 주고 몇 주 만에 킬달이 개발한 체제와 비슷한 운영체제 하나를 만들게 했다. 오늘날의 법으로 보면 해적판이었다.

이 사실을 운영체제를 만든 프로그래머 자신도 알고 있었다. 그렇지 않았다면 자신이 개발한 체계에 'QDOS Quick and Dirty Operation System'라는 이름을 붙이지는 않았을 것이다. 게이츠는 이 이름이 그다지 나쁘지 않다고 여

빌 게이츠는 IBM에 완전한 자신감을 보여주었고,
계약을 성사시키며 세계 최고의 부자로 우뚝 섰다.

기고, 앞 글자의 'Q'만 없앴다. 이렇게 해서 오늘날의 'MS-DOS_{MicroSoft-}Dos'가 탄생했다.

이 이야기는 당신의 능력을 어필하기 위해 으리으리한 사무실, 화려한 명성이 꼭 필요한 것은 아니라는 사실을 일깨워준다. 심지어 빌 게이츠는 제품조차 갖고 있지 않은 상황에서 거래를 성사시켰다. 그야말로 아무것도 없었지만 특별한 결과를 약속했고, 누구도 해낼 수 없을 일을 해냈다.

그의 결정적 성공 비결은 자신의 잠재 고객에게 높은 기대감을 불러일으켰다는 점이다. 그가 자신감을 드러내 보인 순간 IBM 매니저들의 의구심은 어느 새 낙관적 기대로 바뀌었고, 결국 그는 IBM의 파트너로 낙점되었다.

▼

왜 허세 가득한 허풍쟁이들이 인정받는 걸까?

당신은 출근하자마자 갖가지 과제를 부여받는다. 가게 사장이라면 매상을 올려야 하고, 변호사라면 고소장을 작성해야 하고, 컨설턴트라면 고객사에 맞는 전략을 세워야 한다. 당신은 주어진 과제를 해결하면서 '이 과제를 성공적으로 해내야만 좋은 평가를 받을 수 있을 거야'라고 생각할지도 모른다. 그러나 사실은 당신 자신이 내놓은 기대치가 평가에 결정적인 역할을 한다.

그렇다면 어떤 기대치를 내보여야 할까? 크게 3가지의 선택지가 있다.

첫 번째는 처음부터 기대치를 낮추는 고귀한 겸손을 보이는 것이다. 겸손이란 매우 호감을 주는 특성이니까.[5] 그랬다가 마지막에 더 나은 성과를 내면 사람들이 더 놀라워하지 않을까? '적게 약속하고, 더 해주어라'라는 격언처럼 말이다. 두 번째는 정확하게 예상되는 성과만큼만 상대에게 약속하는 방법이다. 정확성 역시 사회에서 높은 평가를 받는 특성이니 말이다.[6] 마지막으로 세 번째는 한껏 자신감을 드러내면서 탁월한 결과를 예측하는 것이다. 이런 사람을 우리는 '허풍쟁이'라고 부른다.

미국 심리학자 베리 슐렝커Barry Schlenker와 마크 리어리Mark Leary는 이 문제를 집중적으로 연구했다.[7] 실험 참가자들은 각자 하나씩의 과제들을 맡게 되는데, 작업을 수행하기 전에 성과에 대한 자신의 기대치를 내놓아야 했다. 관찰자는 각 실험 참가자가 내보인 기대치를 알고 있는 상태로 각 참가자의 능력을 평가했다.

결과는 어땠을까? 좋은 성과를 낸 실험 참가자가 유능하다는 평가를, 그렇지 않은 참가자가 무능하다는 평가를 받았을 것이라 짐작할 것이다.

하지만 실제 결과는 전혀 달랐다! 능력을 평가하는 데 참가자들의 기대치가 매우 큰 영향을 미친 것이다. 아래 도표는 예측과 실제 성과를 정리한 것이다. 도표 안의 수치는 평가 점수다.

기대치＼실제 성과	매우 좋음	좋음	보통	나쁨	매우 나쁨
매우 좋음	8.1	7.6	5.6	4.3	4.5
좋음	7.9	7.6	5.9	4.5	4.3
보통	7.4	6.9	5.7	4.3	3.9
나쁨	6.5	6.4	5.0	3.0	2.7
매우 나쁨	7.0	6.5	4.8	3.0	2.7

기대치와 평가 사이의 관계 (단위 : 점)

　매우 높은 기대치를 내놓은 참가자들의 점수를 나타내는 첫 번째 줄, 그리고 매우 나쁜 기대치를 내보인 점수를 나타내는 마지막 줄을 비교해보자. 매우 높은 기대치를 일깨웠을 때, 그렇지 않은 경우보다 현저히 높은 점수를 받았다.

　이번에는 도표의 맨 오른쪽 칸을 보자. 매우 나쁜 성과를 낸 참가자들의 점수를 표시한 칸이다. 여기서 성과는 똑같이 형편없었지만, 평가 점수는 4.5와 2.7 사이를 오간다. 똑같은 수준의 성과를 냈을 때, 낙관적인 전망을 내놓은 사람이 겸손한 동료보다 거의 2배나 유능하다는 평가를 받은 것이다. 요약하자면, 자신의 성과에 대해 높은 기대치를 내보일수록 유능해 보인다.

　그러니까 과제를 수행하기 전에, 기대하는 결과에 대해 언제나 긍정적으로 이야기해라. 실제로 좋은 성과를 낸다면, 최고로 유능하다는 인상을 준다. 하지만 성과가 보통이거나 심지어 아주 나쁜 경우에도, 자신감을 보여준 사람은 형편없는 결과를 정확하게 예측한 사람보다 훨씬 더 유능하다는 인상을 일깨운다. 확신에 차서 '할 수 있어!'라고 말하는 것은 능력을 보여주는 가장 좋은 방법이다.

어떤 경우에도 성과에 대해 부정적인 예측은 하지 마라. 실제 결과가 어떻게 나오든 상관없이 부정적인 예측을 한 사람은 긍정적인 예측을 한 사람보다 훨씬 무능하다는 인상을 남긴다.

어째서 그런가? 유감스럽게도, 정말 유감스럽게도 논리적인 맥락을 찾기는 어렵다. 그러나 몇몇 심리적 현상들을 조합해보면 제법 설득력 있는 설명이 도출된다.

▼

우리는 처음부터 믿었던 것을 확인한다
: 확증 편향

'확증 편향confirmation bias'은 자신의 신념과 일치하는 정보는 받아들이고, 일치하지 않는 정보는 무시하는 경향을 말한다.

'인공적으로 합성한 냄새'를 판단하는 실험이 있었다. 한 그룹에게는 이것이 잘 숙성된 프랑스 치즈의 냄새라고 말했다. 참가자들은 그 냄새가 무척 강렬하다고 생각하면서도 불쾌감을 표시하지는 않았다. 심지어 일부 참가자들은 그 치즈를 맛보기를 원했다.

다른 그룹에는 이 냄새가 탈의실에서 찾아낸 양말 냄새라고 말해주었다. 그러자 대부분의 참가자들은 역겹다는 소리를 내며 고개를 돌렸고, 몇몇은 토하기까지 했다. 두 그룹의 참가자들은 같은 냄새를 맡았지만, 그 반응은 확연히 달랐다.

이렇게 판이한 반응이 나오는 이유는 앞서 말한 확증 편향 때문이다. 인간은 자기도 모르는 사이, 자신의 예측에 어울리는 정보들을 선택적으로 받아들인다. 그러니까 우리는 처음부터 믿었던 것을 확인한다.[8] 그리고 흥미롭게도 우리는 대개 누군가 자기에게 말해준 것을 그대로 믿는다.[9]

다른 사람을 판단할 때 역시 확증 편향이 나타난다. 어떤 실험에서 참가자들은 '제인Jane'이라는 가상 인물에 대한 자료를 받았다.[10] 한 그룹에는 미리 제인이 내성적이라고 말하고, 다른 그룹에는 외향적이라고 말했다. 그리고 두 그룹에 제인의 삶에 대한 동일한 이야기를 들려주고는, 이야기가 그들이 제인에 대해 알고 있는 것과 잘 들어맞는지 살펴보라고 했다.

그랬더니 두 그룹 모두 정면으로 대립하는 각자의 가설이 잘 들어맞는다고 답했다. 그러니까 같은 이야기를 듣고 한 그룹은 제인의 내향성을, 다른 그룹은 제인의 외향성을 확인한 것이다.

오래 전, 나는 거리를 걷다가 쇼윈도에서 멋진 구두 한 켤레를 발견했다. 그러나 가격이 말 그대로 '사악'했다. 안으로 들어가서 사장에게 내가 어째서 유독 비싼 이 구두를 사야 하는지 물었다. 어리석은 질문이라는 점을 인정한다. 하지만 백화점이나 웹사이트에서 쇼핑하는 사람들도 끊임없이 그런 질문을 스스로에게 던지지 않던가? 우리 모두는 '상대가 나의 두려움을 없애주었으면' 하는 무의식적인 욕구를 갖고 있다.

뛰어난 판매자들은 그 사실을 간파하고 있다. 그 가게 사장 역시 훌륭한 판매자였다. 그는 내 눈을 재빨리 들여다보고는 망설이는 기색도 없이 이렇게 대답했다.

"세상에서 가장 좋은 구두니까요."

나는 '진짜 웃겨' 하고 생각했다. 하지만 한편으로 세상에서 가장 훌륭한 이 구두를 사기로 결심했다. 세 달 뒤, 나는 세 번째로 이 구두 가게를 찾아가야만 했다. 구두 뒷굽이 또 다시 느슨해진 것이다. 그런데도 전혀 화가 나지 않았다. 오히려 '대가의 작품'을 망쳤다는 양심의 가책으로 괴로워했다.

내가 세상에서 제일 좋은 이 구두를 살펴보다가 솔기 하나가 비뚤어진 것을 찾아냈다면, 그것은 엉터리 솜씨의 증거가 아니라 정성스런 수작업의 증거가 된다. 그에 반해 누가 내게 미리 이것이 싸구려 신발이라고 말했다면, 나는 비뚤어진 솔기를 서툰 솜씨 탓이라 여겼을 것이다. 우리는 모호한 정보들을 자신의 기대치와 일치하는 방향으로 해석한다. 이를 통해 자신의 가설을 확인하려고 하는 것이다.

의심이 스멀스멀 고개를 들었지만, 나는 끝내 이 구두를 버리지 않았다. 지금도 나는 장인이 만든 명품 구두를 갖고 있다고 믿는다. 신고 나가기만 하면 굽이 빠지는 탓에, 신발장 안에 고이 보관 중이지만.

내 구두의 예를 통해 탁월한 결과를 예측했지만 결국은 처참하게 실패할 경우, 어떤 일이 벌어지는지 서술한 듯하다. 이는 앞의 도표와도 일치한다. 매우 좋은 결과를 예측했으나 실패한 사람이 자신의 실패를 정확하게 예측한 사람보다 유능하다는 평가를 받는다. 확신이 성과보다 더욱 중요한 것이다. 우리는 낙관론자의 실패를 해결책의 일부로 여기지, 문제로 보지 않는다.

몇 년 전에 나는 랜드로버를 몰았다. 매력적이지만 고장이 잘 나는 차였다. 내가 이 차를 정비소로 가져갈 때마다 정비사는 내가 설명하는 동안에 벌써 머리를 가로저으며 별로 고무적이지 않은 말을 중얼거렸다.

"너무 늦었는데⋯⋯ 안 될 거요. 고쳐봤자 소용없을 텐데⋯⋯."

자동차의 상태를 보면 그의 말을 나쁘게 생각할 수도 없었지만, 그는 다행히도 언제나 성공적으로 자동차를 고쳐놓곤 했다.

정비사가 처음에 약속한 것보다 더 많은 것을 해냈다고 해서 고객이 기뻐할까? 전혀 그렇지 않다. 나는 낡은 자동차가 그야말로 한 번 더 작동했다는 사실에 안도하면서, 끽끽거리는 타이어 소리를 들으며 그래도 이곳을 떠나게 되었으니 다행이라는 기분으로 정비소를 떠나곤 했다.

만약 정비사가 "걱정 마세요. 2시에 다시 오시죠. 그때면 자동차는 아무 문제도 없을 겁니다"라는 말로 나의 두려움을 없애주었다면, 설사 그가 실패했다고 해도 그를 훨씬 더 능력 있는 사람이라고 생각했을 것이다.

여기서 얻을 수 있는 결론은 무엇인가? 인간은 보편적으로 자기가 들은 말을 믿는다는 것, 그리고 그런 자신의 태도를 수정하지 않으려고 무의식적으로 부단히 노력한다는 사실이다.

따라서 보이는 능력을 높이고자 하는 당신에게 추천하는 행동은 극히 단순한 것이다. 상대방에게 당신이 이 분야에서 뛰어난 능력을 가진 사람이라고 분명하게 말하고, 당신에게 맡겨진 과제에 자신감을 보여라. 그러면 사람들은 당신의 말을 믿고, 또 그 인상을 굳건히 확인하게 될 것이다.

자신의 능력에 대한 확신은 훨씬 더 멀리까지 나아갈 수도 있다. 어떤 실험에서 참가자들이 열띤 토론을 벌이는 도중, 배우 한 명이 토론장에 난입했다.[11] 배우는 토론 내내 매너 없는 언행을 일삼았다. 토론 말미에는 자기 편이 토론에서 이기는 데 자기가 가장 큰 몫을 했다고 주장하기까지 했다.

연구자들의 기대와는 달리, 이런 뻔뻔스러운 태도를 통해 그는 더욱 높은 평가를 받았다. 그가 이런 주제넘은 행동을 더 일찍 시작할수록 더욱 높은 평가가 나왔다. 심지어는 치명적인 실수를 한 경우에도 그랬다.

사람들은 가장 훌륭한 논거를 가진 사람에게 설득되는 것이 아니라, 가장 큰 확신을 가진 사람에게 설득된다.[12] 평생 들어보지도 못한 '1825년의 유럽킥보드선수권대회'에서 누가 우승했는지를 두고 친구들과 논쟁하고 있다고 치자. 그중 한 명이 100유로 짜리 지폐를 꺼내 자신의 후보 편에 건다면, 당신은 누구 말을 믿겠는가? 글쎄 그렇다니까.

그럼 이건 어떤가? 올해 당신 회사에서 승진한 사람들을 떠올려보자. 탁월한 성과 때문에 승진하는 사람은 드물지만, 잠재적 가능성 덕분에 승진하는 이들은 생각보다 많다.

당신이 몰랐던 또 하나의 진실. 사람들은 당신이 말한 것이나 행한 것을 재빨리 잊어버린다. 하지만 당신이 그들에게 일깨운 감정은 절대로 잊지 않는다.[13]

미국 심리학자 도널드 더튼Donald Dutton과 아트 애런Art Aron은 1970년대에 오늘날 '흔들다리 효과suspension bridge effect'라는 용어를 탄생시킨 실험을 했다.[14] 실험 참가자들은 다리를 건너면서 어떤 여성의 매력을 평가하라는 과제를 받았다. 평가 장소는 한 번은 평범한 다리 위에서, 다른 한 번은 두려움을 불러일으키는 100m 높이의 좁고 흔들리는 다리 위에서였다.

흔들다리의 아찔한 높이에 긴장한 남성들은 자신들이 만난 여성을 더 매력적이라고 판단했고, 일부는 심지어 나중에 전화로 연락까지 했다.

사랑에 빠지면 일련의 신체적 징후들이 나타난다. 심장이 더 빨리 뛰고, 두 손은 축축해진다. 하지만 이와 반대로 신체적 변화가 감정을 일깨우기도 한다. 우리의 심장이 어떤 이유에서든 더 빨리 뛰면 사랑에 빠질 가능성이 높아진다.

그러니까 데이트를 할 때 조용히 산책을 하기보다는, 사랑에 빠진 증상을 만들어내는 스릴 넘치는 활동을 하는 편이 좋다. 날씨가 좋을 땐 패러글라이딩을 하고, 안 좋을 땐 공포영화를 봐라. 이도 저도 여의치 않은 상황이라면 무작정 연인의 손을 잡고 함께 달리는 것도 추천한다.

이제 우리의 목표인 '보이는 능력'으로 다시 돌아가보자. 유능한 전문가에게 자신의 목숨과 영혼을 맡긴 사람의 상태는 어떨까? 긴장은 풀리고, 두려움 대신 신뢰에 차 있을 것이다.

그러므로 당신의 고객이나 상사나 동료가 바로 이런 상태에 있도록 해야 한다. 아무런 방해도 없이 편안한 안락의자가 놓인 쾌적한 환경을 만들고, 무엇보다도 당신은 내면에서부터 한껏 자신감을 뿜어내라. 그러면 상대방을 이런 내적인 상태로 이끈 특성, 곧 탁월한 능력이 온전히 당신의 것이 된다.

▼

나를 믿지 못하는 나에게 내리는 확실한 처방

: 프라이밍

하지만 스스로 느끼지 못하는 것을 발산할 수는 없는 법. 당신의 유능함을 납득시켜야 할 첫 번째 상대는 바로 당신 자신이다. 스스로 능력 있다고 믿지 않는다면, 다른 누구도 당신의 능력을 믿지 않는다.

내가 진행하는 세미나에 참가했다고 치자. 당신은 상자에서 쪽지 하나를 꺼내, 다음의 5가지 질문에 순간적으로 답해야 한다.

- 당신은 무엇을 할 수 있나?
- 당신이 지금 하는 일의 적임자라고 생각하는 이유는?
- 직장에서 이루고 싶은 가장 큰 목표는?
- 현재의 직업을 갖기 위해 어떤 노력을 했는가?
- 당신이 주요 프로젝트의 책임자가 되어야 하는 이유는?

아주 쉬운 질문은 아니라고? 질문을 받고 머뭇거린다면, 미리 말하건대 당신은 아직 성공을 맞이할 준비가 되어 있지 않은 것이다.

존 F. 케네디 대통령의 동생인 에드워드 케네디Edward Kennedy가 미국 대통령직에 출마했을 때의 이야기다. TV 토론회에서 기자가 매우 단순해 보이는 질문을 던졌다.

"당신은 왜 대통령 선거에 출마하셨나요?"[15]

케네디의 대답이 나오기까지 정확하게 10초가 걸렸다. 영원처럼 느껴지는 시간이었다. 이 시간 이후, 그의 선거전은 종말로 접어들었다.

나는 교수로서 입학 면접에 면접관으로 들어갈 때, 모든 지원자들에게 '왜 경영학을 공부해야 하는가?'라는 질문을 던지곤 한다. 이 간단한 질문에 답할 수 있는 사람이 얼마나 극소수인지, 그리고 이런 질문에 답하지 못하는 것이 얼마나 좋은 인상을 망치는지 면접장 밖에서는 상상할 수 없을지 모른다.

면접장에서, 혹은 회의 자리에서 모든 스포트라이트가 당신에게 쏠린다면 조금도 망설여서는 안 된다. 구체적 사실을 모른다고 나쁘게 생각할 사람은 없다. 하지만 자신의 생각은 즉석에서 나와야 한다.

말주변이 없는데 어떻게 묻는 말에 바로 대답을 할 수 있냐고? 평소에 답을 의식하고만 있어도 예상치 못한 질문에 답하기가 한결 수월해진다. 이렇게 미리 떠올린 개념이 뒤에 제시되는 정보의 해석에 영향을 미치는 현상을 '프라이밍priming', 우리말로는 '밑칠하기'라 부른다.[16]

우리를 당혹케 하는 연구 하나는, 추상적인 문제를 잠깐만 생각해도 성과에 차이가 나타난다는 사실을 알려준다. 실험 참가자들은 상대적으로 어려운 질문에 답변하도록 되어 있었다. 이에 앞서 한쪽 그룹에는 교수가 된다는 것이 무슨 의미인지 미리 5분 동안 생각해보게 했다. 다른 그룹에는 마음속으로 축구 훌리건을 생각해보라고 했다. 그러자 '교수 그룹'(55.6%)은 '훌리건 그룹'(42.6%)보다 더 많은 과제를 해결했다.

잉글랜드 U-21 축구 국가대표팀 감독을 지낸 데이비드 플랫David Platt은 중요한 경기 전에 가장 멋진 골인 장면들을 찍은 영상을 보곤 했다. 이는 승리와 패배라는 엄청난 압력을 견디고, 최고의 성과를 얻는 그만의 기술이다.

이를 비즈니스의 맥락으로 옮겨보면, 계약 체결 직전의 프레젠테이션, 최종 면접, 결정적인 미팅의 상황을 미리 머릿속에 떠올려보는 것이 큰 도움이 된다. 당신은 자신의 성과와 자질을 떠올리면서 능력에 대한 상대의 의심을 거두게 만들 수 있다.

프라이밍 기술이 당신을 세계 꼴찌에서 올림픽 우승자로 단숨에 올려주지는 않는다. 허들 경주의 세계 챔피언이자 올림픽 메달리스트인 샐리 거넬Sally Gunnell은 프라이밍의 효과를 이렇게 요약한다. "이것은 금메달이냐 은메달이냐의 차이다."[17]

프라이밍은 일상적인 대화에서도 긍정적 기능을 한다. 대화하기 전, 예상되는 질문에 어떻게 답할지 생각해보자. 그러면 대화에 임하는 태도는 달라지고, 더 많은 자신감을 풍기게 된다. 게다가 실제 성과도 더 좋아진다. 앞으로 매번 스스로에게 이런 질문을 던진다면, 당신은 준비가 되어 있는 사람이다.

직업 영역에서 내면의 자신감은 단순한 사치품 이상이다. 스스로 열등하다는 느낌은 보통 공격성으로 연결된다. 리더가 자신의 능력을 의심하면, 직원들에게 공격적으로 행동하게 된다.[18] 목소리가 커지고, 의도적으로 직원들의 마음을 상하게 한다. 그러므로 지도자의 프라이밍은 기업 전체의 분위기를 좋게 만들고, 모든 직원이 거기서 이익을 얻게 된다.[19]

▼

겸손, 지나치면 '자기 파괴'가 된다

하지만 이건 좀 지나친 것 아닌가? 정말로 온갖 겸손과는 거리가 먼 '허세꾼'이 되어야 하나? 겸손함이란 건 존경할 만한 미덕이 아니던가?

이렇게 상상해보자. 스키를 타다 사고로 다리가 부러진 당신은 고통스러워하며 병원에 누워 있다. 그때, 담당 외과의사가 다정하게 인사를 건네며, 당신이 이중의 불운을 겪는 중이라고 말한다. 그러니까 뼈를 부러뜨렸을 뿐만 아니라, 수많은 의사 중 하필 자기에게로 왔다는 말이다.

당황한 당신에게 그는 이렇게 이야기한다. 자기는 최고의 실력을 지닌 외과의사가 아니며, 학창 시절에는 놀기를 좋아했고 원래는 재즈 음악가가 되고 싶었다. 하지만 어쨌든 당신의 치료를 맡게 되었으니, 최대한 애써보겠다고. 이런 겸손함이 당신을 기쁘게 하겠는가? 아마도 당신은 가까이 있는 휠체어를 재빨리 낚아채 도망치고 싶을 것이다.

이 사람은 사실 아주 탁월한 의사로서, 앞서 이야기한 정비사처럼 '덜 약속하고 더 해주어라'라는 원칙을 따르는 사람일 수도 있다. 하지만 대체 누가 그를 유능하다고 생각하고 신뢰하겠는가? 그의 겸손함을 좋아하겠는가? 설사 수술이 성공하더라도 다른 의사라면 더 잘했을 거라고 생각하지 않겠는가?

아픈 몸으로 운명에 자신을 맡긴 채 병원에 누워 있다면, 당신은 의사에게서 그 어떤 겸손의 말도 듣고 싶지 않을 것이다. 그보다는 당신이 최고의 치료를 받을 것이라고 안심시키는 자신감 넘치는 의사를 원할 것이다.

고객, 상사 혹은 동료들이 당신에게 어떤 문제를 맡기면서 듣고 싶은 말도 바로 이런 말이다. 그들은 주어진 도전을 이겨낼 수 있다는 확신을 가진 사람을 원한다. 겸손한 말로 두려움과 근심에 부채질을 할 사람을 원하는 것이 아니다. 성공하든 실패하든 결과와는 상관없이 그렇다. 앞서 살펴보았던 확증 편향이 여기서는 부정적인 의미로 작용하기 때문이다.

당신이 겸손한 모습을 보이면 사람들은 당신의 의구심을 진짜라 여기고, 그 뒤로는 그런 선입견에서 그들을 되돌릴 길이 없다. 당신은 무능한 사람으로 인지되었으니, 어떤 태도도 당신의 무능함을 보여주는 증거로 해석될 뿐이다.

겸손함은 매우 자주 관찰되는 자기 파괴 형식이다. 고액 연봉을 받는 경영자나 전문가들은 농담 삼아 자신의 결점을 이야기하고, 그로써 자신에 대한 평판을 스스로 망가뜨린다.

누군가가 농담 삼아 겸손한 말을 하는 것을 누구나 들어본 적이 있을 것이다. 자신은 원래 숫자를 좋아하지 않았다는 공인회계사의 고백 같은 것 말이다. 우리는 맞장구치며 함께 웃음을 터뜨리지만, 마음 속으로 정말 중요한 문제가 있을 때는 저 사람과 일하지 말아야겠다는 결정을 내린다.

익살꾼은 자신의 보이는 능력을 고쳐볼 겨를도 없이 망가뜨린다. 영국 사상가 토머스 풀러Thomas Fuller의 말을 약간 변형시켜 인용하자면 이렇다.

"고객을 잃기보다는 싸구려 익살꾼을 잃는 편이 낫다."

직업의 영역에서 겸손함은 가능하면 피해야 할 특성이다.[20] 많은 이들이 자신이 내보인 확신과 자신감이 인기에 부정적인 영향을 미치고, 결국은 자신의 보이는 능력도 깎아내릴 것이라고 짐작한다. 하지만 실제 결과는 이와 정반대다. 겸손함은 불확실함 및 비겁함과 동일시되며, 나중에 나타날 실패에 대한 방어라고 해석되기도 한다.[21]

겸손함이 어떤 심리에서 비롯되는지를 살펴보면, 그 정체에 한 발 더 다가서게 된다. 겸손함이란, 실패할 경우에 자신을 향한 비판을 막으려는 계산에서 나온다. 이는 존경할 만한 동기는 아니다.

특히 너무 겸손한 사람을 보면, '잘할 수 없다는 걸 알면서 어째서 이 일을 떠맡으려 하는가?' 하는 의구심까지 든다. 그런 사람이 마지막에 유감스럽게도 충분한 준비를 못했다, 잠을 제대로 못 잤다는 등 사과의 말로 발표를 끝맺는 것을 우리는 얼마나 자주 경험했는지……

발표를 들은 사람들은 그를 겸손한 프로페셔널로 기억할까? 아니다. '오늘 여기서 발표해야 한다는 걸 어제 안 것도 아닐 텐데, 어째서 준비를 더 잘 하거나 잠을 충분히 자두지 않았을까?' 하는 의문만 품을 뿐이다. 그러므로 겸손함이 심지어 혐오감을 불러일으킬 수도 있다는 연구 결과는 전혀 놀랍지 않다.[22]

그렇다면 겸손함이란 모든 경우에 없애버려야 할 특성이라고 낙인찍을 수 있나? 언제나 그렇듯이 규칙에는 예외가 있는 법. 당신이 실패할 것을 처음부터 명백히 알고 있다면, 철저히 겸손한 태도를 취하는 것이 좋다. 물론 그런 일은 절대적으로 드물어야 할 것이다. 그렇지 않다면, 당신의 직업이 정말로 적성에 맞는지 다시 생각해보라고 충고하고 싶다.

그런데도 당신이 결단코 겸손함을 버릴 수 없다면, 겸손함을 유리하게 이용할 가능성도 있긴 하다. 마케팅 전략가인 해리 백위드Harry Beckwith는 어떤 실험에서 두 장의 비슷한 지원서를 여러 기업체로 보냈다. 보낸 사람은 실제로는 존재하지 않는 존John과 데이브Dave였다.

지원서는 단 하나의 문장에서만 차이가 났다. 존의 지원서에는 사소한 약점을 언급하는 문장이 들어갔고, 데이브의 지원서에는 약점에 관한 언급이 빠졌다. 그런데 존이 서류전형에 더 많이 합격했다. 작은 부정적 언급이 전체 지원서에 대한 신뢰를 높였고, 그로써 존은 더욱 능력 있는 사람으로 보였던 것이다. 가볍게 겸손한 진술 하나가 보이는 능력을 상승시켰다.

그렇지만 이런 진술을 할 때조차 매우 조심스러운 태도를 유지해야 한다. 겸손한 진술은 전체적으로 서술된 장점과 비교해서 큰 중요성을 갖지 않은 것이라야 하고, 절대로 핵심 능력을 방해하는 것이어서는 안 된다.

"나는 늘 수학이 약했다" 같은 문장은 활동 분야와 상관없이 상당히 해로울 수 있다. 수학은 지성과 동일시되는데, 지성은 유능함의 지표이기 때문이다. 심리학자 E.E. 존스E.E. Jones는 이 사실을 이렇게 요약한다. "겸손함을 이용하려면, 장점의 맥락에서 자신 있게 수용할 수 있을 만큼 명백하게 하찮은 몇몇 약점을 제시해야 한다."[23]

요약하면 이렇다. 겸손한 예측과 당신의 능력을 의심스럽게 만드는 일화는 보이는 능력에 해가 된다. 그 때문에 당신은 덜 유능해 보일 뿐만 아니라, 인기까지 떨어지게 된다. 사람들은 직업 영역에서의 겸손함을 반기지 않으며, 반대로 자신감의 신호를 고맙게 여긴다. 그런데도 약간의 겸손을 드러내고 싶다면, 이것이 당신의 핵심 능력을 건드리지 않도록 확실히 해야 한다. 더 짧게 요약하면 이렇다.

"겸손함은 꼭 필요한 날에만 걸고 다니는 장신구다."

▼

브뤼셀 최고의 카페를 눈앞에 두고,
스타벅스로 발길을 돌리는 이유

자신감 넘치는 태도가 좋은 평가로 이어지는 이유 중 하나는 너무나 인간적인 감정, 두려움 때문이다. 인간은 자기를 가장 행복하게 하는 것이 아니라, 가장 덜 두려운 것을 선택하는 경향이 있다. 우리는 고통을 두려워한다. 연구에 따르면, 고통을 피하려는 욕구가 기쁨을 늘리려는 욕구보다 더 강하다.[24] 고통 외에 불확실한 것, 실수, 상실 역시 우리를 두렵게 만든다.

이는 전혀 새로운 사실이 아니다. 영국 철학자 데이비드 흄은 1779년에 이미 이렇게 썼다.

"낯선 존재가 갑자기 우리가 사는 세상으로 들어오게 된다면, 나는 그에게 이 세상에서 고약한 것들을 보여줄 것이다. 환자가 가득한 병원, 범죄자와 채무자로 꽉 찬 감옥, 시체가 잔뜩 흩어진 전쟁터, 대양에서 침몰하는 함선, 폭정 아래 놓인 시민들, 굶주림의 고난, 그리고 전염병을 보여줄 것이다. 삶의 행복과 즐거움을 알려주려 한다면 대체 그를 어디로 데려가야 하나? 무도회장? 오페라? 아니면 궁전? 그래봤자 그는 내가 자기에게 다른 종류의 비참함과 근심을 보여준다고 생각할 것이다."[25]

오늘날의 표현으로는 바꾸자면 이렇다.

"슬프지만 세상에는 좋은 일보다 나쁜 일이 더 많다."

당신의 행복도를 1~10까지의 숫자로 표현해보자.[26] 그런 다음, 어떻게 하면 행복도를 10으로 끌어올릴 수 있을지 생각해보자. 꿈꾸던 직업을 갖는 것? 대학 시절 첫사랑과 결혼에 골인하는 것? 이런 바람들은 이루어지기도 어렵거니와, 오랜 시간 지속될 수도 없다. 그 사실을 당신도 이미 잘 알고 있다.

이번에는 행복도를 1까지 추락시키는 일을 상상하자. 갑자기 여러 가지 사건들이 꼬리에 꼬리를 물고 떠오르기 시작한다. 불치병, 사랑하는 이의 죽음, 자연재해, 교통사고, 실직…….

우리의 먼 조상들에게는 거의 모든 불운이 저승으로 가는 지름길이었다. 나뭇가지 하나를 못 보고 잘못 미끄러졌다가는 금세 죽음의 그림자가 덮쳐왔다. 우리 조상들은 언제나 실수를 저지르지 않도록 극도로 조심을 해야만 했다. 그 중에서도 가장 조심스러운 겁쟁이들이 살아남았다. 믿고 싶지 않지만, 그들이 우리 조상들이다.

이런 조상들의 유산은 극히 일상적인 상황에서도 드러난다. 몇 년 전, 나는 오랜 친구를 만나러 벨기에 브뤼셀로 떠났다. 만나기로 약속한 날, 친구에게서 1시간쯤 늦을 것 같다는 연락이 왔다. 그래서 나는 친구가 올 때까지 카페에 앉아 무엇이든 읽기로 했다. 작은 카페와 스타벅스가 눈에 띄었다. 여기서 문제! 나는 둘 중 어느 곳을 택했을까? 참고로, 나는 평소에 스타벅스 커피를 즐겨 마시는 편이 결코 아니다.

그런데 조금의 망설임도 없이 내 두 다리는 스타벅스를 향했다. 1시간 후, 스타벅스로 온 친구가 물었다.

"이봐, 내셔. 어쩌자고 바로 옆에 있는 뤼지 카페를 마다하고 흔해 빠진 스타벅스로 온 거야? 벨기에에서는 가장 훌륭한 에스프레소를 마실 수 있는 곳인데."

물론 그의 말이 맞을 것이다. 하지만 나를 스타벅스로 데려온 것은 내 조상들이 내게 준 바로 그 두려움이었다. 스타벅스에서는 끝내주게 맛있지는 않지만, 꽤 맛 좋은 커피를 마실 수 있을 거라 생각했으니까. 나는 좋아하는 것을 고르는 대신, 가장 덜 두려운 것을 골랐다.

맥도날드 역시 마찬가지다. 맥도날드 햄버거가 정말로 먹고 싶어서 맥도날드를 찾는 사람이 과연 얼마나 될까? 많은 사람들이 맥도날드를 선택하는 이유는 무엇보다도 최악의 선택을 피하고 싶기 때문이다. 사람들은 맥도날드 햄버거가 어떤 맛인지 아주 정확히 알고 있다.

맥도날드 창시자인 레이 크록Ray Kroc도 이 모든 사실을 간파하고, 일찌감치 고객의 두려움을 최소화하는 것을 판매 전략으로 삼았다. 그의 목표는 전 세계에 동일한 맛의 햄버거를 제공한다는 것이었다.

더 복잡한 제품을 판매하는 데도 같은 원칙이 적용된다. 1970년대에 유행하던 말 중 "IBM을 사면 해고되지는 않는다"라는 말이 있다. IBM은 밑에서 치고 올라오는 경쟁사들을 견제할 때, 사람들의 두려움을 자극하곤 했다.

이 악명 높은 판매 전략, 이른바 'FUDFear, Uncertainty and Doubt[27] 전략'을 훗날 마이크로소프트가 넘겨받아 극단까지 밀고 나갔다. 마이크로소프트는 사용자가 낯선 소프트웨어를 이용할 때만 표시되는 무의미한 오류 신호를 의도적으로 운영체제 안에 집어넣었다.

서비스를 제공하는 사람들에게는 고객의 두려움을 줄이는 것이 더욱 중요한 과제다. 변호사를 예로 들어볼까? 런던 로펌의 변호사가 프랑크푸르트 로펌 변호사와 100% 같은 계약서를 만들기란 불가능하다. 서비스에는 완벽히 표준화된 수행방식이란 게 없기 때문이다. 이런 특수성 때문에 고객들의 두려움을 없앨 줄 아는 '능력자'들이 시장을 독차지한다.

서비스 제공자 가운데 아마도 가장 사회적 영향력이 있는 사람들은 정치인일 것이다. 선거에서도 유권자의 두려움을 줄이는 것이 핵심이다. 흔히 현직에 있는 사람이 선거에서 승리하기 수월하다는 사실은 '현직 이점 incumbency advantage'이라는 말로 알려져 있다.[28]

미국 하원의원의 경우, 1964년에서 2014년까지 재선에 성공한 의원의 비율은 85~98%에 이른다.[29] 유권자가 재선 의원들을 진심으로 뜨겁게 사랑해서 그런 걸까? 천만에. 이런 결과 뒤에는 겪어본 적 없는 후보에 대한 두려움이 자리 잡고 있다.

회사에서도 상황이 나빠질 것에 대한 두려움은 결정적인 역할을 한다. 당신 회사의 최고 멍청이는 누구인가? 그 멍청이가 회사에서 중요한 프로젝트를 맡은 적이 있는가? 다음 번 프로젝트를 앞두고, 사장이 하필 그 멍청이에게 "당신이 바로 이 일에 적임자요!"라고 말한다고 상상해보자.

사장은 어째서 그런 선택을 했을까? 아마 더 큰 재앙을 피하기 위해서일 것이다. 비슷한 이유로 대다수의 기업이 직원을 채용할 때 개성이 뚜렷한 인재 대신, 치명적인 결함이 없는 '무결점' 직원들을 고용한다.

▼

상대의 두려움을 무력화시켜라

햄버거를 선택하든, 국가원수를 선택하든, 입사 지원자를 선택하든 언제나 두려움이 핵심 인자라는 사실을 거듭 깨달아야 한다.[30] 다른 사람을 설득하려고 한다면 미국의 마케팅 전략가 해리 벡워드의 말을 명심해라.

"가장 좋은 선택지가 되려 하지 말고, 당신을 나쁜 선택지로 만들 만한 모든 것을 없애라."

진부하게 들릴지도 모르지만, 이러한 노력은 당신을 진짜 성공으로 이끌 것이다. 당신이 그 무엇에 대해 그 누구를 설득하려 하든 그렇다. 그러므로 상대가 무엇을 두려워할지를 늘 염두에 두고, 이런 두려움을 줄이는 것을 당신의 설득전략으로 삼아라.

옥스퍼드대학교 사이드Said 비즈니스 스쿨의 석사과정 입학 면접에서 나는 실수를 피하기로 결심했다. 그래서 면접관이 나라는 지원자에 관해 무엇을 두려워할지 곰곰이 생각해보았다.

당시 나는 오스트리아에서 철학 박사 학위를 받았고, 대학시절에는 법학과 심리학을 전공했다. 그러니까 경제학과 관련된 경력이 전무했다. 면접관은 짐작컨대 내 이력서를 보고 '철학자를 비즈니스스쿨에 받아들여도 되는 걸까?' 하는 두려움에 사로잡혔을 것이다.

그래서 나는 우선 겉모습으로 면접관의 두려움을 해소하고자 했다. 빳빳하게 줄을 세운 양복바지와 푸른색 셔츠를 입고 면접관 앞에 나타난 것이다. 훗날, 내 지도 교수가 된 면접관이 나를 맞아들이며 한 말을 나는 절대로 잊지 못할 것이다.

"나는 '이제 철학자가 들어오겠군' 하고 생각했어요. 당신, 여기 잘 어울리겠는데요?"

내 전략이 들어맞았던 것이다! 심지어는 옥스퍼드대학교 교수에게도.

일상의 상황으로 넘어가보자. 낯선 도시를 장기간 여행하는 중, 당장 머리를 손질해야 하는 일이 생겼다. 어떤 미용실 앞에 선 당신은 '여러 주 동안 망가진 헤어스타일로 여행을 해야 하지 않을까?' 하는 걱정에 사로잡힐 것이다. 여행 중에 나는 언제나 그러니까.

뉴욕에서 몇 주간 휴가를 보내던 나는, 작은 미용실 앞에 망설이며 서 있었다. 그러다가 가게 안에 몇 개의 증명서와 우승컵이 놓인 것을 발견했다. 미용사의 능력을 보증해주는 '증거'들을 보고 얼마나 기뻤던가. 한 치의 망설임도 없이 기분 좋게 미용실 안으로 들어갔다.

미용사는 머리를 감기며 자신의 마지막 축구 시합 이야기를 했다. 그는 내가 앞서 보았던 바로 그 곳을 가리켰다. 그제야 모든 증명서와 우승컵에 그려진 축구공 그림이 보였다. 아뿔싸, 그렇지만 빠져나가기엔 이미 늦어버렸다.

다시 '보이는 능력' 이야기로 돌아오자. 유능함을 보이고 사람들을 설득해야 할 경우, 불확실성을 줄이는 것이 열쇠다.[31] 상대방의 생각을 움직이려면 당신에게 불리한 점이 무엇인지 생각해보고, 바로 이 요소들을 무력화시켜야 한다.

면접장에서는 실수를 범하지 않는 일이 무엇보다도 중요하다. 회사로서는 이따금 유능한 지원자를 놓치는 편이, 무능력자 한 명을 뽑는 쪽보다 훨씬 더 유리하기 때문이다.

　미국의 일부 관공서는 면접에서 거짓말 탐지기를 이용한다. 탐지기의 정확성이 80% 정도밖에 되지 않는데도 그렇다. 이 곳 역시 몇몇 유능한 지원자를 고용하지 못하는 편이, 치명적인 문제를 일으킬 수도 있는 한 사람을 고용하는 쪽보다 더 낫다고 보기 때문이다. 면접장에서 면접관들이 지원자를 압박하는 질문을 던지는 것도 바로 이런 이유 때문이다. 면접관은 지원자에게서 무엇보다도 부정적 정보를 찾으려 한다.[32]

　"약간 불안해하시는 것 이해합니다. 하지만 걱정 마세요. 나는 내 분야의 일을 무엇이든 잘해내니까요."

　힘든 결정의 순간에 우리는 이런 말을 건방진 말로 받아들이지 않는다. 중대한 실수를 범할까봐 몹시 두려워하고 있을 때, 이런 말은 달콤한 음악처럼 들린다. '엉터리 미용사, 세무사, 건축사 앞에 앉아있는 게 아닐까?' 하는 두려움을 잠재워주는 교향곡 말이다. 그렇게 민감한 순간에는 "안심하십시오. 제가 잘 처리하겠습니다"라는 자신감 넘치는 한마디보다 더 좋은 것이 없다.

'은밀하게 위대하게' 대신
'요란하게 위대하게'

―― 미국의 경영사상가인 짐 콜린스Jim Collins는 이런 말을 남겼다.

"조용하게 열심히 일하는, 절도 있는 경영자가 위대한 변화를 책임진다."[33]

2장은 이 문장을 정면으로 반박하는 내용이었다. 그렇다면 누구 말이 옳은 가? 비즈니스 전문가 톰 피터스Tom Peters는 세계사에 주연급으로 등장하는 인물들의 이름을 들며 콜린스의 주장을 반박했다.

파블로 피카소, 볼프강 아마데우스 모차르트, 아브라함 링컨, 윈스턴 처 칠, 마가렛 대처, 앤드류 카네기, 존 록펠러, 헨리 포드, 잭 웰치, 스티브 잡 스……[34] 이 목록은 훨씬 더 길게 이어질 수 있다. 나폴레옹 보나파르트부터 루드비히 판 베토벤을 거쳐 프리드리히 니체에 이르기까지.

니체는 뒷날 자신의 책 『이 사람을 보라』에서 '나는 어째서 그토록 영리한 가?', '나는 어째서 그토록 좋은 책들을 쓰는가?'와 같은 문장을 장의 제목으 로 내걸기도 했다.

극단적인 경우에 이들은 자기가 진짜 또는 상상 속의 위대함을 지녔다고 확신하는 '자기애성 인격장애'까지 지녔던 인물들인데, 그로써 특별한 성공 을 거두었다.[35] 오늘날의 인물로는 도널드 트럼프가 있다. 그는 자신의 특별 한 능력에 대한 자신감을 요란하게 보여준 결과, 미국 대통령에 당선되었다.

겸손한 사람들로도 이렇듯 인상적인 목록을 제시할 수 있을까? 간디와 테

· 어떻게 능력을 보여줄 것인가 ·

레사 수녀 이상으로는 나아갈 수가 없다. 무엇보다도 피터스가 예로 든 인물들이 그야말로 자기 영역의 '아이콘'들이라는 점을 생각하면 더욱 그렇다.

그렇다면 보이는 능력을 강화시키기 위해서는 상대의 기대치를 어떻게 컨트롤해야 할까? 먼저, 상대의 두려움을 없애라. 당신은 그 대가를 두둑이 받게 된다. 당신의 능력에 대한 자신감을 보여주고, 이런 자신감을 과거 또는 현재 진행 중인 프로젝트의 경험에서 나온 성과들로 뒷받침해라.

상대방은 당신에게 신뢰를 주고, 무의식중에 자신의 생각을 확인했다고 여기려 한다. 중대한 순간에는 당신의 장점에 초점을 맞추고, 스스로 밀칠을 해라. 핵심 능력에 대해서는 겸손함을 피해라. 그래야 실패했을 경우에도 더욱 유능하고, 호감을 주는 사람이라는 평가가 돌아온다.

이 장의 문을 열었던 빌 게이츠의 이야기로 돌아가자면 이렇다. 그는 운영체제도 없이 자신감 하나로 IBM 매니저들이 자신의 능력을 믿도록 만들었다. 그런 다음, 다른 사람의 작업 결과인 (Q)DOS를 가지고 시장선도자로 올라섰다. 비록 날림으로 만든 (Q)DOS는 수십 년 동안 컴퓨터의 발전을 저해하는 결과를 불러 왔지만.

그렇다면 선구자인 게리 킬달은? 오늘날 많은 이들이 기억하는 그는 그냥 '빌 게이츠가 될 뻔했던' 사람이다. 게리 킬달은 52세의 나이에 주점으로 가는 길에 머리를 다치고는 뇌출혈로 쓸쓸하게 죽었다. 그에 반해 빌 게이츠는 수십 년이 넘도록 전 세계에 막대한 영향을 미치면서 세계 최고의 부자로 우뚝 섰으며, 가장 너그러운 자선가로 발돋움했다.

상대에게 확신을 심어주는 3가지 비법

❶ 당신의 능력과 주어진 과제에 대해 자신감을 보여라.

스스로 믿칠해라!

❷ 핵심 능력에 관해서는 절대 겸손하지 마라.

❸ 두려움 줄이기.

당신에게 불리한 요소를 줄여라.

Chapter 3

나의 장점만 떠오르게 하는 법

삶에서는 실제 일어난 일이 10%,
일어난 일에 대한 우리의 반응이 90%를 차지한다.

— 척 스윈돌Chuck Swindoll

▼

스티브 잡스의 절규
"스포트라이트여, 제발 내게로!"

애플의 전 CEO 스티브 잡스Steve Jobs만큼 스포트라이트를 잘 활용한 사람은 없다. 전설이 된 애플의 신제품 발표회에서 잡스는 모든 주목을 모으는 유일한 구심점이 되어, 계속해서 무대 이곳저곳을 오갔다. 그러면서 신제품의 장점들을 상세하게 설명했는데, 언제나 스포트라이트를 한 몸에 받으며 등장해서 거의 신처럼 보일 정도였다.

　유능함은 무대의 스포트라이트에 견줄 수 있다. 넓은 무대에서 배우 혼자 환한 조명을 받고 있으면 그는 절대적인 주목을 얻는다. 그에게서 시선을 분산시킬지도 모를 그 어떤 무대 효과도 빛에 가려 보이지 않고, 모두가 그를 바라보기 때문이다.

　공연을 성공적으로 마친 다음, 배우들은 스포트라이트 속에서 기꺼이 마지막 박수갈채를 받는다. 반면 덜 성공적인 공연의 경우, 공연이 끝나면 공연장 전체에 환한 조명이 들어와서 무대 장치, 출연진, 심지어 관객들까지 모두 다 눈에 보이게 만든다.

스포트라이트를 받을 때는 활발한 움직임도 절대적으로 필요하다. 움직임은 사람들을 외부 상황이 아닌, 당신 한 사람에게 주목하게 한다.[1] 절대로 뻣뻣하게 서 있어서는 안 된다. 제스처를 많이 쓰며 바삐 움직여라.

성공적인 성과를 보고할 때면 언제나 스포트라이트를 직접 받는 것이 좋다. 어두컴컴한 구석을 찾지 말고, 당신이 서 있는 공간이 환한 조명을 받도록 신경 써라. 당신의 그림자에 가려 프레젠테이션 화면이 덜 뚜렷하게 보일지도 모르지만, 그럴수록 당신은 더 눈에 띈다.

밝은 조명에는 2가지 긍정적인 부수효과가 더 있다. 조명은 기억보강재 노릇을 한다. 인간은 밝은 조명을 받은 발표자를 더 잘 기억한다. 그것 말고도, 빛나는 조명 속에 서 있는 사람이 어둠 속에 있는 사람보다 더 주도적 인사로 인지된다.[2]

당신이 전하고자 하는 좋은 소식이 설사 당신과 직접적으로 관련이 없더라도, 가능하면 당신을 이 소식과 연결시켜라. 당신이 자동차라면 좋은 소식은 광고모델이다. 매력적인 광고모델이 자동차에 가까이 있을수록 긍정적인 연상 작용은 더욱 강력해진다. 연상 작용에 관해서는 곧바로 이어지는 '후광 효과'에 관한 글에서 더욱 자세히 다룰 것이다.

좋은 소식을 전할 때는 전화나 이메일 대신, 몸소 나타나서 가능하면 직접 전달하는 편이 좋다. 회의석상에서 좋은 소식을 전하면서 자신을 돋보이게 해라. 공간 중앙에 자리를 잡아라. 그리고 가능한 한 오랫동안 사람들의 시야에 머물러라. 한 순간 한 순간이 좋은 소식과 당신 사이의 연관성을 강화시킬 것이다.

그러니 즐거운 일에는 가능한 한 많은 시간을 투자해라. 소식을 길게 잡

스티브 잡스는 청중 앞에 설 때마다 속으로 절규했다.
"스포트라이트여, 제발 내게로!"

아 늘이고, 가능하면 여러 개의 단위로 나누어 발표 전체에 골고루 분배하며, 가능한 한 자주 그 일을 언급해라. 즐거운 일의 긍정적 에너지가 당신의 이미지에도 영향을 미칠 것이다.[3]

팀 프로젝트의 경우에는 무조건 당신이 직접 발표해라. 그리고 팀원들을 칭찬할 때도 누구보다도 당신이 가장 좋은 조명을 받도록 해라. 이것은 마치 여러 친구들과 돈을 모아 선물을 마련한 경우와 같다. 그것을 건네준 사람이 언제나 가장 강력하게 그 선물과 연결된다. 하지만 선물 전달식이 끝난 다음 나타난 사람은 선물과는 거의 연결되지 않는다. 심지어 돈을 한 푼도 내지 않았지만 우연히 전달식에 있었던 사람만도 못하다.

▼

자동차를 전혀 모르는 연예인이
자동차 광고에 등장하는 이유
: 후광 효과

프롤로그에 언급했던 맥킨지 보고서와 AT&T의 사례를 떠올려보자. 치명적인 컨설팅 실수에도 불구하고 당시 맥킨지의 명성은 조금도 손상을 입지 않았다. 그토록 명백한 실패에도 불구하고 어떻게 계속 유능하다는 광채를 발산할 수 있었을까?

좋은 인상과 나쁜 인상의 효과는 같지가 않은 만큼, 맥킨지는 어려움을 겪었어야 했을 것이다. 부정적인 것은 통상 사회적인 기대에 어긋나는 것이므로, 긍정적인 것보다 더욱 강한 인상을 남기기 때문이다.[4] 그러니까 나쁜 인상들을 잘 처리하는 것이 특히 중요하다.

아까 예로 든 자동차와 광고모델 이야기를 이어가보겠다. 자동차 광고의 모델 중 자동차에 관해 전문적인 지식을 갖춘 사람은 몇 명이나 될까? 극히 드물거나 아무도 없을 것이다. 수십 년 전에도 자동차 광고모델은 자동차와 직접적인 관련이 없는, 멋지고 아름다운 연예인들의 차지였다. 왜 이런 일이 생긴 걸까?

모델의 매력이 자동차로 전이되기 때문이다. 매력적인 모델이 운전하는 자동차는 더 고급스럽고, 빠르고, 좋아 보인다. 이것이 연상의 힘이다. 심리학에서는 '후광 효과halo effect'라는 이름으로 알려져 있다.[5] 긍정적이든 부정적이든 한 가지 특성이 다른 것으로 번지기에 '후광'이라는 단어를 사용한다.

긍정적인 이미지를 갖고 있는 유명 인사가 제품을 구입하면, 제품의 이미지도 좋아진다. 하지만 유명인의 이미지가 추락하는 순간, 제품도 그만큼 더 고약한 조명을 받게 된다. 광고모델이 불명예스러운 스캔들에 휘말리면, 광고주는 즉시 그 사람과의 계약을 끝낸다.

랄프 로렌이나 조르지오 아르마니 상표를 단 명품들은 어째서 로마의 비아 콘도티나 비벌리힐스의 로데오 드라이브 같은 세계적으로 비싼 쇼핑가의 화려한 쇼윈도에서 수백만 명의 사람들에게 최면을 걸고 있을까? 이는 패션 회사들이 뉴욕 패션 위크에서 겨우 몇 명의 고객이나 살 법한 최고급 의상을 선보이는 이유와 같다. 패션쇼의 화려함을 상표와 연결시키기 위해서다.

연상의 힘은 엄청나다. 연상의 예와 적용 가능성을 다룬 책만으로 서가를 가득 채울 수 있을 정도다.[6] 하지만 '연상 작용이 어떻게 보이는 능력을 높이는가' 하는 점이 우리의 관심사다.

그러니까 맨 처음의 질문으로 되돌아가보자. 어떻게 하면 몇 가지 성공에서 최대의 효과를 이끌어낼 수 있으며, 실패에서는 가능한 한 해를 입지 않고 빠져나올 수 있을까?

▼

사건을 바라보는 눈이 성패를 가른다
: 프레이밍

옛날 페르시아에서 전투의 승패를 보고하는 심부름꾼은 승리의 소식을 전하면 영웅 대접을 받았다. 하지만 군대가 전투에서 패배했을 경우에는 죽음의 형벌이 그를 기다렸다. 두 경우 모두 심부름꾼은 승패와 아무런 상관이 없는데도 그랬다. 오늘날에는 날씨가 나쁘면 기상 캐스터가 욕을 먹는다. 여기서도 후광 효과가 작용한다. 부정적인 것이 직접 연관된 사람에게로 전이된 것이다.

유감스러운 일이지만 전해야 할 나쁜 소식은 언제나 있기 마련이다. 그러나 상황을 섣불리 불리하게 해석할 필요는 없다. 당신이 레스토랑에서 닭 가슴살 샐러드를 주문했다고 치자. 직원이 슬픈 눈으로 다가와 이렇게 말한다.

"손님, 어떻게 하죠? 닭 가슴살이 다 떨어졌네요……."

이렇게 말을 마친다면, 직원은 자신과 레스토랑 모두에 극히 나쁜 조명을 비추게 된다. 그 순간 이 레스토랑을 나와 닭 가슴살 샐러드를 파는 다른 레스토랑에 가야겠다는 생각이 들 정도다. 여기서 직원이 빛나는 눈빛으로 이렇게 덧붙인다면 어떨까?

"닭 가슴살 대신 닭의 가장 부드러운 부위가 들어간 아주 맛있는 샐러드를 대신 준비해드릴게요."

그러면 당신의 생각은 달라져서 언뜻 보아 결함이던 것이 오히려 유리한 것으로 바뀌었다고 생각할 것이다. 어쩌면 매우 단순한 한마디인데도 이렇게 말하는 센스를 가진 이는 극히 드물다.

이른바 어떤 상황의 '프레이밍framing', 우리말로 '틀 짜기'는 상황에 대한 인식을 바꾸는 기술이다. 닥쳐오는 상황은 바꿀 수 없지만, 그에 대한 인식을 규정짓는 것은 대체로 우리 자신이다.[7]

상황을 언어로 표현하는 방식이 차이를 만들어낸다. "아침에 먹을 게 빵밖에 없는데……"라고 하는 대신, "아침식사로 먹을 빵이 있어!"라고 말해보자. "11월이나 되어야 신제품을 보여드릴 수가 있겠는데요"가 아니라 "11월에는 신제품을 보여드릴 수 있습니다!" 하고 이야기하자.

스니커즈 회사 바타의 모험심 강한 영업사원 한 사람은, 19세기 말에 아프리카 시장이 기업 성장의 기회임을 꿰뚫어보았다고 한다.[8] 업계의 전설이 된 이 이야기에 따르면, 그의 동료는 대부분의 아프리카 사람들이 맨발로 다닌다는 사실에 깜짝 놀랐다. 아프리카에서 바타는 할 일이 전혀 없을 테니 말이다. 하지만 그 영리한 영업사원은 이렇게 대꾸했단다.

"할 일이 없다니요. 엄청난 가능성이 있는 거죠! 모두가 맨발인데!"

공급에 어려움이 생겼다고? 수요가 폭발할 것이다! 당신의 결정이 반발에 부딪혔다고? 변화는 언제나 실행이 힘든 법! 고객에게 항의 전화가 왔다고? 고객의 불만은 잘못된 점을 개선할 수 있는 최고의 기회다.

실수에서도 긍정적인 요소를 뽑아낼 수 있다. 날짜를 잘못 적은 채로 이메일을 보냈다고? 이는 '지난 번 메일의 수정사항!'이라는 제목으로 곧바로 다음 번 메일을 보낼 훌륭한 이유가 된다. 대개의 수신자는 수정사항을 담은 메일을 한 번 더 읽는다.

다시 한 번 말하지만, 성공 또는 실패는 생각만큼 중요하지 않다. 그에 대한 판단이 보이는 능력을 키우는 데 더욱 핵심적인 역할을 한다. 어떤 사람이 만들어낸 결과가 당신의 기대에 훨씬 못 미치는데도, 그에게 진심으로 감사한 경험이 있는가? 완전한 자신감을 내보인 그 사람이 자신이 정말로 성공했다고 여긴다면, 우리 마음속에는 어떤 기대감이 생겨난다.[9] 특히 호감이 가는 사람이 그런 행동을 할 경우, 우리는 그의 결과를 더 좋게 평가한다.

그러므로 당신이 자기가 만들어낸 결과를 어떻게 보느냐가 중요하다. 지금 보고하려는 소식이 당신이 처음에 생각했던 것처럼 정말로 그렇게 나쁜 소식인지를 잘 생각해보고, 가능한 한 긍정적인 틀을 만들어라.

▼

어쩔 수 없이 안 좋은 이야기를
꺼내야만 한다면

하지만 도무지 긍정적으로 바꿀 수가 없는 '정말로 나쁜 소식'들도 존재한다. 성과가 더 좋아지지도 않았는데 배상금을 내야 하는 경우, 회사의 매출에 너무나도 중요한 계약이 불발된 경우, 기밀 정보를 담은 서류를 카페에 두고 온 경우 등이 이에 해당된다.

이렇게 명백히 나쁜 소식을 전해야 할 때는 어떻게 해야 할까? 좋은 소식과 반대로 나쁜 소식과 연결되는 것을 최대한 피해야 한다. 실패를 알리는 자리에 자신이 없는 편이 가장 이롭다. 다른 사람이 안 좋은 이야기를 꺼내게 하는 것, 또는 전화나 이메일로 전하는 것도 좋지 않은 소식과 덜 연결되도록 해준다. 하지만 여기에는 섬세한 감각이 요구된다.

2004년, 네덜란드 석유화학기업인 셸의 석유 비축분이 알려진 것보다 거의 40억 배럴 정도가 부족하다는 사실이 알려졌다. 당시 셸의 CEO였던 필 왓츠Phil Watts는 실질적으로 잠적하기로 결심했다. 그는 공개 석상에 거의 모습을 드러내지 않고, 어쩔 수 없이 나와야만 하는 자리에서는 아무 말도 하지 않았다.

사적인 자리에서 그에게 물어보자, 그는 이런 불상사에 대해 전혀 몰랐다고 대답했다. 취임 전에 벌어진 일이어서 자신에게는 실질적인 책임이 없다고도 말했다.[10] 하지만 겨우 몇 주 뒤에 그는 CEO 자리에서 물러나야만 했다.

여기서 어떤 결론이 나오는가? 잘못이 아주 분명하게 드러난 경우에는 리더가 반드시 공개적으로 모습을 나타내야 한다. 스스로의 잘못이든, 동업자나 직원의 잘못이든 전혀 상관이 없다. 하지만 영리하게 반응해라. 후광 효과는 자비심이 없다. 나쁜 소식의 부정적 속성은 언제나 그렇듯이 곧바로 당신을 향한다.

부정적인 후광 효과를 줄이려면, 좋은 소식의 경우와는 달리 가능하면 눈에 띄지 않게 행동해야 한다. 활발한 몸짓이나 화려한 의상처럼 사람들의 주목을 끌 만한 것을 모조리 피해라. 회의나 그 비슷한 자리에서 선택할 수 있다면, 공간의 한가운데 자리 잡지 말고 앉은 자리에 그대로 있어라. 사람들의 시선이 당신에게 집중되지 않도록 직접적인 조명을 피하고, 전체 공간을 밝게 하거나 아니면 어둡게 하는 것도 도움이 된다.

에어프랑스의 전 CEO인 피에르 앙리 구르종Pierre Henri Gourgeon은 2009년 6월 1일에 최악의 소식과 관련한 언론 인터뷰를 했다. 리우데자네이루를 출발해 파리로 향하던 에어프랑스 447기 한 대가 추락했고, 이 사고로 인해 228명 승객 전원이 사망한 것이다. 그야말로 조금이라도 미화시킬 요소가 없는 사건이었다.

이 때 회견장은 어떻게 구성되었나? 연례 성과발표 행사 때와는 달리 하나의 스포트라이트도 비추지 않은 채 공간 전체가 환하게 조명되었고, 그 어디에도 에어프랑스 로고는 없었으며, 기자들이 같은 눈높이에서 구르종을 둘러싸, CEO의 모습이 제대로 보이지도 않았다.

성공했을 때는 중앙부에 서지만, 실패했을 때는 가능한 한 눈에 띄지 않게 행동하는 것이 좋다. 전혀 나타나지 않거나, 가장자리로 물러나 그림자 속에 있거나, 사람들에 둘러싸이는 것이다. 그러면 실패는 능력의 부족보다는 외적인 상황의 탓으로 돌려진다. 어쨌든 두문불출하는 사람보다 잘못에 대해 공개적으로 사과하는 사람이 더 호감을 준다.[11] 그들이 잘못에 대해 직접 책임이 없는 경우에도 그렇다.

▼

분노하거나, 슬퍼하거나, 가만히 있거나

안 좋은 소식을 전해야 할 때는 어떤 감정을 드러내야 할까? 아니면 차라리 아무 감정도 내보이지 않는 편이 더 나을까?

이때의 감정 표현에는 말투가 결정적인 역할을 한다. 어떤 연구에 따르면 좋지 않은 소식을 전할 경우, 슬픈 말투보다 분노에 찬 말투로 설명한 정치인이 더 유능하다고 인지되었다.[12] 슬픔은 당신 자신을 포함해 어느 누구도 결과에 책임을 지지 않는다는 인상을 일깨운다. 오히려 상황의 허약한 희생자로 보인다. 그리고 언뜻 보아 전혀 통제력을 갖지 못한 사람이 능력 있어 보일 수는 없다.[13]

죄의식이나 수치심을 내보이는 것은 물론 그보다 더 불리하다. 어떤 실험에서 한 의사는 나쁜 소식을 전하면서 이를 부끄러워하는 모습을 보였다. 그에 대한 환자들의 신뢰도는 현저히 낮아졌다.[14]

수치심은 보이는 능력에 부정적으로 작용한다. 결연함이나 주도적인 모습이 아니라, 자기에 관한 의심으로 연결되기 때문이다.[15] 무엇보다도 수치심은 그 자신이 비참한 결과에 책임이 있고, 그런 이유로 인해 죄책감을 느낀다는 신호가 된다. 상황에 대해 죄의식을 느끼는 것이 상황에 대한 통제력을 갖지 못한 것보다 더 고약하다.

또 다른 실험에서는 자신의 실패에 분노하는 CEO가 중립적인 태도를 유지하는 CEO보다 더욱 유능하다는 인상을 주었다.[16] 분노한 모습은 그 자신이 결과에 책임이 있는 것이 아니라 자신의 기대 바깥, 일반적인 통제 영역 바깥의 불운한 상황이 그런 결과에 책임이 있다는 인상을 만들어낸다.[17]

하지만 슬픔의 경우처럼 사건에 희생자로 얽히지 않으려면 약한 모습을 보여서는 안 된다. 분노는 관철시키는 힘과 결연함, 고집을 반영하고, 그에 따라 보이는 능력에 긍정적으로 작용한다.[18] 요약해서 이렇게 말할 수 있다. 어느 경우에도 슬픔, 수치심, 죄의식을 드러내지 말아야 한다. 설사 결과가 극히 비참해도 그렇다.

전달하는 내용은 어떤가? 어떻게 하면 나쁜 소식을 가장 잘 요약할까? 이 점에 대해서는 마케터들의 소통 방식에서 배울 수 있다. 당신의 실패를 지체 없이 분명하게 알려라. 조금이라도 망설이면 상대방이 당신을 더 나쁜 조명 속으로 밀어 넣을 수 있다. 가능하면 빨리 모든 문제점을 거론하고, 명료한 문장으로 말해라.

한 연구는 명백하게 나쁜 결과를 있는 그대로 발언한 사람이 유능하게 여겨진다는 것을 보여주었다.[19] 그에 반해 명백하게 나쁜 결과의 의미를 축소하려고 하는 것은 보이는 능력에 부정적으로 작용한다.

하지만 바로 이 경우에 부족했던 능력들이 갖는 의미를 줄이고, 그것이

근본적으로 별 의미가 없다는 식으로 만드는 것은 도움이 된다. 그러면 상대방은 할 말이 별로 없어진다. 그리고 당신은 신뢰할 만한 사람이라는 인상을 만들어낸다. 이럴 때 고백은 가능하면 빨리 끝내야 한다. 그런 고백을 하는 매 순간이 당신에게 불리하게 작용하기 때문이다.

부정적인 점들은 가능하면 간략히 언급하고, 곧바로 훨씬 더 의미 있는 영역들과 관련한 당신의 능력에 초점을 맞춰라.[20] 당신이 과거의 잘못에서 무엇을 배웠으며, 이어서 모든 것이 어떻게 좋게 바뀔지를 강조해라. 이때 긍정적인 점들을 가능하면 오래 상세히 설명하면, 다시금 긍정적 후광 효과가 작동한다. 당신 자체가 긍정적인 인상과 연결되는 것이다.

이와 관련된 한 가지 예가 있다. 자동차회사 GM은 진짜 '붕괴'를 경험했다. 몇몇 캐딜락의 계기판이 불탄 것이다. 재떨이 뚜껑이 제대로 조립되지 않아서 생긴 일이었다.[21]

GM의 대변인이 미국에서 가장 인기 있는 TV 프로그램인 '굿모닝 아메리카'에 출연했다. 그는 곧바로 GM의 이름으로 모든 책임을 떠맡고 단 한 마디도 반박하지 않았다. 그가 잘못을 인정하는 데는 겨우 몇 초밖에 걸리지 않았다.

이어지는 몇 분 동안 그는 GM이 이번 사건으로 무엇을 배웠는지, 그리고 새로운 발전을 위해 어떤 계획을 세웠는지에 대해 이야기했다. 방송이 끝난 후, 사람들은 GM에 대해 오히려 좋은 인상을 받았다.

또 다른 예도 있다. 2007년 발렌타인데이의 뉴욕, 혹한의 날씨 탓에 대부분의 항공기가 눈과 얼음으로 뒤덮였다. 일부 여객기가 결항되었는데, 특히 US항공 제트블루는 1,000개 이상의 노선이 취소되고 수많은 승객들이 길게는 9시간까지 활주로에 대기 중인 비행기 안에서 기다려야 했다. 거의 일주일이 지나서야 이 항공사는 다시 일정을 맞출 수 있었고, 제트블루를 비난하는 글이 인터넷에 쇄도했다.

그 후, 당시 CEO였던 데이비드 닐먼Davide Neeleman은 수많은 라디오와 TV 프로그램에 등장했다. 그는 솔직 담백한 사과를 한 다음, US항공이 최근에 작성한 '소비자 권리선언'의 내용에 관심을 집중시켰다. 그러자 놀라운 결과가 나타났다. 제트블루의 이미지가 실질적으로 조금도 나빠지지 않은 것이다![22]

재빠른 사과에 곧장 뒤이어 낙관론으로 향하기. 이 기술은 재앙에서 당신을 구하는 데 많은 도움을 주지만, 상품 입고가 늦어진다거나 잘못된 수신자에게 이메일을 보낸 것과 같은 나쁜 소식에서 특히 진가를 발휘한다.

커뮤니케이션 전문가인 수전 베이츠Suzanne Bates는 이렇게 요점을 정리한다.[23]

"나쁜 소식은 제대로 다룰 수만 있다면 좋은 소식이 될 수 있다. 위기를 훌륭하게 극복하면, 회사의 인지도를 오히려 한 단계 끌어올릴 수도 있다. 위기의 순간에 날카로운 비난을 호감으로 바꾸어내면 고객에게 뚜렷한 인상을 준다. 이런 순간들을 리더십을 입증하는 기회로 바꿀 수 있다면, 지도자의 입지 역시 한결 더 굳건해질 것이다."

NO를 단숨에 YES로 바꾸는 힘
: 초두 효과

아래의 행에서 YES와 NO 중 무슨 글자가 더 많이 나오는가? 개수를 헤아리지 말고, 오직 직관에 따라 답해보자.

YES YES NO NO YES NO YES YES NO NO

YES가 더 많다고 대답했다면, 당신은 다수에 속한다. 대부분의 사람들이 이렇게 답하는 이유는, 이 행이 YES로 시작했기 때문이다. 실은 YES와 NO의 개수가 같은데도 말이다.

이번에는 고전이 된 1946년의 실험을 간략히 소개하겠다. 실험에서 당신은 X라는 사람이 어떤 사람인지 판단하라는 과제를 받았다. 과제와 함께 당신은 X를 설명하는 아래의 1번 문장을 힌트로 받았다.

❶ 지적이고 부지런하고 충동적이고 비판적이고 고집이 세고 시샘이 많다.

이때, 당신은 X를 부정적으로 평가하는가, 긍정적으로 평가하는가? 만약 아래의 2번 문장을 힌트로 받았다면, 당신의 판단은 달라졌을지 모른다.

❷ 시샘이 많고 고집이 세고 비판적이고 충동적이고 부지런하고 지적이다.

예리한 독자라면 두 목록이 동일한 6개의 특성을 포함하고 있으며, 단순히 단어의 순서만 바꾼 것임을 눈치챘을 것이다. 그런데도 X라는 사람에 대한 평가는 1번과 2번 중 어떤 목록을 받았느냐에 따라 완전히 달라질 수 있다.

대체로 1번 목록을 받은 사람들은 X를 '능력 있는 사람'이라고 평가한다. 반면, 2번 목록을 받은 사람들은 X를 '문제가 있는 사람'이라고 평한다. 말의 순서가 이토록 평가에 큰 영향을 미친다.

처음 말들이 많은 것을 결정하는 이유는 무엇일까? 뒤에 이어지는 말들은 따로 떼어 관찰되지 않고, 이미 앞선 말과의 연속선에서 관찰되기 때문이다. 1번 문장을 받은 후 X라는 사람을 지적인 사람이라고 생각하면, 뒤이어 나오는 낱말들을 이 맥락에서 보게 되는 것이다.

그에 반해 '시샘이 많고'로 시작되는 2번 문장을 보면, 뒤이어 나타나는 낱말들이 전혀 다른 조명 속에 드러난다. '시샘이 많고 비판적인'이라는 말은 결코 좋은 조합이 아니다. '시샘이 많고 지적인'마저도 부정적인 색채를 얻어, 교활하다는 인상을 풍긴다. 이처럼 먼저 제시된 정보가 후에 알게 된 정보보다 더 강력한 영향을 미치는 현상을 '초두 효과primacy effect'라고 한다.

▼
첫인상과 끝인상 중 더욱 중요한 것은?

초두 효과를 보이는 능력에 적용하면, 첫인상의 중요성을 다시금 깨닫게 된다. 첫인상은 뒤이어 나타나는 모든 것에 후광을 발산한다. 철학자 칼 포퍼Karl Popper는 '헤드라이트 이론'에서 이것을 요약했다. 그에 따르면, 우리는 언제나 세계를 우리에게 나타난 인상의 빛 속에서 관찰한다.[24]

앞에서 확증 편향을 다루면서 이미 우리는 이와 비슷한 맥락들을 보았다. 어떤 사람에 대한 첫인상이 각인되면, 사람들은 첫인상에 대한 기대를 확인하는 방향으로 바라보려 한다. 첫인상에서 벗어난 일부 특성은 무시되고, 이중적인 부분은 적절히 첫인상에 맞추어 해석된다.

극히 지적이라고 평가받는 동료가 어떤 상황에서 지적이지 못한 발언으로 당신을 깜짝 놀라게 만든다면, 당신은 그에 대해 갖고 있던 자신의 인상을 바꾸지 않는다. 그보다는 '아마 잠시 다른 생각을 하고 있었을 거야. 이 사람은 자주 사색에 잠기곤 하잖아?' 하고 생각하며 설득력이 있는 설명을 찾아보려 한다. 동료의 무지한 발언을 몇 번이나 더 듣고 나서야 당신은 처음의 판단을 수정한다.

처음 보는 사람에 대해 30초 만에 내린 판단은 5분 동안 숙고한 후에 나온 판단과 크게 다르지 않다. 심지어 이 5분 동안 새로운 정보가 덧붙여질 경우에도 대체로 그렇다.[25] 우리의 판단은 생각처럼 정확하거나 날카롭지 않다. 실제로 한 사람에 관해 제대로 알기도 전에 벌써 첫 판단이 나온다. 대개는 다른 사람들의 말을 듣고, 또는 그냥 인사치레로 나누는 대화에 근

거해서, 아니면 지원 서류를 스윽 훑어본 뒤에 우리는 타인을 규정짓는다.[26]

첫인상이 각별히 중요하며 첫인상을 바꿀 기회는 많지 않다는 것이 초두 효과를 통해 증명되었다. 오늘날에는 초두 효과 뒤에 감추어진 심리학적 메커니즘까지 밝혀져 있다. 이 효과를 이해하는 사람은 분명 유리하게 사용할 수 있다. 계란이 우유와 어떻게 반응하는지를 제대로 아는 조리사가 만든 오믈렛이 실제로 더 맛있는 것처럼.[27]

누군가를 처음 만날 때는 당신의 보이는 능력에 집중하는 것이 좋다. 폭스바겐의 전 사장인 다니엘 괴드베르Daniel Goeudevert는 젊은 시절 자동차 영업사원으로 일하면서 발전시킨 '20 이론'을 성공의 비결로 꼽았다.[28] 그의 20 이론에서 '20'은 처음 20초, 처음 20마디 말, 처음 20걸음을 의미한다. 그의 증언에 따르면, 긍정적인 첫인상을 굳히는 데는 이렇게 처음의 '20'이 결정적인 역할을 한다. 처음 20에서 승부를 보지 않으면, 이미 너무 늦고 만다.

『설득의 심리학』 저자인 심리학자 로버트 치알디니Robert Cialdini는 자동차 영업소에서 영업사원들이 비밀리에 이용하는 기술에 큰 관심을 가졌다. 첫인상의 원칙을 이용하여, 그가 '가격 과소 산정low balling'이라고 이름 붙인 고전적인 판매 전략이다.[29]

영업사원은 처음에 고객에게 매우 저렴한 가격을 약속한다. 합리적인 가격에 마음이 움직인 고객은 시승을 해보고, 돈을 마련할 계획을 세운다. 마침내 계약서가 테이블 위에 놓이고 서명만 하면 되는데, 영업사원이 갑자기 자신의 제안에서 '오류'를 발견한다. 그는 재빨리 사장을 찾아가서 고객을 위해 간청을 해보지만, 사장은 꿈쩍도 안 한다. 자신이 차액을 부담해야 하기 때문이다.

갑자기 자동차는 다른 영업소의 자동차와 똑같은 가격이 되었다. 이제 어떻게 할 것인가? 고객은 새 자동차를 건너다본다. 그리고는 생각한다. '아이들은 넓어진 차 안에서 이리저리 뛰고, 동료들은 이 차를 보고 깜짝 놀라겠지?'

이제 자동차 가격은 하나도 저렴하지 않다. 하지만 고객은 이미 결정을 내렸다. 가격 과소 산정 전략은 한 마디로 고객을 '낚는' 전략이라고도 볼 수 있다. 상대방에게 저렴한 가격이라는 장점을 보여주어, 그것에 마음이 쏠리도록 하는 것이다. 처음에 생각했던 장점이 사라져도 이것은 초두 효과 덕분에 쉽사리 극복되고 수용된다.

그렇다면 아마추어 영업사원은 어떨까? 그는 고객이 자동차를 제대로 보기도 전에 흙받이에 있는 작은 흠에 관해 언급한다. 그러면 모든 것은 흠이라는 조명 속에서 관찰되고, 고객은 미련 없이 들어온 문을 통해 나가 버린다.

맨 처음에 긍정적인 요소들이 열거되면, 듣는 사람은 이것에 근거해서 자신의 의견을 형성한다. 그런 다음 부정적인 점들이 언급되면 이들은 앞의 긍정적 요소들로 인해 확연히 적은 영향을 미친다.

그러니 고민하지 말고 그냥 좋은 점을 극찬하는 데서 시작해라. 단, 뒤에 나쁜 점에 대한 이야기가 따라올 것이란 사실을 드러내지 말고! 앞서 말한 GM의 '붕괴'와 같은 치명적 잘못이 아니라면, 시작하자마자 부정적인 요소를 해치워 없애버리는 잘못을 범하지 마라. 보고나 발표에서는 긍정적인 것이 먼저 와야 한다.

지금까지 첫인상의 중요성을 언급했다. 그렇다면 마지막 인상은 어떤가? 마지막 인상 역시 상대방의 기억에 강력하게 남는다. 이는 '최신 효과 recency effect'라는 이름으로 알려진 현상이다.[30] 재판장에서 배심원들은 대체로 가장 마지막에 증언한 증인을 잘 기억한다.

그렇다면 마지막 인상이 첫인상보다 더 중요한가? 절대로 그렇지는 않다. 첫인상은 그 뒤에 따라오는 모든 것에 영향을 미치기 때문이다. 신문의 헤드라인은 마지막 문장보다 더욱 중요한 무게를 갖는다.[31]

당신이 어떤 집을 판매한다고 상상해보자. 이 집은 고객이 구경할 때 가장 아름다운 조명 속에 드러나야 한다. 그러려면 집에서 가장 좋은 방을 맨 처음 보여주고, 그다음 나머지를 소개해라. 긍정적인 인상을 각인시키려면 맨 마지막에 두 번째로 훌륭한 공간으로 안내해라. 마지막에 경이로운 정원을 확실하게 보여줄 욕심으로 지저분한 창고를 가장 먼저 보여준다면, 고객의 마음은 이미 떠나버렸을지도 모른다.

누군가를 설득하려 한다면, 곧바로 가장 강력한 논거로 시작해서 두 번째 강력한 논거로 말을 끝내라. 좋은 소식과 나쁜 소식 중 어떤 소식을 먼저 전해야 할지 고민하고 있다면, 가장 좋은 소식으로 시작해서 그것을 바람막이 삼아 나쁜 소식을 전해라. 마지막에는 두 번째 좋은 소식으로 끝을 맺어라.

실패의 상처는 짧게,
성공의 여운은 길게 남겨라

—— 사람들은 치명적인 결함이 생기고 나서야 비로소 서비스에 주목한다. 세무사가 서류 제출 날짜를 놓쳤다거나, 재봉사가 바지를 너무 짧게 만들었다거나, 가구공이 선반을 잘못 고친 경우처럼 말이다. 서비스 업종에서는 위대한 업적보다 작은 실수가 훨씬 더 고객의 눈에 잘 띈다. 이런 한계를 극복하려면, 서비스 분야 종사자는 자신의 성공을 가능하면 분명히 눈에 보이게 만들고, 실패는 상대방이 가능하면 알아채지 못하도록 해야 한다.

당신이 서비스업 종사자라면, 후광 효과의 무한한 효력을 믿는 것이 좋다. 좋은 소식을 알리는 자리에는 가능하면 직접 참석함으로써, 후광 효과의 도움으로 당신의 보이는 능력을 높일 수가 있다. 몸소 나타나고, 당신에게 쏟아지는 조명을 기꺼이 받으며, 활발히 움직여라. 요컨대 사람들의 주목을 끌어들일 온갖 것을 총동원해라.

반대로 나쁜 소식의 경우에는 그 소식과 관련되는 것을 가능한 한 피하는 것이 좋다. 나쁜 소식을 알리는 자리에 나가야만 할 경우, 눈에 띄지 않게 행동하고 가장자리로 물러나야 한다. 이때, 꼭 기억해야 할 것이 있다. 모든 오류는 재빨리 인정하고, 긍정적인 요소와 실수에서 얻은 교훈들로 눈길을 돌리는 것이다. 연구에 따르면 치명적인 잘못을 저질렀을 경우에도 긍정적인 언급에 무게를 실을 경우, 평판이 나빠지지 않았다.

후광 효과는 첫인상이 어째서 그토록 중요한 의미를 갖는지도 설명해준다. 그러므로 부정적인 소식을 가장 먼저 전하지 말고, 언제나 좋은 소식으로 시작해라. 초두 효과는 긍정적인 시작을 나머지 모든 것으로 확산시킨다. 마지막 소식 역시 최신 효과에 따라 상대방의 기억에 강력하게 남을 것이므로, 두 번째로 좋은 소식으로 이야기를 마무리해라.

만족할 만한 서비스를 받으면, 고객은 레드카펫 위를 걷는 것처럼 들뜬 기분에 휩싸일지도 모른다. 전문가의 뛰어난 손길을 만나는 것보다 더 좋은 일은 없기 때문이다.

좋은 인상을 만드는 5가지 전달법

1 좋은 소식? 기꺼이 직접 등장해라.

2 나쁜 소식? 가능한 한 상대의 눈에 띄면 안 된다!
굳이 직접 전해야 한다면, 분노에 찬 태도로 말해라.

3 잘못을 인정하고, 낙관론에 초점을 맞춰라.

4 장점 먼저, 단점은 나중에 말해라(초두 효과).

5 두 번째 장점으로 말을 끝맺어라(최신 효과).

Chapter 4

운과 재능을 내 편으로 만드는 법

·

영리하고 부지런하다 : 그런 건 없어.

영리하고 게으르다 : 내가 그래.

멍청하고 게으르다 : 남에게 연출하려는 이미지로는 쓸모가 없진 않지.

멍청하고 부지런하다 : 하늘이여 우리를 구하소서!

— 샤를 모리스 드 탈레랑Charles Maurice de Talleyrand

▼

맥킨지 대표의 고백
"나는 돈도 없는 데다 재수도 없었다."

맥킨지 유럽 대표를 지낸 헤르베르트 헨츨러Herbert Henzler는 자신의 어린 시절에 대해 고백한 적이 있다. 그는 그야말로 찢어지게 가난한 집에서 태어났다. 그의 아버지는 공장 노동자였는데, 퇴근 후 집에 돌아오면 숨 돌릴 틈도 없이 텃밭에 나가 농사를 지어야 했다. 행운 역시 그의 편이 아니었다. 고등학교 때 자전거를 타고 등교하다 크게 다쳐, 1년 내내 학업을 중단하고 병원 신세를 져야 했다.

스티브 잡스 역시 스탠퍼드대학교 졸업생들을 위한 연설에서 자신의 유년 시절을 이렇게 회상한 바 있다.

"저는 기숙사비를 낼 돈이 없어서 친구들의 자취방을 전전하며 잠을 자곤 했습니다. 공병을 모아 번 돈 5센트로 끼니를 때웠습니다. 매주 토요일이면 11km를 꼬박 걸어 인도사원으로 갔습니다. 사원에서 무료로 제공하는 밥은 제게 유일하게 허락된 '제대로 된 한 끼'였습니다."

위인들의 전기를 읽다보면 불운한 성장 과정이 '단골 레퍼토리'로 등장한다. 극심한 가난이나 불운을 극복하지 않은 영웅을 찾기 어려울 정도다. 그들은 모든 시련을 딛고 결국 정상의 자리에 올랐다.

당신에게 그들처럼 드라마틱한 이야기가 없다 해도 낙담하지 마라. 밑바닥에서 출발하지 않았다고 해도, 당신은 한두 가지 어려움을 극복하고 지금의 자리까지 왔을 것이다. 여러 사람과 어울리는 자리에서 당신은 자신이 겪었던 어려움에 관해 이야기할 수 있다. 단, 듣는 이의 눈물샘을 자극하려는 생각에 과장된 이야기를 늘어놓아서는 안 된다.

현재 겪고 있는 어려움을 이야기할 때는 눈앞에 놓인 과제의 높은 난이도와 복잡한 상황에 주목하게 해라. 운동 선수들이 나쁜 기상 조건이나 부상 이야기를 하는 것처럼, 당신도 시장의 불확실함이나 진행 중인 프로젝트의 난해함에 관해 언급할 수 있다. 상황에 문제가 많을수록 당신의 능력은 돋보일 테니까.

운이 없는데 너무나 어려운 과업을 수행해야 한다면, 실패했을 때도 덜 의심받는다. 본격적으로 일을 시작하기 전에 이런 이유들을 미리 제시하면, 나중에 이야기하는 것보다 믿음직스럽다. 반면, 이미 결과가 나온 후에 이런저런 이유를 대면, 게으른 핑계로 여겨진다.

좋은 성과를 냈을 때도 당신이 겪었던 모든 장애물을 언급해라. "운이 좋았던 거죠, 뭐"라고 반응하는 것은 당신의 보이는 능력을 불필요하게 줄이는 일이 된다. 그에 반해, 성과를 내기까지 겪어야 했던 어려움을 강조하면, 당신이 거둔 성과는 외적인 상황이 아닌 당신의 특출한 능력 덕으로 여겨진다.

일을 시작하기도 전에 이런저런 이유를 나열하면 확신이 없어 보이지

헨츨러는 돈도 운도 없는 유년 시절을 보냈지만,
결국 맥킨지 유럽 대표의 자리에 올랐다.

않을까 걱정이라고? 온갖 시련에도 불구하고 어쨌든 당신은 해낼 수 있다는 자신감을 보여라. 그러니까 "이것 때문에 어려울 것 같습니다"가 아니라 "이런 어려움이 있지만, 한번 해보겠습니다"로 끝맺어야 한다.

▼

열악한 상황에서, 어려운 일을, 대충 해내면 똑똑해 보인다?
: 유능함 공식

하버드대학교에는 피츠윌리엄Fitzwilliam이라는 학생의 일화가 전설처럼 전해져 내려온다. 그는 누구를 만나든 유쾌하고 유머가 넘쳤으며, 얼핏 공부와는 담을 쌓은 듯 보였다. 그런데 매 학기 최고 학점은 그의 차지였다!

졸업시험을 몇 주 앞둔 어느 날, 피츠윌리엄이 갑자기 캠퍼스에서 사라졌다. 강의에도, 세미나에도 출석하지 않았다. 늦은 시간까지 학교에 남아 시험 준비에 열을 올리는 동기들과는 정반대였다. 시험 당일, 피츠윌리엄은 몇 분 늦게 시험장에 나타났다. 건강하게 그을린 모습으로 느릿느릿 걸어와서는 옆자리에 앉은 친구에게 연필 하나를 빌리더니, 빠르고 경쾌하게 답안 작성을 시작했다. 그가 한 치의 고민도 없이, 그야말로 후루룩 써내려간 답안은 그 학기 최고의 답안지가 되었다.

당시, 학생들 사이에서 피츠윌리엄은 '슈퍼스타'였다. 그가 그토록 우수한 성적을 거둘 수 있었던 것은 온전히 그의 능력 덕택일까? 유능함 외에 또 어떤 요소가 성과에 영향을 미칠까?

미국 심리학자인 존 달리John Darley와 조지 고설스George Goethals는 성공적인 결과를 만들어내는 요소를 연구했다. 이 연구에 따르면, 성과 평가에서 평가자는 다음의 4가지 요인을 중시한다.[1]

① 유능함
② 동기
③ 난이도
④ 행운

달리와 고설스는 4가지 요인의 상호작용을 다음의 '유능함 공식'으로 요약했다.[2]

$$E = [(F+F') \times (M+M')] + (S+S') + G$$

E = 결과

F = 보이는 유능함 / F' = 유능함의 일시적 제한

M = 항상 존재하는 동기 / M'= 일시적 동기

S = 통상적인 난이도 / S' = 일시적으로 난이도에 영향을 주는 요인

G = 행운

이 공식을 '유능함' 중심으로 다소 거칠게 요약해보면 이러하다. 결과가 정해져있다고 가정했을 때 과제가 어려울수록, 불운이 많이 끼어들수록, 당사자의 동기, 곧 노력을 적게 기울일수록 능력 있어 보인다.

1장에서 신참 변호사의 자질을 판단하기까지 거의 10년 정도의 시간이 걸린다는 이야기를 다룬 바 있다. 유능함 공식은 바로 옆자리 동료의 능력을 평가하는 데 왜 그토록 오랜 시간이 걸리는지도 설명해준다. 동료가 유능한지 아닌지를 판단하려면 난이도, 행운, 동기 등 여러 가지 요소로 뒤얽힌 정글을 헤쳐나가야 하기 때문이다.

또, 거꾸로 뒤집어 말하면, 이 연구는 우리 모두에게 희망적인 사실을 알려준다. 유능함을 제외한 3가지 요소인 노력, 난이도, 행운을 컨트롤하면 보이는 능력을 높일 수 있다는 사실 말이다!

▼

천재들은 빈둥대며 걸작품을 남긴다

1917년에 작곡가 한스 피츠너Hans Pfitzner는 동료인 리하르트 슈트라우스 Richard Strauss와 함께 자신이 창작한 오페라 '팔레스트리나'의 초연을 관람했다.[3] 막이 오르기 전, 피츠너가 자부심 넘치는 목소리로 슈트라우스에게 이렇게 속삭였다.

"10년 동안 정말 힘들게 만든 작품입니다."

악동 같은 성격의 슈트라우스가 장난스럽게 대꾸했다.

"그렇게 힘든데, 무엇 하러 작곡을 하십니까?"

오늘날, 피츠너보다 슈트라우스를 기억하는 사람들이 훨씬 많다. 이게 단지 우연의 일치일까? 어떤 결과를 이루려고 엄청난 노력을 퍼부어야 했다는 인상을 일깨우면, 오히려 능력이 없어 보인다.

천재에겐 모든 게 쉽다. 그냥 그 사람의 피 속에 흐르는 생각을 끄집어 내기만 하면 되니까. 천재 작곡가로 칭송받은 이탈리아 작곡가 조아키노 로시니Gioacchino Rossini는 자기가 얼마나 쉽게 일하는지를 자랑하길 즐겼다.[4] 그는 즐겁게 먹고 마시고, 잠도 푹 잤다.

오페라 '도둑 까치'를 작곡할 때의 일화는 유명하다. 침대에 앉아 작업을 하던 중, 바닥에 떨어진 악보 한 페이지를 주워 올리기가 너무 귀찮아서 그냥 새로 썼다는 것이다.

16세기에 이탈리아의 귀족 발다사레 카스틸리오네Badassare Castiglione는 귀족의 가장 중요한 능력으로 '스프레차투라sprezzatura'를 꼽았다. 이것은 일종의 게으름으로서, 자기가 하는 일 또는 말하는 것이 언뜻 보기에는 아무 힘도 들이지 않고 거의 생각도 없이 나오는 것임을 드러내 보이는 기술이었다.[5] '노력을 감추기'는 옥스퍼드대학교의 기본 덕목 중 하나이기도 하다. 이 대학교의 모토는 이렇다. "힘 안 들이고 우수함".

우리는 노력을 성공에서 가장 중요한 덕목이라고 배웠다. 그런데 왜 천재들은 노력을 애써 감추려 하는 걸까? 타고난 재능이 노력을 통해 얻은 능력보다 더 높이 평가되기 때문이다. 재능은 상층계급 또는 우월한 유전자를 암시하는 지표다. 당신이 학부모이며, 아이의 담임 교사와 면담을 하고 있다고 치자. 최근 아이의 시험 성적에 관해 교사는 이렇게 말한다.

"아이가 머리는 정말 좋은데, 노력이 부족했던 탓에 70점밖에 못 받았습니다."

당신은 "그렇군요. 다음 번에는 더 노력하라고 전해줘야겠습니다"라고 대답하며, 기꺼이 그 말에 동의할 것이다.

반대로 아이가 머리는 그다지 좋지 않지만 부지런히 노력한 덕에 70점을 받았다는 말을 듣는다면, 당신의 마음은 불편해질 것이다. 두 경우 모두 70점이라는 동일한 결과를 얻었음에도, 이에 대한 인식은 판이하다.

그러면 자신을 천하의 게으름뱅이라고 소개해야 할까? 그건 곤란하다. 노력을 감추는 데는 균형 감각이 필요하다. 일단 주변 여건이 매우 어렵지만, 눈앞에 놓인 과제가 당신에겐 전혀 문젯거리가 아니라는 느낌을 전해라.

그렇다고 모든 일을 점심식사 이전에 뚝딱 해치우라는 뜻은 아니다. 그렇게 되면 상사는 점점 더 많은 일을 떠맡길 테고, 결국 당신은 너무나도 많은 일을 짊어지게 될 것이다. 주어진 일을 하는 데는 분명 시간이 걸리겠지만, 야근을 밥 먹듯 하며 골머리를 썩일 정도는 아니어야 한다. 당신은 딱 이 정도의 도전에 알맞은 사람이니까.

지금까지의 성과를 언급할 때는 거의 노력을 들일 필요가 없었다는 점을 내세우는 것이 좋다. 법학 공부를 시작하기 직전에 벤츠의 CEO였던 에드차르트 로이터Edzard Reuter를 만났던 일이 아직도 기억에 생생하다. 그는 법학 공부가 얼마나 쉬웠던지 대부분의 시간을 테니스 코트에서 보냈노라고 이야기했다. 훗날, 머리를 싸매고 법학 공부를 하면서 로이터에 대한 존경심이 풍선처럼 불어났다.

독일이 배출한 최고의 바이올리니스트인 안네 소피 무터Anne Sophie Mutter

는 인터뷰에서 바이올린 연습을 많이 하지 않았다고 강조한 적이 있다. 그녀가 밝힌 연습 시간은 고작 하루에 2시간이었다. 세계적 바이올리니스트들은 보통 일주일에 30시간이 넘게 연습을 한다고 알려져 있다.[6]

당신이 입버릇처럼 취업을 위해 다른 사람들보다 훨씬 더 열심히 공부했노라고 말하고 있다면, 당장 그만두자. 오히려 당신은 지금 맡은 분야의 일을 하기 위해 태어난 사람이라고 상대방이 믿게 해야 한다. 이 악물고 열심히 노력하는 사람보다는, 쉽사리 해내는 사람이 더 많은 존경을 받게 될 테니까.

▼

자기소개서를 앞에 두고 한숨만 쉬고 있다면

당신은 자신이 맡은 분야에 타고난 재능을 가지고 태어난 사람이다. 당신이 어떤 직업을 가질지는 처음부터 분명했다. 그러니 성적에 맞춰 경제학과에 입학했으나 학창 시절에는 숫자만 보면 지루했다거나, 영업 분야에 뛰어들기 전에는 이 분야에 전혀 관심이 없었다는 등의 이야기를 절대 꺼내지 마라.

대가는 신의 섭리에 따라 선택되어, 자신의 직업을 사랑하게 되는 법! 베토벤이 원래는 정원사가 되기를 원했다거나, 피카소의 장래희망이 의사였다고 상상이나 할 수 있겠는가?

멜빈 라이히Melvin Reich는 뉴욕에서 수십 년 동안 작은 가게를 운영했는

데, 이 가게에서 하는 유일한 일은 옷감에 단춧구멍을 내는 일이었다.[7] 내가 방문할 때마다 멜빈 라이히는 넉살 좋게 웃으며 이렇게 말하곤 한다.

"단춧구멍에 관한 한, 나를 따라올 사람이 없습니다."

한번은 옷에 지퍼를 달아줄 수 있는지 물어봤더니, 그는 단호한 목소리로 "지퍼는 제 전문 분야가 아니에요. 전혀 다른 게임이란 말입니다" 하고 대답했다. 만일 가장 아끼는 재킷에 단춧구멍을 낼 일이 생긴다면, 당신은 동네 세탁소 주인과 멜빈 라이히 중 누구를 찾아가겠는가?

천재는 자신의 현재 위치를 가장 잘 알며, 진로를 두고 고민한 적이 없다. 그가 갈 길은 이미 정해져 있었으므로, 그는 오로지 지금 있는 이 자리로 올 수밖에 없었다. 공감하기 힘들다고? 실제로 이런 사람들은 극소수에 불과하다. 하지만 보이는 능력을 높이려면, 당신도 천재처럼 행동하는 것이 좋다. 굳이 애쓰지 않아도 자연스럽게 지금의 직업에 이르게 되었다고 말이다.

여기서도 유명한 사람들의 전기를 살펴보면 도움이 된다. 이런 책에는 '운명이 나를 선택했다'는 모토에 따라, 일직선으로 쭉 뻗은 삶의 여정이 담겨있다. 앞서 다룬 스티브 잡스의 스탠퍼드대학교 연설을 좀 더 자세히 소개하겠다.

"저는 대학 공부를 중단한 후, 서예를 배우기 위해 세미나에 등록했습니다. 그곳에서 다양한 서체를 배웠죠. 그렇지만 배운 내용을 어떻게든 일에서 써먹을 수 있을 거라는 생각은 전혀 하지 않았어요.

하지만 그로부터 10년이 흘러 처음으로 매킨토시 컴퓨터를 고안할 때, 그때 배웠던 모든 게 머릿속에 떠올랐어요. 내가 기억한 모든 걸 맥Mac 안에 집어넣었죠. 그 결과, 오늘날 맥은 아름다운 글씨체를 지닌 최초의 컴퓨터로 평가받고 있습니다.

만일 대학 공부를 그만두지 않았더라면, 서예를 배울 시간은 없었겠죠. 그랬다면 아마도 현대의 컴퓨터는 개성 있는 글씨체를 갖지 못했을 겁니다. 물론 그때는 미래의 일을 전혀 짐작하지 못했지만, 10년이 지난 지금 돌아보면 모든 것이 운명의 조각처럼 아주 잘 들어맞습니다."

지금 있는 곳에 이르기까지 쭉 뻗은 직선의 오솔길은 천재가 걷는 길의 특징이다. 프롤로그에 나왔던 조슈아 벨은 초등학교에 들어가기도 전에 벌써 바이올린 연주 솜씨가 수준급이었다고 한다. 조슈아 벨 부모의 증언에 따르면, 그는 네 살 때 고무 밴드를 서랍에 걸어 팽팽하게 당기고는 근사한 멜로디를 만들어냈다고 한다.

현재 당신의 위치에 도달하는 길을 어떻게 서술할 것인가? 한번은 내가 진행하는 세미나에 한 기업의 고객지원팀장이 참석했다. 세미나에서 우리는 그가 젊은 시절에 디스코 텍 안전 요원으로 근무한 적이 있다는 사실을 알아냈다. 그러니까 그는 고객지원팀장이 되기 전에도 사람들의 안전과 질서 유지를 위해 일해왔던 것이다.

당신의 인생에도 분명 이런 지점들이 있을 것이다. 자기소개서를 앞에 두고 막막함에 한숨만 쉬고 있진 않은가? 이런 지점들 두세 개만 하나의 스토리로 연결하면, 지극히 평범하게만 보이던 당신의 삶도 이미 정해진 운명을 따른 삶으로 탈바꿈할 수 있다!

▼

세상은 원래 의사가 되었어야 할
세무사를 반기지 않는다

고정관념도 때론 타고난 재능에 대한 암시를 준다. 우리는 어떤 직업군에 속하는 사람들에 관해 고정된 이미지를 갖고 있다. 과학자를 떠올릴 때는 아인슈타인, 음악가를 생각하면 베토벤의 모습을 자기도 모르게 떠올리게 된다.

사람들이 생각하는 전형적인 학자는 산만하고 괴짜인 데다가 의심의 여지없이 천재다. 스타 변호사는 우아하고 이성적이며, 유창한 언변을 갖추고 있다. 사람들은 당신 직군의 모범적인 대표자가 어떤 모습이라고 생각하는가? 옷은 어떻게 입고, 말투는 어떠하며, 어떤 분위기를 풍긴다고 상상하는가?

내가 아는 의사 K는 사실 평범한 수준의 의술을 갖고 있지만, 자신의 능력을 환자들에게 매우 효과적으로 내보인 덕분에 큰 성공을 거두었다. 그는 실제 진료에서는 거의 쓸 일이 없는 청진기를 언제나 목에 걸고 다닌다. 그리고 그런 모습이 환자들에게 신뢰감을 심어준다는 사실을 누구보다 잘 안다. 사람들 상상 속의 이상적 의사는 바로 그런 모습인 것이다.

중국인 S는 K의 동료 의사다. S는 독일의 소도시에서 침을 놓아주었는데, 환자가 엄청나게 밀려들었다. 그가 가진 지식이라곤 중국 전통의술을 가르치는 독일의 연수원에서 잠깐 침술을 배운 게 전부였다. 하지만 S의 침술에 대한 입소문이 도시 너머까지 퍼지며, 이 분야에서 두말할 필요가 없는 전문가로 인정받았다. 환자들은 중국인인 그가 독일인보다 침술에

능할 게 분명하다고 생각한 것이다. 물론, S도 환자들이 자신을 어떻게 생각하는지 잘 알고 있다.

직업에 대한 고정관념을 깨고 싶다는 생각에, 그와 정반대되는 모습을 드러내려 애쓰는 사람들도 있다. 이런 사람들은 '애완견이 되고 싶었던 당나귀' 이야기를 떠오르게 한다.[8]

당나귀는 저녁마다 우리에 서서 자고, 하루 종일 주인을 위해 열심히 일해야 했다. 그에 반해 애완견은 집안에서 잠을 자고, 아무 일도 하지 않아도 맛있는 사료와 간식을 먹었다. 그 모습을 본 당나귀는 주인에게로 달려가 애완견처럼 꼬리를 흔들고, 그의 가슴으로 뛰어오르려 했다. 놀란 주인은 당나귀를 우리에 더욱 단단히 묶어두었다.

이 이야기가 말해주듯, 세상은 예술가처럼 감상에 젖어 본분을 잃어버리는 변호사를 달가워하지 않는다. 마찬가지로 의사가 되었어야 할 세무사도 바라지 않는다.

고정관념은 그 직업에 대한 사람들의 기대를 반영한다. 자신의 직업군에 관해 사람들이 기대하는 바를 잘 알고, 그에 맞게 행동하는 이들은 같은 일을 해도 더욱 많은 결실을 건져 올리게 된다.

당신이 건축가라면 자신이 사는 지역의 중요한 건축물 몇 개쯤은 전문가 수준으로 꿰고 있어야 한다. 기계를 다루는 공학 엔지니어라면 기술적으로 정밀하게 만들어진 시계를 차고, 노트 대신 스마트태블릿에 메모해라. 머지않아 당신의 능력을 칭찬하는 목소리가 들려올 것이다.

누구도 거부할 수 없는
틀을 짜라

—— 독일의 전 총리 게르하르트 슈뢰더Gerhard Schroder는 자기가 가난한 집에서 태어나 온갖 어려움에 맞서 싸워야 했으며, 삶에서 그리 큰 행운도 없었다고 자주 말하곤 했다. 말쑥한 양복에 손에 든 시가가 트레이드 마크인 그는, 경쟁자였던 에드문트 슈토이버Edmund Stoiber와는 달리 열심히 노력하는 일벌레의 모습을 별로 보이지 않았다. 불행한 환경에서 나고 자라, 느긋하고 무심한 태도로 삶의 위기를 극복해온 그를 대중들은 나라 살림의 적임자라고 믿었다.

성공을 거두었을 때는 오로지 뛰어난 능력 덕분이고, 다른 어떤 요소의 영향도 아닌 것처럼 행동해라. 실패가 능력의 결핍 탓이 아니라 외적 조건의 탓으로 돌아가는 것도 같은 이유로 유리하다.

실패했을 경우에는 이른바 '기본적 귀인 오류fundamental attribution error'를 관찰할 수 있다. 사람들은 남의 행동을 외적 환경보다는 그 사람의 기질 탓으로 설명한다.[9] 이웃이 당신의 인사에 불친절하게 응대했다면, 당신은 그에게 몹시 불쾌한 일이 생겼을 것이라 짐작하기보다는 그의 까칠한 성격을 비난한다. 다양한 요소들의 뒤엉킴은 안 보이고 퉁명스러운 한 사람만 눈앞에 보이니 말이다. 반대로 우리 자신의 행동은 외적 조건으로 설명하려 든다. 우리 내면의 관점에서 보면 주로 외부의 상황들만 보이기 때문이다.

기본적 귀인 오류, 그러니까 어떤 결과에 대해 그 사람에게 책임을 돌리는 것은 과제를 성공적으로 처리했을 경우에는 유리한 일이다. 그러면 이 성공은 온전히 나의 능력 덕이고, 그 어떤 외부적인 환경 덕택도 아니게 된다. 이는 당신이 있는 힘껏 부각시켜야 할 효과다.

실패했을 때는 온갖 수단을 동원해서 기본적 귀인 오류에 맞서야 한다. 당신의 결점이 보이지 않도록 외부의 요인들, 그러니까 작업 자체의 어려움과 불운 등이 특별히 잘 드러나도록 노력해야 한다. 두 경우 모두 유능함을 별도 요소로 분리시키는 기술이 요구된다. 능력이 모든 것을 결정한 요소로, 또는 전체의 맥락에서 무시해도 되는 요소로 만들어야 한다.

이런 유능함 '틀 짜기'는 어떻게 기능할까? 서부의 총잡이 이야기가 이 질문에 답을 준다.[10]

어떤 이방인이 텍사스의 한 마을로 들어갔다. 들어선 순간, 눈앞에서 벌어지는 놀라운 광경에 입이 떡 벌어졌다. 담에 과녁이 그려져 있고 총알구멍이 나 있는데, 매번 총알이 정확하게 과녁 중앙부를 맞힌 것이다. 권총을 찬 사내 하나가 담에 기대고 서 있었다.

이방인은 그에게 누가 이 총알을 쏘았냐고 물었다. 총잡이는 눈을 치켜뜨고는 이렇게 대답했다. "내가 쏘았소." 깊은 인상을 받은 이방인은 "어떻게 매번 과녁 중앙부를 맞힐 수가 있죠?" 하고 물었다. "아주 쉬워요." 총잡이가 대꾸했다. "총을 쏜 다음, 거기에 맞춰서 과녁을 그리면 되죠."

틀을 제대로 짠다면 당신은 모든 결과를 최선으로 드러나게 만들 수 있다.

특히 상대방이 당신에 관해 어떤 인상을 갖고 있지 않을 경우, 당신의 인상은 전적으로 당신이 짠 틀에 의해 결정된다.[11]

이쯤에서 피츠윌리엄의 감춰진 진실을 말해볼까 한다. 여러 주 동안이나 강의실에 코빼기도 내밀지 않다가, 그을린 얼굴로 느릿느릿 강의실로 들어와서는 그 학기 최고의 답안지를 쓴 전설의 하버드대학생 말이다.

캘리포니아 해변에서나 볼 수 있을 법한 검게 그을린 피부는 연출이었다. 사실 그는 여러 주 동안 방에 꼭 틀어박혀서 죽도록 공부만 했다. 햇빛에 그을린 얼굴색을 만들어 자신의 노력을 감출 요량으로, 피부를 밤색으로 바꾸어주는 자외선램프에 자신의 피부를 노출시킨 것이다.

이 장에서는 보이는 능력을 높이는 데 운과 재능이라는 요소를 어떻게 활용할지를 다루었다. 지금까지의 성과를 일궈내는 데 거의 아무 노력도 들이지 않았다는 인상을 일깨워라. 당신 자신에게 이렇게 암시를 걸고, 이 암시에 걸맞게 행동해라.

"타고난 재능을 지닌 내게는 어린 시절부터 시작해서 경력의 사다리를 오르는 모든 과정이 지극히 쉬운 일이었다. 내가 이 일을 하게 된 건 오래 전부터 정해진 운명이었으니, 삶의 몇 가지 지점들을 연결하면 현재를 향해 쭉 뻗은 오솔길을 그려낼 수 있다."

이에 덧붙여 당신이 속한 분야의 전문가에 대한 고정관념을 이용할 수도 있다. 마지막으로 당신이 자신에게 맡겨진 일에 100% 헌신하리라는 것을 상대에게 알려준다면, 상대방은 절대 당신을 거부할 수가 없다. 타고난 재능을 가진 일에 열정을 쏟아 붓는 사람보다 더 훌륭한 인재는 없을 테니까.

운과 재능을 컨트롤하는 6가지 전략

1 과제의 난이도에 주목하게 만들어라.

2 불운한 주변상황을 드러내라.

3 당신이 얼마나 노력하는지 보이지 말 것!

4 지금까지의 성공은 당신에게 아주 쉬운 일이었다고 말해라.

5 당신을 '이 직업을 위해 태어난 사람'이라고 각인시킬 것.

6 당신 분야 전문가의 이상적인 모습, 판에 박힌 고정관념을 이용해라.

Chapter 5

마음을 훔치는 말하기 비법

·

젊은 시절, 나도 혀는 느리고 팔은 빨랐다.
하지만 인생 학교에서 배운 것은
행동이 아니라 말이 세상을 지배한다는 것이었다.

— 호머Homer

▼
헤겔의 굴욕
"생각은 없으면서 말만 많다고? 내가?"

철학자 아르투어 쇼펜하우어Arthur Schopenhauer는 '헤겔 짓거리'라는 말로 게오르크 빌헬름 프리드리히 헤겔Georg Wilhelm Friedrich Hegel의 철학을 조롱 했다.

"읽고 또 읽어도 단 하나의 생각도 잡아낼 수 없다. 그 어떤 뚜렷한 내용 도 머리에 떠오르지 않는다. 낱말에 낱말을, 구절에 구절을 쌓아 올렸을뿐 말하고자 하는 바가 아무 것도 없다. 할 말도 없고 아는 것도 없고 생각도 없으면서 그래도 말은 하고 싶어 말들을 골라서 그렇다. 그가 쓰는 언어들 은 자신의 생각을 더 분명하게 표현해주기 때문이 아니라, 생각의 결핍을 더욱 능숙하게 감추어주기 때문에 선택되었다."[1]

쇼펜하우어의 비판이 합당한 것이라 하더라도, 헤겔은 분명 당대를 대표 하는 철학자였다. 쉽고 명료한 글을 썼으나, 헤겔보다 유명한 철학자는 아 니었던 쇼펜하우어에게는 매우 화날 법한 일이었지만 사실이 그랬다.

여성학자 한 사람이 여러 번이나 거듭 고쳐서 읽기 쉽게 다듬은 논문을

당대 최고의 철학자 헤겔은
"생각은 없으면서 말만 많다"며 조롱당하는 굴욕을 겪었다.

권위 있는 학술지에 보냈다.[2] 그러나 이 논문은 거절당했다. 다음번에 그녀는 이해하기 어렵다고 생각했던 맨 처음 버전을 다시 보냈는데, 이 논문이 학술지에 실렸다. 슬프지만 사실이다. 난해한 글이 쉽게 이해할 수 있는 글보다 오히려 높은 평가를 받는 경우가 많다.

심리학자 J. 스코트 암스트롱J. Scott Armstrong은 경영학 학술지 10종을 세밀하게 검토했다. 그 결과, 실망스럽게도 복잡한 표현을 쓴 학술지들이 더 좋은 평가를 받고 있다는 사실을 알아냈다.[3] 내용은 같아도 이해하기 쉽게 쓰인 연구 논문은 덜 유익한 연구라는 평가를 받았다. 심지어는 전문가들의 평가도 이와 다르지 않았다. 암스트롱의 결론은 명료했다.

"동료들에게 깊은 인상을 주고자 하는 연구자는 이해하기 어려운 언어로 논문을 쓰는 편이 좋다. 존경을 받고 싶은 학술지는 이해가 덜 되는 논문들을 출판하면 된다. 학술회의 관계자는 알아듣기 힘든 방식으로 말하는 발표자들을 초대하는 편이 회의의 성공에 도움이 된다."

지나치다고 생각할지 모르지만, 유감스럽게도 결과가 그렇게 말해준다. 인위적으로 복잡하게 만든 내용이 보이는 능력에 긍정적으로 작용한다고 말이다.

이 원칙을 간단하게 적용하자면, 말로 풀어쓰기보다는 그냥 수리적 표현을 늘리라는 것이다. 또는 암스트롱의 말을 빌자면 "지성론적 의미론을 비지성론적 의미론으로 교체하고, 여러 문장들을 종합하여 더 적은 수의 문장들로 축소하라는 것"이다.[4]

앞의 문단이 엄청 지적이라고 느껴지는가? 같은 내용을 이해하기 쉽게 표현하면 이러하다.

"어렵게 만들기는 상대적으로 쉽다. 가능한 한 많은 숫자를 동원하면 된다. 또는 암스트롱의 말대로 하자면, 이해하기 쉬운 모든 낱말을 이해가 안 되는 낱말로 바꿔라. 그리고 여러 문장을 뭉뚱그려 하나의 긴 문장으로 만들어라."

무엇보다도 숫자가 당신의 논지를 극히 효과적으로 뒷받침해주며, 보이는 능력을 높여준다.[5] 이것은 내가 내키지 않는 마음으로 옮겨 적는 몇 가지 연구 결과들 중 하나로서, 학문의 발전과 투명한 기획 및 토론 문화의 활성화에는 심지어 역행하는 내용이다. 하지만 당신에게 연구 결과를 있는 그대로 보여주자는 것이 내 생각이다. 인정하고 싶진 않지만, 보이는 능력을 높이기 위해서는 상대방이 어느 정도의 노력을 들여 자신의 이야기를 이해하도록 하는 편이 의미가 있다.[6]

▼

5가지 군더더기를 걷어내면, 강력한 말이 된다
: 파워토킹

미국의 언어학자 로빈 라코프Robin Lakoff는 법정을 관찰한 후, 어떤 변호사의 말이 설득력이 있는지를 분석했다.[7] 승소한 변호사의 말은 강력했지만, 패소한 변호사의 말은 그렇지 않았다.

패배자의 힘없는 말하기에는 불필요한 요소들이 잔뜩 들어간다. 그에 반해 라코프가 '파워토킹powertalking'이라 명명한 강력한 말하기에는 이런 요소들이 없다.

겉보기에 막힘없이 말하는 듯 보이는 달변가들의 말에서도 자주 발견되는, 불필요한 5가지 군더더기는 다음과 같다.

① **강조하기** 예) 나는 진짜로 너무나 그걸 원치 않아요.

② **망설임** 예) 저는…… 음…… 거기 안 갔어요.

③ **확인** 예) 아시다시피, 이번 프로젝트는 중요합니다.

④ **과도한 존대** 예) 존경해마지 않는 세라 씨께서

⑤ **부가의문문** 예) 그 영화 정말 재밌죠, 그렇지 않아요?

말하기는 사회적 지위와도 연관이 있다. 힘없는 말하기는 낮은 사회계층을 떠오르게 하고, 이에 따라 낮은 교육 수준 및 무능함을 연상시킨다. 그에 반해 파워토킹은 높은 사회계층을 암시하고, 그에 맞게 높은 교육 수준과 유능함으로 해석된다.[8] 실제 실험에서도 사회적 지위가 낮아질수록 힘없는 말하기를, 높아질수록 파워토킹을 하는 사람이 많았다.[9] 그러므로 당신의 말에 힘이 실리게 하려면, 가능한 한 위에 제시된 5가지 군더더기를 없애는 것이 좋다.

고작 5가지의 간단한 기술처럼 보이지만, 의식하지 않고도 5가지 군더더기를 빼고 말하는 데까지는 생각보다 시간이 꽤 걸린다. 지금 당장 말하는 습관을 개선하고 싶다면, 우선 모든 종류의 말 더듬기를 피해라. 말 더듬기만 개선해도 당신은 다른 사람들보다 더 능력 있는 인물로 분류될 것이다.[10]

▼

입만 열면 능력 있어 보이는 10가지 말습관

앞서 확인했듯, 단순히 말만 잘해도 유능해 보일 수 있다. 당신은 TV 뉴스를 진행하는 앵커의 능력을 어떻게 평가하는가? 앵커가 무능하다고 평가하는 사람은 아마 극소수에 지나지 않을 것이다. 실제로 뉴스 앵커들은 매우 유능하다는 평가를 받는다. 편집부에 직접 속해 있는 앵커를 제외하고, 직접 쓴 원고가 아니라 편집부에서 써준 원고나 전자 프롬프터로 지나가는 내용을 읽는 것임에도 그렇다.[11]

말의 내용뿐 아니라 높낮이, 속도 등 말하는 습관도 보이는 능력에 매우 큰 영향을 미친다. 연구 결과, 말하기의 방식이 말의 내용보다 더욱 중요한 것으로 나타났다.[12] 그렇다면 올바른 말습관에는 어떤 것들이 있을까?

첫 번째, 분명한 발음으로 말해야 한다. 발음은 능력을 보이는 데 매우 핵심적인 요소다.[13] 시간 날 때마다 "간장 공장 공장장은 강 공장장이고, 된장 공장 공장장은 공 공장장이다"와 같은 문장을 통해 발음 연습을 해라. 연극이나 드라마 대본을 소리내어 읽는 것도 도움이 될 것이다.

두 번째, 말의 속도를 조절해라. 여러 연구들은 빠른 속도로 말하는 습관이 분명하게 보이는 능력을 높인다고 말해준다.[14] 그 뒤에 숨은 무의식적 가설은 언어의 속도가 생각의 속도를 반영한다는 것이다. 즉, 빠르게 말하는 사람은 생각도 빠르게 한다는 것. 속도감 있게 요약하는 습관은 절대 해롭지 않다.

세 번째, 일정한 속도로 말하는 것이 유리하다. 말하는 중간 중간 헛기

침하는 습관까지 고친다면 더욱더 유능해 보인다.[15]

네 번째, 목소리 톤을 부드럽게 가다듬어라. 날카로운 목소리는 듣는 사람의 신경을 거스를 뿐만 아니라, 보이는 능력을 줄이는 결과를 초래한다. 반면, 편안한 목소리는 보이는 능력을 높여준다.[16]

약간 낮은 목소리로 말하는 습관도 권장할 만하다.[17] 다만, 단조로운 톤이 되어서는 안 된다. 연구 결과에 따르면 한 가지 톤으로 계속해서 말하는 것보다 한번은 높은 톤, 한번은 낮은 톤으로 번갈아 말하는 것이 훨씬 더 능력 있어 보인다.

다섯 번째, 목소리 크기도 중요하다. 약간 큰 소리로 말하면 한결 당당해 보인다.[18] 하지만 유의할 것! 소리 크기는 보통보다 약간 더 큰 정도에 머물러야 한다. 너무 큰 소리로 말하면 오히려 보이는 능력을 줄이는 결과를 가져온다.[19]

여섯 번째는 여러 명의 상대와 대화를 나눌 때 꼭 필요한 습관이다. 바로 말하는 시간의 안배다. 짧게 자주 대화에 참여하는 편이 좋을까, 한 번에 길게 말하는 게 좋을까? 가장 효과적인 것은 빈번하게 대화에 참여하되, 한 번에 지나치게 길게 말하지 않는 것이다.

일곱 번째, 말할 때 사이사이에 휴지를 두어라.[20] 듣는 사람들에게는 당신의 말을 한 번 되새겨볼 여유를 주고, 당신에게는 다음에 할 말을 조용히 요약할 기회가 된다. 특히 가장 중요한 말을 앞두고는 좀 더 길게 침묵해라. 이 침묵은 시상식에서 수상자 발표 직전 울리는 북소리와 그 효과가 같다. 당신은 침묵을 통해 가장 좋은 논거가 무너지지 않도록 안전하게 나아가게 된다.

아주 뛰어난 논거를 제시했음에도, 그에 걸맞은 주목을 받지 못한 경험이 다들 한 번쯤은 있을 것이다. 기대했던 반응을 얻지 못했으니, 그것이 좋은 생각임을 어필하려 애썼을 테지만, 그때는 이미 늦었다. 논거는 흐르는 물과 같아서 한번 놓친 논거에 다시 생명을 불어넣을 수는 없다.

여덟 번째, 같은 말을 되풀이하는 버릇을 고쳐야 한다. 불필요한 반복은 말하는 사람에게 나쁜 조명을 던진다.[21] 지성의 부족을 암시한다고 해석될지도 모른다.

아홉 번째, 상대방의 말을 끊는 습관도 없애라. 말을 끊는 태도가 대화에 능동적으로 참여하고 있음을 드러낸다고 생각한다면, 절대 그렇지 않다. 다른 사람의 말을 끊는 태도가 극히 예의 없는 태도로 여겨진다는 사실을 차치한다 하더라도, 이런 태도는 보이는 능력에도 극히 부정적으로 작용한다.[22]

마지막으로, 대화를 할 때는 다양한 낱말을 쓰는 것이 좋다. 폭넓은 어휘력은 높은 지성으로 연결되기 때문이다.[23]

▼

사투리는 득이 될까, 독이 될까?

한 연구에서 몇몇 배우들이 실험 참가자들 앞에서 연기를 했다.[24] 이때, 표준어를 사용한 배우들만이 프로페셔널이라고 인지되었다. 사투리의 부정적 영향은 거의 낙인과도 같았다.[25] 설득력이 감소하고[26], 신뢰도도 낮아졌으며[27], 보이는 능력이 아주 직접적으로 줄어들었다.[28]

독일의 연구들에서도 사람들은 표준어를 사용하는 배우들을 가장 유능하다고 평가했다. 특정 지방이나 국가의 사투리를 쓰는 사람은 자동적으로 해당 지방과 국가의 지위를 넘겨받았다.[29] 같은 맥락에서 영국식 영어를 쓰는 배우들이 미국식 영어를 쓰는 사람들보다 더 능력 있어 보이는 것으로 나타났는데, 심지어는 미국인들에게도 그런 평가를 받았다.[30]

하지만 비즈니스 미팅에서 상대방과 같은 지역의 사투리를 쓰면 오히려 유리하지 않을까? 동향 사람에게서 느끼는 유대감은 보이는 능력에 득이 되며, 호감 또한 높아진다.[31] 그런데 사투리를 쓰는 사람은, 동일한 지역에서 태어나 같은 사투리를 쓰는 사람에게도 표준어를 쓰는 사람보다는 덜 유능하다는 평가를 받았다.[32] 물론, 사투리의 긍정적인 효과를 확인한 연구들도 있다. 사투리는 표준어보다 충성심과 정직성에서 더 높은 평가를 받았다.[33]

특정 상황에서는 사투리를 사용하면 보다 전문적으로 보이기도 한다. 예를 들어 독일에서 사과주를 서비스하는 직원이 사과주 산지의 사투리를 사용하거나, 시계공이 명품 시계의 나라인 스위스 억양으로 말하는 경우다.

몇 해 전, 로스앤젤레스의 '핫 플레이스'로 급부상한 프렌치 레스토랑이 있었다. 모든 직원들이 프랑스 억양으로 영어를 사용했기 때문이다. 어느 날 손님으로 온 프랑스 여행자가 직원들과 모국어로 수다를 떨려고 할 때까지는 그랬다. 실제로는 그들 중 누구도 프랑스어를 할 줄 몰랐다. 그들은 모두 배우였고, 주인은 프랑스인이 아닌 멕시코인이었다.

그러므로 진짜 그 지방 출신이 아닐 경우, 사투리가 아무리 유리해 보여도 어설픈 사투리보다는 표준말을 사용해라. 그 지방에서 온 사람이 아니라는 사실이 들통 날 경우, 오히려 역효과가 날 수 있다.

말만 잘해도 10배 더 유능해 보인다

이번 장의 내용이 기계의 사용 설명서처럼 건조하게 읽힌다는 점을 인정한다. 이번 장에서는 내 생각을 이야기하기보다는 연구 결과들을 차례차례 나열하는 데 집중했다. 하지만 내용의 단순함과 짧은 길이에 속지 마시길! 이것은 지난 50년 동안의 심리학 연구 중 중요한 연구의 성과를 집약한 것이다.[34] 우리는 거인들의 어깨 위에 서 있다. 말하자면 수많은 학자들이 수십 년 동안 고민한 끝에, 여기에 제시된 사실들을 밝혀낸 것이다.

모든 사실은 한 가지 명제로 귀결된다. 말의 힘을 얕잡아보면 안 된다는 것. 라코프의 연구를 통해 파워토킹을 하는 사람들이 그렇지 않은 사람들보다 10배나 더 유능하다는 평가를 받았다는 사실이 밝혀졌다.

그렇다고 당신의 말하기 방식을 아나운서처럼 완전히 새로운 차원으로 끌어올려야 한다는 뜻은 아니다. 말주변이 없어도 아주 간단한 몇 가지 기술만으로 보이는 능력을 훨씬 더 향상시킬 수 있다.

이 장에서 소개한 기술은 전화로 이야기를 할 때도 똑같이 적용된다. 전화 통화 또한 말로 이루어지는 대화이기 때문이다.[35]

상대를 움직이는 12가지 말하기 전략

❶ 자신의 주장을 복잡하게 만들고, 숫자로 뒷받침하면 도움이 된다.

❷ 파워토킹을 할 것.

더듬는 말투, 과장된 존대법 등 군더더기를 걷어낼 것.

❸ 명료한 발음과 정확한 분절에 주의할 것.

❹ 보통보다 조금 빠른 속도로 말해라.

❺ 단조롭게 말하지 말고, 높은 어조와 낮은 어조를 번갈아 사용해라.

❻ 보통보다 조금 더 큰 목소리로 말해라.

❼ 자주 대화에 참여하되, 중간 정도의 시간을 써라.

❽ 가장 중요한 논지를 내세우기 직전에 잠깐 침묵할 것!

❾ 했던 말을 여러 번 되풀이하지 마라.

❿ 상대방의 말을 끊지 마라.

⓫ 가능한 한 다양한 어휘를 사용해라.

⓬ 사투리는 충성심, 정직성 등을 어필해야 하는 경우에만 유리하다.

Chapter 6

열 마디 말보다 강력한 몸짓 사용법

어쩌면 뒷모습만으로
우둔한 사람, 어릿광대, 정신적 인간을 구분할 수 있을 것 같다.
모든 움직임이 납처럼 무거우면 우둔한 사람이다.
어릿광대는 모든 몸짓에 자기만의 낙인을 찍는다.
정신이나 사색도 같은 일을 한다.

― 아르투어 쇼펜하우어Arthur Schopenhauer

▼

오바마의 손짓
"1번 카메라, 제가 움직이는 게 보입니까?"

영화배우들의 자세와 태도를 교육시키는 교육 전문가 헬 퍼슨즈Hal Persons
는 이렇게 말한다.

"당신이 전등이라고 생각하세요. 에너지는 머리에서 몸을 통해 흐릅니
다. 머리부터 발끝까지 빛이 흐르게 하세요."[1]

버락 오바마Barack Obama 전 대통령은 이런 인식을 실천에 옮겼다. 공식
석상에서 연설할 때면 언제나 연설문이 적힌 화면을 매단 카메라를 가능
한 한 많이 배치했다. 그렇게 해서 그 자신은 연단에 묶여 있어도 뻣뻣하
지 않고 생동하는, 거기 참석한 모든 사람을 향해 말하는 듯한 인상을 일
깨웠다.[2] 그야말로 '몸짓의 대가'다운 움직임이었다.

이번 장에서는 신체 동작으로 생각이나 감정을 전달하는 '신체 언어'
사용법을 소개하고자 한다. 내가 강연에서 자주 하는 말로 설명을 시작하
겠다.

"왼손을 앞으로 내밀고, 오른손을 그 위에 포개십시오. 제가 '손뼉을 치

세요'라고 말하면, 곧바로 손뼉을 치십시오."

바로 다음 순간에 나는 아무 말도 하지 않은 채 손뼉만 친다. 그러면 강연장에 모인 사람 거의 모두가 나를 따라 손뼉을 친다. 어떤 말도 듣지 않고 말이다. "저는 아직 '손뼉을 치세요'라고 말하지 않았습니다"라고 하면, 참석자들은 그제야 웃음을 터뜨리며 말이 행동을 당하지 못한다는 것을 깨닫게 된다.

실제로 신체 언어의 효과는 말의 효과보다 대체로 더 강력하다.[3] 내용이 동일한데도 TV 뉴스 시청자들이 이해한 내용은 라디오 뉴스 청취자들이 이해한 내용과 사뭇 다르다.[4] 그림의 내용과 지시문의 내용이 상반되는 경우, 대부분의 사람들은 그림의 내용을 따른다.

우리는 말보다 몸짓이 진실에 더 가깝다고 여긴다.[5] 말이 얼마나 쉽게 통제되고, 얼마나 거짓을 표현하기에 용이한지 잘 알기 때문이다. 그래서 많은 심리학자들은 다른 사람을 설득하는 데 열 마디 말보다 하나의 몸짓이 결정적인 열쇠라고 본다.[6]

그런데도 우리는 몸짓의 역할을 과소평가한 채 말에 더욱 집중하는 경향이 있다.[7] 신체 언어 소통법들이 그 동안 주목받지 못했던 이유는, 이성적으로 설명하기 어렵기 때문이다. 하지만 신체 언어의 미묘한 차이들을 비교하는 방식으로 수십 년 동안 연구한 결과, 이제는 깊이 있는 통찰을 얻게 되었다. 기쁜 소식은 당신이 이런 깨달음을 대부분 즉시 실행에 옮길 수 있다는 사실이다.

신체 언어의 효과를 이른바 '폭스Fox 박사 실험'만큼 놀라운 방식으로 보여준 연구도 드물다.[8] 심리학자들은 교육을 주제로 한 회의 석상에 배우

버락 오바마는 연설문을 매단 카메라를 곳곳에 배치해,
모든 참석자를 향해 말하는 듯한 인상을 일깨웠다.

한 사람을 발표자로 내보냈다. 그에게 '폭스 박사'라는 이름과 화려한 경력을 덧붙여주었다. 강연 제목은 '내과의사 교육에 적용되는 수학적 게임 이론'으로, 많은 참석자의 기대를 모을 만한 주제였다.

이 배우는 자신의 강연 주제에 대해 거의 아무것도 모르는 채로 1시간 동안 강연을 했다. 청중 가운데는 심리학자, 정신과 의사, 사회복지사 등 각계각층의 전문가들이 섞여 있었다.

연구자들에 따르면 강의 내용은 '무의미한 말들, 잘못된 논리, 모순된 진술, 적절하지 못한 유머, 무관한 주제들에 대한 쓸데없는 언급' 등으로 이루어진 조악한 것이었다. 그런데도 전문가 청중은 압도적으로 이 강연이 분명히 이해가 되고, 이 강연을 통해 지식의 폭이 넓어졌다고 평가했다. 단 한 명도 강연이 그야말로 맥락 없는 것이었다고 말하지 않았다!

여기서는 분명 신체 언어 말고도 다른 요소들이 중요한 역할을 했다. '인상적인 경력을 지닌 박사'라는 소개와 배우의 멋진 외모 등이었다. 하지만 결정적인 차이를 만들어낸 것은 열정적인 신체 언어였다. '폭스 박사'가 열광에 가득 차서 활력이 넘치는 신체 언어를 동원해 표현한 경우에만 청중의 호의적인 평가를 얻었기 때문이다. 움직임 없이 단조로운 목소리로 발표했을 때, 그에 대한 평가는 훨씬 나빠졌다.[9]

나 역시 여러 번의 강연을 통해 신체 언어의 효과를 체감하게 되었다. 움직임을 제한하고 내용 전달에만 초점을 맞추면, 청중들에게 긍정적인 반응을 이끌어내기가 한층 더 어려웠다.

연구 성과 보고가 되었든, 신제품 발표회가 되었든 여러 명 앞에 서서 말할 때는 계속 움직여라. 절대 같은 방향, 같은 사람들만 바라보지 마라.

당신이 전체 공간을 인지하면, 당신의 태도도 전체 공간에 맞춰진다.

또한 놀람을 표현하건 근심을 표현하건, 말의 내용에 맞추어 얼굴 표정을 풍부하게 해야 한다. 두 손도 말과 일치시켜서 자유롭게 움직여라. 서 있는 공간이 클수록 당신의 몸짓도 커져야 한다. 넓은 공간에서는 팔 전체를 뻗고, 좁은 공간에서는 손만 들어올리는 것으로 충분하다.[10]

▼

대통령이 사퇴 연설에서 50번 넘게 눈을 깜빡인 까닭
: 닉슨 효과

미국 전 대통령 리처드 닉슨Richard Nixon의 이름을 따서 명명된 '닉슨 효과'는 소통에서 눈의 중요성을 일깨워준다. 워터게이트 사건 이후 대통령직 사퇴 연설을 할 때, 그는 50번 넘게 눈을 깜박였다.

눈을 깜박이는 사람은 두려워하며 초조해하는 것으로 여겨진다. 그러니 미국 대통령 선거에서 대개 가장 눈을 적게 깜박인 사람이 당선되었다는 사실이 놀랍지 않다.[11]

19세기 제정 러시아의 심령술사이자 수도사, 그리고 황후의 연인이었던 그리고리 예피모비치 라스푸틴Grigorii Efimovich Rasputin. 역사상 그처럼 경이로운 일화를 많이 남긴 인물은 드물다. 라스푸틴은 사람들을 자신의 마력 안에 붙잡아두는 방법을 알고 있었다. 이 신비로운 미스터리 수도사에 대한 수많은 이야기 중 눈빛에 관한 일화 하나를 살펴보자.

라스푸틴은 한 걸음 앞으로 나서면서 이마를 찌푸리고 사람들을 쏘아보았다. 한 줄기 전율이 사람들 사이로 지나갔다. 그는 마치 불꽃이 이는 단단하고 작은 눈길로 사람들을 꿰뚫는 듯했다. 그가 팔을 뻗치더니 "거기 의자에 앉아 있는 당신, 이리로 오시오" 하고 준엄하게 명령을 내렸다.

뚱뚱하고 작은 사내가 깜짝 놀라 올려다보았다. "전…… 저는…… 그리로 갈 수가 없는데요." 사내는 말을 더듬었다. "2년 전부터 일어서질 못해요. 의사들 말로는 등 근육이 마비되었다고 합니다. 도와주십시오, 수도사님!"

불꽃 같은 라스푸틴의 눈길이 사내를 쏘아보았다. "일어서라." 그가 명령했다. 그의 목소리는 나직하고 쉰 소리가 났다. "일어서서 내게로 오라." 주위가 쥐죽은 듯 조용해졌다. 의자에 앉아있던 사내의 낯빛이 창백해졌다. 이마에 땀방울이 송글송글 맺혔다. 사내는 비틀거리면서 천천히 의자에서 몸을 일으켰다. 그리고 마침내 일어섰다! 망설이며 한 걸음 내딛는가 싶더니, 이어서 한 걸음 더 나아갔다. 세 번째 걸음도. 마침내 사내가 라스푸틴 앞에 섰다.

"기적이다!" 알록달록한 머릿수건을 쓴 사내의 아내가 이렇게 속삭이더니, 십자가를 그었다. 사내는 아직도 라스푸틴 앞에 서있었다. 잠깐 비틀거렸지만, 그 다음에는 흔들림 없이 서 있었다. "이제 집으로 걸어가시오. 통증은 전혀 없을 것이오." 그가 사내의 눈을 들여다보며 말했다. 사내의 아내는 두 다리로 걷게 된 남편의 손에 입을 맞추었다.[12]

약 150년 전에 이미 라스푸틴이 현대 심리학의 깨우침을 미리 내다보았던 것은, 그의 예언자적인 능력 덕분이었을지도 모른다. 상대와의 눈맞춤은 소통에서 큰 역할을 하기 때문이다.

심리학 연구에 따르면, 눈맞춤은 보이는 능력에 직접 영향을 미친다.[13] 눈맞춤을 통해 설득력이 강화되며, 잘만 활용하면 윗사람이 아랫사람에게 이야기하는 것 같은 암시를 줄 수도 있다.

하지만 조심해야 할 점이 있다. 상대방이 이야기하는 동안 상대와 눈을 맞추는 것은 보이는 능력에 해롭게 작용한다.[14] 말하는 사람을 직접 바라보는 것은 낮은 사회계층을 연상시킨다. 아마도 이것이 비굴한 몸짓으로 해석되기 때문인 듯하다. 주인의 명령을 듣는 하인들은 주인을 똑바로 바라본다. 그런데도 우리는 통상 이런 오류를 범하곤 한다. 우리는 경청하면서 상대방을 바라본다. 그러나 정작 자신이 말할 때는 상대방을 바라보지 않는다.[15]

말을 할 때는 가능한 한 자주 상대방의 눈을 들여다보는 것이 좋다. 하지만 들을 때는 상대와 눈을 마주치지 마라. 지나치게 자주 눈을 깜박이지도 마라.

라스푸틴 이야기로 돌아가자면, 그는 사내에게 걸을 수 있다는 암시를 줄 때와 사내가 걷기 위해 온몸의 힘을 모을 때, 명령하는 듯한 눈빛으로 그를 바라보았다. 하지만 사내가 자신의 통증에 관해 이야기할 때, 라스푸틴은 눈길을 돌렸다. 물론 눈을 깜박이지도 않았을 것이다.

▼

언제 어디서나 웃어야 한다는 강박에서 벗어나라

미국의 전설적인 변호사 게리 스펜스Gerry Spence는 50년이 넘는 재직 기간 동안 단 한 번도 패소한 적이 없다. 그는 미소에 대해 이렇게 말했다.

"칵테일파티가 열리는 연회장을 둘러보면, 거의 모든 손님이 친절한 미소를 얼굴에 '장착'하고 있다. '이 많은 사람이 대체 뭐가 그렇게 즐거워서 환히 웃고 있담? 게다가 모두들 얼마나 상냥한가!'라는 생각이 절로 든다. 하지만 실은 진정으로 밝은 사람들이 모인 게 아니라 온갖 더러운 자들, 사기꾼들 사이에 몇몇 점잖은 사람들이 끼어 있을 뿐임을 우리는 안다.

파티가 끝난 후 주차된 차를 향해 걸어갈 때면, 그들은 이미 얼굴에서 '가면 미소'를 싹 지웠다. 어떤 이들은 파티에서 만난 누군가를 흉보고, 어떤 이들은 파트너가 자기는 쳐다보지도 않고 다른 사람만 신경 썼다고 화를 낸다."[16]

그가 말한 칵테일파티 속 사람들과 마찬가지로, 직장인들도 진심으로 웃는 경우보다는 억지 미소를 짓는 일이 많다. 근무시간 내내 마음에도 없는 미소를 지어야 할 만큼, 미소는 보이는 능력에 큰 영향을 미칠까?

연구 결과를 종합해보면 미소는 좋은 영향을 끼칠 수도, 그렇지 않을 수도 있다. 미소를 통해 인기를 높일 수 있다.[17] 그러나 계속 히죽거리는 사람은 덜 지적이라고 여겨진다.

또한 심각한 자리에서 미소는 역효과를 가져올 수 있다. 비판적인 내용의 대화를 할 때도 미소면 얼굴보다는 근엄한 얼굴이 더 높은 지위와 지배력을 나타낸다. 고개를 끄덕이는 동작의 효과도 이와 극히 비슷하다. 그 자체로는 호감을 주는 일이지만 잘못된 순간에, 혹은 너무 자주 고개를 끄덕이면 이것 또한 낮은 신분과 저급한 능력을 연상시킨다.[18]

적절한 때와 장소를 가려서 소리 내어 웃지 말고 미소 지어라. 시도 때도 없이 웃으면 힘이 들 뿐만 아니라 보이는 능력에도 해롭다. 그러니 언제 어디서나 웃어야 한다는 강박에서 벗어나라.

미소는 타인을 위해서가 아니라, 당신 자신의 행복을 위해서 더 필요하다. 당신이 절대로 웃지 않고 심지어 진짜 행복한 순간에도 웃지 않는 사람이라면, 기분을 한결 더 좋아지게 하는 기술을 하나 소개하고 싶다. 기분이 나쁜 순간이라도 미소를 짓는 것이다. 머지않아 기분이 한결 나아진다. 어째서 그런가?

독일의 심리학자 프리츠 슈트라크Fritz Strack는 실험 참가자들에게 만화 영화를 보여주었다.[19] 사람들을 두 그룹으로 나누어서 한 그룹에게는 음료를 마실 때처럼 빨대를 세워 물고 있게 하고, 다른 그룹에게는 빨대를 가로로 물고 있게 했다. 나중에 두 그룹의 사람들은 모두 영화가 얼마나 재미있었는지 평가했다. 그 결과, 빨대를 가로로 물고 있었던 사람들, 즉 미소를 지을 때와 유사한 입모양으로 만화 영화를 보았던 사람들이 영화가 더욱 재미있었다고 평가했다.

얼굴 표정은 어느 정도까지는 우리의 기분에 영향을 준다. 우리는 자신의 생각이나 느낌을 직접적으로 깨닫지 못한다. 그래서 특별한 순간에 대한 우리 자신의 감정 정보에 도달해야만 한다. 미소 짓고 있다면 그 사실에서 자기가 기분이 좋다는 걸 알게 되는 것이다.

그러니까 우리는 자신의 기분을 안에서부터 밖으로만이 아니라 밖에서부터 안으로도 바꿀 수가 있다. 2장에 나온 '흔들다리 실험'에서 사랑에 빠진 것과 같은 증세들이 실제로 사랑에 빠지게 만드는 것과 비슷하게, 얼굴에 미소를 떠올리기 위해 꼭 좋은 기분이어야 하는 것은 아니다. 미소를 지어서 기분이 좋아질 수도 있다.[20]

요약하면 이렇게 말할 수 있다. 시도 때도 없이 미소를 지어서는 안 된다. 잘못된 자리에서 웃는 것은 보이는 능력에 부정적으로 작용한다. 하지만 올바른 순간에 진심 어린 미소를 짓는 것은 매우 긍정적인 결과를 가져올 수 있다.

▼

그 누구도 가르쳐주지 않은 '앉기의 기술'

어린 시절, 어머니의 잔소리가 절대적으로 옳았다. 허리를 곧게 펴고 걸어라. 곧은 자세는 보이는 능력에 긍정적인 영향을 미친다.[21] 그리고 허둥대지 마라! 산만한 행동은 보이는 능력에 부정적으로 작용한다.

앉는 방식도 보이는 능력에 영향을 미친다. 꼿꼿하고 단정하게 앉아야 할까, 아니면 긴장을 풀고 편하게 앉아야 할까? 의자에 느긋하게 앉아 있으면 고위직이라는 인상을 주지 않을까? 그런데 정작 고위층 인사들은 언제나 반듯하게 앉지 않던가?

어떤 연구에서 앉는 자세가 설득력에 미치는 효과를 탐색했다.[22] 연구 결과, 상대방을 설득하는 데 유리한 자세는 다음과 같았다.

- 몸을 약간 앞쪽으로 기울여, 의자 등받이와 10도 정도의 각도를 둔다
- 등은 긴장되어 보이지 않을 정도로 반듯하게 편다
- 팔과 다리는 좌우가 대칭을 이루게 한다
- 두 발은 바닥에 평평하게 둔다

이런 자세로 앉는 것이 처음에는 어색할지도 모르지만, 익숙해지면 자세 변화의 효과를 톡톡히 보게 될 것이다.

여러 명이서 회의를 할 때는 좋은 자리를 선점하는 기술도 필요하다. 각진 모양의 테이블에 앉을 때는 테이블 머리에 자리 잡아라.[23] 어떤 연구에서 4명의 실험 참가자들이 교통사고 피해자에게 지급할 배상액을 논의하고 있었다. 이때, 다섯 번째 참가자로 등장한 배우가 테이블 머리에 앉았다. 그리고는 참가자들이 말했던 것보다 훨씬 적은 금액을 배상해주자고 주장했다.

최종 결과는 어떻게 되었을까? 실험 참가자들은 다섯 번째 참가자의 제안을 듣고 1만 3,500달러에서 1만 375달러로 배상 금액을 낮추었다. 배상 금액을 거의 30% 정도나 줄인 것이다.

물론 그 이유는 그저 이 사람이 테이블 머리에 앉았기 때문만이 아니라, 완전히 자의로 그 자리에 착석했다는 사실 때문이었다. 타인이 자리를 미리 배정했더라면 테이블 머리에 앉았더라도 다른 사람보다 더 큰 영향력을 갖지 않았을 것이다. 반드시 자의로 그 자리를 선택해야만 한다.

스스로 테이블 머리에 앉은 사람은 긍정적인 연상 작용의 보상을 잔뜩 얻는다. 그는 독립적이고, 자신감이 넘치며, 항상 주도적인 자리에 있는 사람으로 간주된다. 다른 사람들은 그의 발언을 더욱 골똘히 생각해보게 되고, 그를 지도적 인사로 간주하게 된다.

하지만 테이블 머리를 선점하면 자칫 거만해 보이지는 않을까? 이 문제에 대해서는 문화적 차이를 고려해야 한다. 대개 서열에 따라 좌석 배정이 이루어지는 동양권 국가에서는, 윗사람이 자리에 앉을 때까지 가능하면 뒤로 물러서 있는 편이 좋다. 특히 가장 중요한 자리에 앉은 사람이 마지막에 계산서를 받아들기 마련이니 더욱 그렇다.

▼

상대와 나 사이, 가깝지도 멀지도 않은 적정 거리는?

영화 '대부'에서 갱단의 보스인 주인공은 대화를 할 때 상대방에게 매우 바짝 다가가곤 한다. 상대방이 자신의 나쁜 기분에 책임이 있을 경우, 더욱 바짝 다가간다. 상대방이 자신의 말을 잘 이해할 수 있도록 하려는 넘치는 배려심에서 그러는 것이 아니다. 그보다는 상대방을 겁주려는 것이고, 대개는 성공한다. 여러 연구 역시 같은 사실을 말해준다. 대화 상대와의 거리가 너무 가까우면 매우 불쾌해질 수 있다는 것.

미국 심리학자 스튜어트 앨버트Stuart Albert와 제임스 댑스James Dabbs는 실험을 통해 거리 두기의 효과를 정밀하게 탐색했다.[24] 90명의 실험 참가자들이 제각기 다른 거리에서 대학생의 이야기를 들었다. 그 대학생은 약 5분 동안 인구과잉과 인간관계에 관해 이야기했다. 그런 다음, 참가자들은 여러 기준에 따라 대학생에 대한 평가를 내렸다. 그중에는 보이는 능력이라는 기준도 있었다.

앨버트와 댑스는 다음과 같은 결론에 도달했다. 불과 30~60cm 떨어진 곳에서 말하면, 상대방에게 초조함과 긴장감을 유발한다. 많은 참가자들이 이 정도로 가까운 거리를 참을 수 없다고 느꼈다. 동시에 이렇게 개인적 공간을 침입하면 방어 반응을 야기하고, 따라서 보이는 능력을 줄이는 결과를 불러왔다.[25] 영화 속 갱들의 세계 말고는 이런 접근은 권장할 만한 것이 못 된다.

하지만 대화 상대에게서 너무 멀리 떨어진 2~4m의 거리도 유능하다는 인상을 줄였다. 이렇게 거리가 멀면 부정적인 태도와 적대감을 불러일으켰다.[26] 거리가 너무 멀어 관계를 형성하기가 어려워서, 즉 상대방과 물리적으로 연결되기가 어려워서 생긴 일로 보인다. 보이는 능력이 최고치에 달한 적정 거리는 너무 멀지도 가깝지도 않은 1.2~1.5m였다.

이런 연구 결과는 일상에서 앉거나 서 있을 때 어렵지 않게 실천에 옮길 수 있다. 발표를 할 때 청중과의 거리를 너무 멀리 두지 마라. 책상에 앉아서 방문객을 맞이할 경우에는 의자들을 적당한 간격으로 배치해라. 느긋하게 서서 이야기를 할 때는 두 발자국 정도 거리를 두는 것이 좋다.

물론 하루 종일 cm 단위로 거리를 재며 움직일 수는 없다. 기본 원칙은 이렇다. 상대방에게 다가가되, 절대로 개인적 공간을 침범하면 안 된다는 것. 이 문제에서 '어디까지가 개인적 공간인가' 하는 것은 그야말로 감각의 문제다. 다시 말하지만, 보이는 능력의 기술에서는 예민한 감각이 중요한 역할을 한다.

여기에는 문화적 차이도 존재한다. 남아메리카와 아시아, 특히 인도에서는 사람들 사이의 거리가 더 가까워지는 경향이 있다.[27] 따라서 이들 문화권에서는 상대방에게 조금 더 가까이 다가가도 된다.

거리 두기의 기술은 '윈윈' 상황의 좋은 예다. 당신이 상대방에게서 1.5m 떨어진다면 상대방도 당신에게서 1.5m 떨어진 것이니, 두 사람 모두에게 긍정적인 상황이 되는 것이다.

좋은 인상의 55%는 표정이 결정짓는다

당신이 투자 상담가를 찾아간다고 상상해보자. 그는 당신을 사무실로 맞아들이고, 당신은 그에게서 1.5m 떨어진 곳에 놓인 고객 의자에 자리를 잡는다. 그는 말할 때 당신의 눈을 들여다본다. 당신이 질문을 할 때면 그는 생각에 잠겨 고개를 숙인다. 핵심적인 문제를 다룰 때는 미소를 거두고 진지한 표정을 짓는다.

여러 사람이 모여 앉아 이야기할 때, 그는 어쩐지 다른 모든 사람보다 우위에 있는 것 같다. 회의할 때는 테이블 머리에 허리를 꼿꼿하게 세우고 앉는다. 자신의 일에 대해 이야기를 시작하면, 그는 열광과 감격으로 가득 찬다.

당신은 이미 알고 있다. 이 모든 것이 원래의 성격을 변화시키지 않고도 쉽사리 실천할 수 있는 일이라는 것을 말이다. 그런데도 이런 사소한 기술들은 보이는 능력에 매우 큰 영향을 준다.

한 가지 팁이 더 있다. 미국인 심리학자인 앨버트 메라비언Albert Mehrabian이 말한 '55·38·7' 공식이다.[28] 1960년대에 메라비언은 신체 언어의 효과를 탐색했다. 그는 학생들이 긍정적 감정, 부정적 감정, 중립적 감정으로 말하는 것을 각각 녹화했다.

이어서 실험 참가자들은 녹화된 인물이 얼마나 자신의 마음에 드는지를 말했다. 여기서 말의 내용은 거의 아무런 영향도 미치지 않았다. 평가 결과에는 목소리와 표정이 훨씬 더 결정적인 역할을 했다. 마침내 메라비언은 다음과 같은 공식을 도출해냈다.

$$좋은\ 인상 = 표정\ 55\% + 목소리\ 38\% + 말의\ 내용\ 7\%$$

이 공식은 신체 언어를 다룬 책이나 세미나에서 단골로 소개된다. 메라비언 자신도 자신의 공식이 이렇듯 널리 퍼진 것에 깜짝 놀랐다고 한다.[29] 55·38·7 공식, 그리고 이 장의 연구들이 시사하는 바는 명확하다. "당신의 몸짓이 바로 당신을 말해준다."

말하지 않아도 통하는 6가지 신체 언어 소통법

❶ 열정적인 리액션을 보일 것.
  활발하게 움직이고 제스처를 쓸 것.

❷ 당신이 말할 때는 상대방의 눈을 자주 바라볼 것.
  단, 들을 때는 상대를 바라보지 말고 눈을 깜박이지 마라!

❸ 계속 미소를 짓는 것은 불필요하며, 오히려 역효과가 날 수 있다.

❹ 등을 반듯하게 편 자세로 앉아 이야기해라.

❺ 여러 명이서 앉을 때는 테이블 머리에 자리 잡을 것.

❻ 상대방에게 1.2~1.5m 거리를 둘 것.

Chapter 7

볼수록 매력 넘치는 사람들의 비밀

합리성에 도달하는 길은
언제나 마음을 거쳐서 간다.

— 에이브러햄 링컨Abraham Lincoln

▼

루스벨트의 여유
"이 모든 게 벼락치기 덕분이죠."

데일 카네기Dale Carnegie는 유명한 책 『인간관계론』에서 루스벨트 대통령의 손님들이 그의 폭넓은 식견에 얼마나 매료되었는지를 서술한다.

외교관과 이야기하든 카우보이와 이야기하든, 루스벨트 대통령은 대화상대방의 직업과 관련된 전문 지식을 줄줄 꿰고 있었다. 사실 루스벨트 대통령에게는 작은 비밀 하나가 있었다. 손님들을 맞이하기 전날 밤, 그들의 전문 분야에 관한 책들을 모조리 꺼내 읽었던 것이다.

카네기는 이렇게 쓰고 있다.

"한 사람의 마음으로 가는 지름길은 그 사람이 특별히 여기는 일들을 통과하는 길이다. 루스벨트는 그것을 알고 있었다. 모든 훌륭한 지도자는 그 사실을 안다."[1]

같은 책에서 카네기는 또 이렇게 말한다.

"남들의 관심을 얻으려고 애쓰는 사람이 2년 동안 얻는 친구보다, 다른 사람에게 관심을 갖는 사람이 2개월 만에 얻는 친구가 더 많다."

루스벨트 대통령은 손님을 맞이하기 전날 밤,
그들의 전문 분야에 관한 책들을 모조리 꺼내 읽었다.

그러면서 대화 상대방이 지구 반대편의 굶주림보다는 자신의 치통에 훨씬 더 골몰하고 있다는 사실을 알아야 한다고 말한다.[2] 호감을 얻고 싶다면, 당신이 상대방에게 관심을 갖고 있음을 알아채도록 만들어라.

말 대신 행동으로 보여줄 수도 있다. 도움을 주거나 선물을 해보자. 이런 행동의 효과는 상대방에게 보답해야겠다는 생각이 들게 하는 데서 그치지 않는다.[3] 자신의 인기 역시 올라간다.

"스스로에게 솔직해지자면, 남들이 나를 좋아하고 존경하며 내 말을 경청했으면 좋겠다는 것보다 더 인간적인 소망이 무엇일까?"

오늘날 가장 영향력 있는 사회심리학자인 에드워드 E. 존스Edward E. Jones는 이런 문장으로 자신이 수십 년 동안이나 인기를 높이는 방법을 탐구한 이유를 밝혔다.[4] 그러면서 그는 다음과 같이 지적했다.

"한두 술 비위 맞추기가 다른 자기표현 기술들을 높이는 데 도움을 준다. 누구든 능력 있어 보이기 위해 노력할 수 있다. 여기에다 인기까지 있으면 유능하다는 인상은 확정적으로 각인된다. 실제로 똑같은 능력을 가지고 있다고 가정했을 때, 후광 효과로 인해 인기 있는 사람은 인기 없는 사람보다 더 유능하다고 여겨질 가능성이 높다."[5]

실제로 인기를 높이는 가장 간단한 기술은 고전적인 비위 맞추기인데, 이는 통상 성공한다.[6] 면접에서 처음 자기소개를 할 때 면접관의 환심을 얻은 구직자는 더 뛰어난 사람으로 인지되며, 채용될 확률도 높아진다. 직장생활에서도 비위를 맞출 줄 아는 사람들이 더 나은 평가를 받으며, 고속 승진한다. 그들의 월급도 가파른 상승곡선을 그린다. 이런 효과는 윗사람이 평가자일 경우에만 관찰되는 것이 아니다. 직원의 비위를 맞추는 관리자는 설득력이 더 큰 사람으로 인식되어, 자신의 의견을 더 잘 관철시킬 수가 있다.

그렇다면 매일같이 상대방이 얼마나 훌륭하고, 그의 아이디어가 얼마나 빛나며, 그가 얼마나 멋진 사람인지를 예찬하라는 것인가? 꼭 그런 것만은 아니다. 이 장에서 나는 구체적인 연구의 결과들을 당신에게 보여주고, 인기를 높이기 위한 기술들 중 어떤 것들이 실제로 효과가 있는지 이해하도록 돕고자 한다. 놀랍게도 실천하기 쉬운 연구 결과들이 많음에도 학문 영역 밖에서는 거의 알려져 있지 않다.

먼저, 인기를 얻기 위한 3가지 결정적 방법은 다음과 같다.[7]

① 비위 맞추기other enhancement

② 의견의 일치opinion conformity

③ 호감을 얻는 자기 서술self-enhancement

위의 3가지 방법에 관해서는 이어서 자세히 이야기하겠다.

▼

상대방의 특별한 점을 발견해내라

조 지라드Joe Girard는 기네스북에 4개의 기록을 올렸다. 그것도 세계에서 가장 성공한 세일즈맨 항목에서. 시칠리아 이민자의 아들로 태어난 그는 잠깐 학교에 다니다 그만둔 후, 구두닦이 일을 시작했다. 서른세 살에야 비로소 미시간주에 위치한 쉐보레자동차 매장에 취직했는데, 근무 첫날부터 자동차 한 대를 팔아 동료들의 이목을 끌었다. 그 후 그는 하루에 18대까지, 연간 평균 거의 1,000대의 자동차를 판매했다.

지라드의 성공비결은 단순했다. 그는 고객에게 자기가 그들을 좋아한다는 사실을 일깨워주었다.[8] 그다지 섬세한 방법도 아니었다. 매달 고객에게 카드를 한 장씩 보냈는데, 그 앞면에 'I like you'라는 글만 써서 보냈다. 지라드는 카드의 내용이 단순한 비위 맞추기일 뿐이라는 것을 고객들도 분명히 알고 있을 것이라고 생각했다. 그런데도 효과는 엄청났다!

심리학 연구도 지라드의 방식이 옳았음을 확인해준다. 실험 참가자들이 자신의 도움을 필요로 하는 사람에게서 칭찬을 듣는다면, 칭찬이 사실이든 아니든 비위를 맞춘 사람의 인기는 높아졌다.[9] 심지어 비위를 맞추려 한다는 것이 아주 분명히 눈에 보이는 경우에도 말이다. 사람들은 자신에게 만족하려는 욕구가 강하기 때문에, 고전적인 비위 맞추기라는 사실을 눈치챈다 해도, 어느 정도까지는 기분 좋게 듣는 것 같다.

일부러 비위를 맞추는 티가 덜 날 경우, 그 효과는 더욱 강력해진다.[10] 그러니까 당신이 상대에게 그 어떤 의도도 갖지 않았을 때, 일터보다는 편안한 회사 야유회 같은 데서 친절한 말을 한다면 말이다.

심리학자 E.E. 존스는 '선의 비축'이라는 말을 하면서, 가능하면 일찌감치 그런 것을 만들어두어야 한다고 말한다. 당신이 한 칭찬을 다른 사람의 입을 통해 상대방이 듣게 된다면, 효과는 더할 나위 없이 좋다. 당신이 아는 사람들 앞에서 그를 칭찬하는 것을 남들도 들었으니, 그야말로 효과 만점이다.

"이런 말이 실례가 될지도 모르지만……"이라는 말로 칭찬을 시작하는 것도 좋은 방법이다.[11] 비판이 이어질 것이라는 상대방의 예상과 달리 칭찬이 이어지면 상대의 기쁨은 배가 된다.

이때, 칭찬이 지나치게 일반적인 것이 되지 않도록 주의하자. 칭찬은 그 사람만을 향한 것일수록 효과가 좋다. 회의를 마친 후 동료에게 건네는 "수고하셨어요" 하는 인사 치레는, "모든 사람들을 한 테이블로 불러 모아, 명쾌한 논리로 설득하는 모습이 정말 인상적이었습니다" 같은 구체적인 칭찬보다 효과가 적다.

사리에 맞지도 않는 칭찬을 날조해서도 안 된다. 상대방에 대한 존경심과 정직한 관심만 있다면, 충분히 칭찬할 거리를 찾아낼 수 있다. 미국 작가인 랄프 왈도 에머슨Ralph Waldo Emmerson의 말을 떠올려보자. "내가 관계 맺는 모든 사람은 어떤 점이 되었든 나보다 우월한 부분이 있으니, 나는 그들 모두에게서 배울 수 있다."[12]

다른 사람들의 특별한 재능이나 개성을 찾아내라. 새옷에 달린 태그 수집 같은 약간 기묘한 취향을 발견한다 해도, 이 사람이 얼마나 정열적으로 그 일에 몰두하는지를 알게 된다면 존경심은 커질 것이다.[13]

'존경respect'이라는 단어는 라틴어로 '한 번 더'라는 뜻의 're'와 'spectare'가 합쳐진 말로, '한 번 더 바라보기'라는 뜻이다. 첫눈에는 상대방에게서 아무런 특별함도 찾아내지 못했지만, 한 번 더 곰곰이 살펴보면 반드시 무언가 빛나는 점을 발견하게 될 것이다.[14]

상대방에게 충고를 구하는 것은 존경심을 표현하는 최고의 방법이다. 단순히 상대방의 지성을 찬양하는 것이 아니라, 그가 당신의 처지에 있다면 어떻게 할지를 묻는 것이니 말이다.[15] "항상 지각하는 A가 어떻게 하면 출근시간을 지키게 할 수 있을지 정말 모르겠어요. 당신이라면 어떻게 할 건가요?"라고 질문을 던져보자. 상대방은 분명 내심 기뻐할 것이다.

▼

"당신이 나를 완전히 납득시켰네요!"

서로 호감을 가진 대화상대자들은 불과 몇 분 만에 서로 같아진다. 여기서 '카멜레온 효과'라는 말이 나왔다. 자세, 어휘 선택, 말하는 속도, 표정, 심지어 악센트까지 좋아하는 사람들은 점점 서로를 닮아간다.[16]

호감을 얻기 위해서 의도적으로 상대방을 거울에 비춘 듯이 따라할 수도 있다. 아일랜드 출신의 작가이며 멋쟁이 신사였던 오스카 와일드Oscar Wilde의 말을 빌리면 이러하다.

"흉내 내기는 가장 솔직한 비위 맞추기의 방식이다."

다양한 의견이 표출되는 것이 훌륭한 가치라고 믿지만, 사실 우리는 자신과 같은 의견을 지닌 사람들을 좋아한다.[17] 의견의 일치는 인기에서 특별히 중요한 사항이다. 타인에게 영향을 미치는 모든 기술을 서툴게 행동으로 옮겨서는 안 되지만, 인기에 관해서는 특히 그렇다. 우리는 어느 정도의 조작을 꿰뚫어보는 법을 이미 터득하고 있기 때문이다.

이런 이유에서 인기에 대한 연구는 특히 기술을 대놓고 내보이지 않도록 하는 데 집중되어 있다. 그렇지 않았다가는 원래 의도와는 정반대의 결과에 도달할 것이기 때문이다. 그 누구도 아무에게나 칭찬을 '내던지고' 다니는 사람을 좋아하지는 않을 것이므로.

우리는 아주 서툰 솜씨로 상대방의 모든 말에 동의를 표할 수도 있다. 하지만 그보다는 하나의 주제에 대한 생각을 공개적으로 내뱉기 전에, 상대방의 의견을 미리 파악해두는 편이 낫다.[18]

이 분야를 연구한 E.E. 존스는 상대방의 의견을 조심스럽게 하나하나 따져보거나, 제3자에게 물어볼 것을 권한다. 그런 다음, 같은 낱말을 붙잡아서 같은 뜻으로 들리는 의견을 내놓으라고 충고한다. 물론 정직하지 않다는 인상을 남기지 않는 데 유의하면서 말이다.[19]

모든 사안에 대해 상대와 같은 의견을 내야 한다는 말인가? 그렇지는 않다. 전체적인 의견이 완전히 똑같지 않아도, 중요한 지점에서만 같으면 된다. 핵심 가치를 공유한다면, 이는 나머지 모든 면으로도 긍정적으로 퍼져나간다. 중요하지 않은 주제에서 다른 의견을 내는 것은 인기에 크게 해를 끼치지 않는다.[20]

여기서 중요한 점. 당신의 의견에서 상대방과 같은 지점은 단호하게 말하고, 다른 부분들은 불확실하게 표현해라. 또한, 상대방의 의견을 곧바로 인정하는 것보다 처음에는 다른 의견을 제시했다가 몇 분간 토론을 거쳐 같은 의견이 될 때가 더욱 효과적이다. 당신의 의견을 바꾸어, 상대에게 동의를 표할 때는 상대에게 이렇게 말해보자.

"좋아요, 당신이 나를 납득시켰네요."

그러면 의견의 일치를 볼 뿐만 아니라, 논점들에 대해 충분히 숙고했다는 인상까지 일깨운다.[21]

단, '거짓말 탐지deception detection' 전술을 조심할 것. 상대방의 의견에 동의를 표시할 경우, 상대방이 당신의 진정성을 시험해보기 위해 자기 의견을 180도 다르게 돌리는 일, 즉 갑자기 반대 논점을 제시하는 일이 일어날 수가 있다. 이때, 상대에게 맞추어 재빨리 의견을 바꾸면 당신의 전략이 전부 들통나고 만다.[22]

의견의 일치가 실제로 어떻게 작용하는지를 이른바 '소칼 논쟁'이 보여주었다. 미국의 물리학 교수인 앨런 소칼Alan Sokal은 명망 있는 학술잡지인 「소셜 텍스트」에 '경계 넘어서기 : 양자 중력의 변형 해석학을 향하여'라는 제목의 논문을 발표했다.[23]

잡지가 발행되는 날, 소칼은 자신의 속임수를 폭로했다.[24] 이 논문은 공허한 명제들로 구성된 것이며, 실질적으로 아무 의미도 없는 문장들의 나열이었다. 하지만 그것은 저자의 좌파 성향을 알려주는 문장들을 잔뜩 담고 있었다. 「소셜 텍스트」 잡지 평론가들 중 대다수는 강한 좌파 성향을 가지고 있었다. 이로써 소칼은 정치적 견해를 포함해 겉보기에 수신자와 동일한 의견을 가지고 있다면, 아예 공허한 헛소리로도 논문이 통과될 수 있음을 보여주었다.

▼

공통점이 갖는 엄청난 의미
: 비슷한 것들끼리 끌린다는 가설

칭찬만으로 다른 사람의 마음을 얻기는 어렵다. 다른 사람을 띄워주는 데서 그치지 말고, 자기 자신도 올바른 조명을 받도록 해야 한다.[25] 좋은 소식은 우리가 이 점에서 본능적으로 매우 뛰어나다는 사실이다.

어떤 실험에서 실험 참가자들에게 긍정적인 인상을 만들어내라는 과제를 주었다.[26] 거의 모든 참가자들이 특별한 준비 없이도 성공했다. 우리는 어떻게 하면 상대의 호감을 얻는지를 생각보다 훨씬 더 잘 알고 있다. 상대와의 공통분모를 찾는 것이 그 대표적인 예다.

공통점이 갖는 엄청난 의미는 아직 완전히 알려지지 않은 것 같다. 이는 '비슷한 것들끼리 끌린다는 가설'이라는 개념으로도 알려진 것이다.[27] 미국 심리학자 로버트 치알디니는 자동차 영업사원들의 전설적인 판매 기술을 직접 알아보려고 익명으로 어떤 자동차 판매소에 취직했다.

그에 따르면 영업사원들은 고객과 자신의 비슷한 점에 주목하라는 교육을 받는다. 예를 들어, 고객의 가방에서 골프공을 보았는데 자신도 취미로 골프를 친다면 "이번 주말에는 골프 좀 치러 가게 날씨가 좋아졌으면 좋겠어요"라고 말하는 것이 좋다고 말이다.

나이, 종교, 정치적 성향, 심지어는 피는 담배의 종류 등 아주 작은 공통점도 상대방의 호감을 높인다.[28] 상대에게 당신이 언제나 그와 같은 편이라는 것을 보여주고, '나'라는 말 대신에 '우리'라는 말을 써라. 무엇보다도 적극적으로 공통점을 찾아보고 출신지역, 학교, 생일, 또는 함께 알고 있는 친구가 있는지 등을 탐색해라.[29]

그 과정에서 당신 자신에 대한 정보도 노출시켜야 한다. 개방성은 호감과 신뢰도를 높이는 데 중요한 역할을 하기 때문이다.[30] 당신 자신에 대해 이야기해라. 예를 들면 이번 휴가 때는 어디로 여행을 떠날 계획인지, 어느 나라의 요리를 좋아하는지, 지금 어떤 책을 읽고 있는지 등을 말해라.

잘 알지도 못하는 사람에게 당신의 이야기를 꺼내놓기 싫다고? 개인적인 것을 내놓으라는 것이지, 내밀한 것을 털어놓으라는 말이 아니다. 성적 취향처럼 내밀한 것을 내보이는 사람은 오히려 인기가 떨어진다.[31] 프라이버시가 침해되지 않는 범위 내에서 자신의 이야기를 털어놓아라. 이때, 당신이 내놓은 정보가 스스로에게 나쁜 조명을 비추는 것이어서는 안 된다. 누가 실패자와 함께 일하고 싶겠는가?[32]

자신의 이야기를 털어놓는 것은 그밖에 또 다른 이점을 갖는다. 상대방과의 심리적 거리가 급격히 가까워지는 것이다. 상대는 자신도 모르는 사이, 자신의 이야기를 당신에게 할 수도 있다. 이로 인해 당신은 상대에 대해 더 많은 것을 알게 되고, 그를 더 잘 평가할 수 있게 된다.[33]

▼

될 사람은 뭘 해도 되고,
안 될 사람은 안 되는 이유

100년도 더 전에 미국 심리학자 에드워드 리 손다이크Edward Lee Thorndike는 처음에는 아무 의미도 없어 보였으나, 나중에 가히 혁명적인 것으로 드러난 실험을 했다. 장교들이 체력, 지성, 질서 의식, 지도자로서의 자질, 충성심, 신뢰성 등의 여러 항목들을 고려하여 부하들을 뽑는 실험이었다.[34]

여기서 손다이크는 거의 대부분의 경우에 한 사람에 대한 개별적 평가들이 한결같이 긍정적 혹은 부정적 경향성을 드러낸다는 사실을 밝혀냈다. 그러니까 단정하다고 평가받은 사람은 충성스럽다는 평가도 받는다. 지적으로 보인 사람은 체력도 좋다고 간주된다. 지원자들은 철저히 긍정적 혹은 부정적으로 평가되었다.

손다이크는 이런 현상을 '심리평가에서의 지속성 오류'라고 명명했다. 그는 자신의 연구를 이용하여 후광 효과를 설명했다. 후광 효과에 대해서는 3장에서 말한 바 있다. 다시 설명하자면 이렇다. 긍정적인 소식은 나머지 모든 것에 긍정적인 빛을 비추고, 부정적 소식은 부정적인 빛을 비춘다. 후광 효과는 겨우 몇 개의 지점에서 시작해, 한 사람에 대한 전체적인 인상에 골고루 영향을 미친다.

학창 시절을 떠올려보자. 모든 과목에서 우수한 점수를 받는 우등생이 있었을 것이다. 교사에게 우등생으로 인정받은 학생은 특별한 노력을 기울이지 않아도 계속해서 우수한 성적을 거둔다.

이미 각인된 인상을 변화시키기 어려운 것은 열등생도 예외가 아니다. 이미 오래전에 담당 교사에게 열등생으로 낙인찍혔다면, 그는 실제 성과와는 무관하게 좋은 점수를 받지 못할 가능성이 높다. 물론, 교사의 주관적인 평가 점수에 한해서 말이다. 이는 교사뿐 아니라 각계각층의 리더들도 빈번히 저지르는 실수다. 직원들에 대한 리더의 평가는 극소수의 인자들에 근거를 둔다.[35]

긍정적 양상도 부정적 양상도 전체 이미지에 반영되고, 전체 이미지는 보이는 능력으로 연결된다. 당신이 한 영역에서 좋은 성과를 내면, 이런 인상은 다른 영역에도 영향을 미친다.[36] 이른바 '연관성에 이르는 오솔길'은 극단적으로 길어질 수도 있다.

다른 말로 하면 이렇다. 전혀 무관한 요소들이 당신의 보이는 능력에 영향을 미치고, 우회로를 거쳐서 유능함이 긍정적으로 발현되도록 해줄 수 있다. 친절함, 세련된 매너, 교양 등이 그것이다. 따라서 긍정적인 전체 인상은 극히 중요하다. 그러므로 언제나 친절하고 예의바르고, 상대방을 주목하며, 세련된 모습을 보이도록 노력해라.

후광 효과를 이용해 긍정적 양상들을 보강할 수 있다. 확증 편향을 다룬 2장에서 언급했듯이, 사람들은 자기가 관찰한 것을 이미 받은 인상에 맞추곤 한다.[37] 직원에게 호감을 느끼는 상사는 주로 긍정적 행동을 보고, 기억한다. 직원들이 처음부터 부정적으로 인지되었다면 반대의 일이 일어난다.[38]

그러므로 처음에 어떤 인상이 생기면, 모르는 사이에 그것은 더욱 강화된다. 그리고 유감스럽게도 부정적인 인상이 지배적일 경우, 이런 효과는

매우 강력하다. 구직자가 칙칙한 넥타이를 매고 면접에 나타난다면, 센스
있는 넥타이가 주는 긍정적인 인상보다 더욱 강력하게 부정적인 효과를
낸다. 따라서 최대한 부정적인 인상을 남기지 않으려 노력하는 것이 중요
하다.

좋아하는 마음은 상대를 무장해제시킨다

호감은 인기와 매력의 총체다. 보이는 능력과 인간적인 호감은 서로 대치된다는 생각이 오랫동안 널리 퍼져 있었다.[39] 이런 관점에 따르면 '비호감'인 사람이 유능한 사람으로, 호감을 일으키는 사람은 상대적으로 능력이 부족한 사람으로 여겨졌다.[40]

하지만 최근의 여러 연구들은 이 둘 사이의 후광 효과가 무겁게 작용한다는 사실을 확인했다.[41] 호감은 보이는 능력을 높여준다. 역으로 유능함 역시 호감을 높여준다.[42]

호감은 사람을 무장해제시킨다. 우리는 매력적이고 인기 많은 사람에게 기꺼이 설득 당한다.[43] 심지어는 이런 사람이 자신의 이익을 얻기 위해 나에게 친절을 베푼다는 사실을 알았을 경우에도 그렇다.[44] 그에 반해 매력과 인기가 없는 사람들과 관계를 맺어야 한다면, 우리는 자신도 모르는 사이 그에게 무의식적인 벽을 쌓아 올린다.

인기와 매력을 높이는 법을 다룬 이 장의 내용을 통해, 당신은 간접적 이익을 얻을 수 있다. 인기와 매력이 자신의 판단을 얼마나 많이 흐리는지 의식해보자. 그렇다고 TV 광고 속 연예인의 모습에서 당장 눈길을 떼라는 말은 아니다. 객관적인 상품의 이점이 아니라 연예인의 매력에 홀려 지갑을 열고 있지는 않은지 한번 더 생각해보라는 뜻이다.

에드워드 리 손다이크가 발견한 후광 효과의 보편적 작용은 거듭 놀랍다. 어떤 레스토랑이 한 번 건강식을 낸다는 평가를 받으면, 고객들은 이 식당이 내놓는 모든 음식에서 칼로리 함량을 무시하는 경향을 보인다.[45] 그러니까 당신이 '호감형 인간'으로 인식되면, 당신의 모든 말과 행동이 긍정적인 조명을 받게 된다.

상대의 호감을 얻는 3가지 열쇠

❶ 비위 맞추기

- 일찌감치 '선의를 비축'해라.

- 은근슬쩍 상대를 계속해서 칭찬해라.

  칭찬은 가능한 한 구체적으로 할 것.

- 존경심과 정직한 관심을 보이고, 충고를 구해라.

- 상대에게 중요한 일들을 이야기해라.

- 호의를 베풀고, 선물을 해라.

- 어휘 선택, 말하는 속도 등을 상대에게 맞춰라.

❷ 의견 일치

- (중요한 일들에 대해) 상대방이 의견을 말하기 전에,

  그의 의견에 동의를 표시해라.

- 의견이 같을 경우에는 단호한 태도로,

  그밖에는 불확실한 태도로 말할 것!

- 상대에게 기꺼이 설득당해라.

❸ 호감을 주는 자기 서술

- 모든 공통점을 드러내라.

- 당신 자신에 대해 이야기해라.

Chapter 8

아무도 흉내낼 수 없는 '아우라'를 만드는 법

세상은 업적 자체보다
업적이라는 겉모습에 보상을 해줄 때가 더 많다.

— 프랑수아 드 라로슈푸코François de La Rochefoucauld

▼

저커버그의 도발
"다보스포럼엔 슬리퍼 신고 가면 안 돼?"

마크 저커버그Mark Zuckerberg가 맨발에 삼선 슬리퍼를 신고 다보스포럼에 등장했을 때 무슨 일이 일어났던가? 스티브 잡스가 청바지와 검정 목폴라를 입고 신제품 발표회장에 들어섰을 때는 또 어떤가? 두 신사는 그 덕분에 세상의 놀라움을 불러일으켰으며,[1] 슬리퍼와 목폴라는 그들을 상징하는 '트레이드 마크'가 되었다. 높은 지위를 차지한 사람들은 구두, 양복과 같은 고전적인 지위의 상징들을 보란 듯이 포기함으로써 지위를 더 높일 수가 있다.[2] 파격이 곧 품격이 되는 것이다.

학자들에 대한 어떤 연구는 가장 많은 성과를 낸 학자들이 가장 편안한 복장으로 학회에 나타난다는 사실을 밝혀냈다.[3] 또한 '빨간 운동화 효과'라는 말도 있다. 사람들이 정장 구두를 갖고 있을 경우에만 빨간색 운동화를 신는다는 말이다. 서양 문화권에서 개인주의와 독립성은 특히 높은 평가를 받는다. 그래서 관습과의 아주 명백한 '불일치nonconformity'는 더 높은 지위로 연결되고, 보이는 능력을 직접적으로 높인다.

여기에서 결정적인 전제 하나는 어느 정도 존경받는 위치에 있는 이들, 곧 자기 분야에서 의심의 여지가 없는 전문가나 회사 임원 혹은 CEO에게만 '불일치'의 기술이 제한적으로 허용된다는 것이다.

또 다른 전제는 의도적으로 통상적인 규범을 넘어섰음을 분명히 해야 한다는 것이다. 그래야만 당신의 파격이 단순히 어설픈 객기로 해석되거나, 보는 이로 하여금 눈살을 찌푸리게 만들지 않고, 자의식이 있는 행동으로 해석된다.

이와 반대로 이런 불일치가 어쩌다 보니 그냥 일어났거나, 또는 자신의 개성을 전면에 내세우려는 시도가 자신의 현재 위치를 넘어섰을 경우에는 반드시 실패한다. 예를 들어, 수습사원이 공식적인 자리에 넥타이를 매는 대신 숄을 두르고 온다면, 사람들은 그를 얼간이로 여길 것이다. 촉망받는 벤처기업의 창업자가 그런 특별한 패션을 선보인다면, 패션을 통해 자신의 혁신적 면모를 보여준다고 평가받을지도 모를 일이지만 말이다.

통상적인 경우, 적절한 의상을 선택하는 것은 상대를 향한 존경심의 문제이기도 하다. 나는 목폴라 차림으로 결혼식에 가지 않으며, 티셔츠 차림으로 고객을 만나지 않는다. 격식을 갖춘 옷차림을 통해 상대를 향한 존경심을 표시하기 위해서다.

문신에 대한 반응도 이런 맥락에서 살펴볼 수 있다. 오늘날 문신은 충격 효과를 잃어버렸고, 상대적인 영향력도 약해졌다. 하지만 여전히 문신에 대해 부정적인 편견을 가진 이들이 많은 것이 사실이다. 더욱이 나이든 사람들을 상대할 경우에는 이런 부분까지도 염두에 둘 필요가 있다.[4]

마크 저커버그는 다보스포럼에 삼선 슬리퍼를 신고 등장해,
세상의 놀라움을 불러일으켰다.

외모가 아닌 실력으로만 평가받을 수 있을까?

얼굴, 몸매, 옷차림 등의 겉모습이 아니라 온전히 실력만으로 평가받기를 원하는가? 유감스럽게도 심리학자 중 외모의 위력을 의심하는 사람은 없다. 연구 결과는 당신의 기대와 다른 '불편한 진실'을 일깨워준다.

대학생들은 외모가 번듯한 교수가 더욱 유능하다고 평가한다.[5] '호감형 외모'의 소유자들은 낯선 사람의 도움도 잘 받는 편이다.[6] 또한 그들은 그렇지 않은 사람들보다 최대 10배 더 많은 임금을 받으며, 승진도 더 빠르다.[7] 외모가 깔끔하고 단정한 정치인들은 그렇지 않은 후보보다 더 많은 표를 얻는다.[8] 이것은 미국[9], 호주[10], 핀란드[11], 그리고 독일의 노르트라인 베스트팔렌주[12]에서 맞는 말이다. 또한 외모가 준수한 사람들은 일반적으로 더 설득력이 있다고 여겨진다.[13]

누군가에게 특정 인물에 관해 설명해달라고 하면, 거의 언제나 가장 먼저 서술되는 것이 외모다.[15] 외모는 분명하게 겉으로 드러나는 특징이며, 내적인 면모들과는 달리 항상 눈에 보이기 때문이다. 실제로 외적인 매력이 첫인상의 대부분을 결정하는데, 3장에서 말했듯 첫인상은 보이는 능력에 특히 중요하다.[15]

처음 본 상대를 판단하는 데 외모가 얼마나 영향을 미치느냐고 물어보면, 대부분의 사람들이 손사래를 치며 부인할 것이다. 하지만 실험을 통해 살펴보면, 사람들이 얼마나 빈번하게 다른 사람의 외모를 성격과 연결 짓는지가 아주 분명해진다.[16] 심지어 오랜 시간 알고 지내서 상대방에 대해

이미 많은 것을 알고 있는 경우에도, 외모의 영향력은 줄어들지 않는다.[17]

외모가 매력적인 사람들은 분명 여러 긍정적인 특성을 가졌다고 여겨진다. 그들은 더 지적이고, 호감이 가고, 유머 감각이 뛰어나다고 인지되는 것이다.[18] 또한 더 유능하다는 평가를 받으며, 그들의 말은 더 큰 설득력을 지니게 된다.[19]

그렇다면 능력을 인정받기 위해 모두 영화배우 뺨치는 얼굴과 체형을 지녀야 한단 말인가? 물론 그렇지 않다. 때와 장소, 그리고 무엇보다도 자신의 개성에 맞는 옷차림과 애티튜드를 갖춘다면 충분히 긍정적인 인상을 각인시킬 수 있다.

▼

옷과 신발, 볼펜과 지갑이 말해주는 것
: 지위 상징

어떤 실험에서 실험 참가자가 붉은 신호등이 켜졌을 때 횡단보도를 건너도록 했다. 한 번은 노동자의 작업복 차림으로, 한 번은 셔츠와 넥타이를 갖춘 우아한 신사복 차림으로.[20] '노동자'의 뒤를 따른 사람들보다 '신사'의 뒤를 따라간 사람들이 3.5배나 더 많았다.

또 다른 실험에서는 공중전화박스에서 깜빡 잊고 잔돈을 두고 갔을 때, 다음 사람이 돈을 건네줄 확률을 살폈다. 멀끔한 옷차림을 한 사람에게 더 많은 사람들이 기꺼이 돈을 건네주었다.[21] 신사의 옷차림처럼 특정한 지위를 상징하는 소지품을 '지위 상징 status symbol' 이라고 부른다.

계급장이 빼곡하게 매달린 군복은 대표적인 지위 상징이지만, 군복 이외에도 모든 의상은 저마다 특정한 지위를 보여준다. 옷차림만으로 신분을 첫눈에 확인하기 어려운 직업 종사자의 경우에도 의상은 신뢰성, 보이는 능력 등에 직접 영향을 미친다.[22]

대부분의 사람들은 옷을 잘 차려 입은 사람을 그렇지 않은 사람보다 긍정적으로 인지한다.[23] 그러니 우리는 처음부터 다른 어떤 지위 상징보다 더욱 의식적으로 의상을 활용할 필요가 있다. 진지하다는 인상을 주고자 한다면 정장을, 호감을 얻고자 한다면 편안한 옷차림을 선택하자.[24]

그러나 자신의 옷차림에 상대적으로 큰 가치를 두지 않는 이들도 많다. 지금 당신은 무엇을 입고 있는가? 당신은 신중하게 그 의상을 골랐는가? 어떤 연구에서 행인들에게 지금 입고 있는 옷을 선택한 이유를 물어본 결과, 원래 좋아하는 패션 스타일과 실제로 입은 옷 사이에 별다른 연관성이 없다는 사실이 드러났다.[25] 대부분의 사람들은 어떤 효과도 염두에 두지 않고, 그저 입기 편한 옷을 옷장에서 꺼내 입고 나왔다.

옷을 고를 때는 무엇보다도 원하는 지위를 상징하는 데 초점을 맞추어야 한다. 당신의 현재 지위에 어울리는 옷이 아니라, 당신이 장차 갖고자 하는 지위에 어울리게 입으라고 조언하는 미국 격언도 있다. 초기에 맥킨지 컨설턴트들이 변호사의 패션을 열성적으로 따라 했듯이, 당신도 목표하는 지위에 어울리게 입는 것이 좋다.

명품 정장을 살 돈이 없는데, 어떻게 그렇게 입냐고? 대량생산의 시대에 당신은 많은 돈을 들이지 않고도 기품 있는 의상을 구입할 수 있으며,

약간의 수선을 거쳐 당신 몸에 딱 맞출 수도 있다. 명심해라. 옷장을 가득 채운 그저 그런 옷 20벌보다 2벌의 훌륭한 의상이 더 낫다.

절대로 자신의 지위를 뽐내라는 말이 아니다. 옷을 비롯해 당신을 둘러싼 모든 것들을 신중하게 고르라는 말이다. 영리한 공증인은 계약서에 값싼 볼펜보다는 만년필로 서명하는 편이 낫다는 것을 안다. 은행원은 플라스틱 서류철보다 가죽가방을 드는 게 왜 좋은지를 알고 있다.[26]

당신의 사무실 책상을 유심히 살펴보자. 책상 위에 놓여 있는 물건들은 의도적으로 배치된 것인가, 아니면 당신은 그냥 우연히 모인 잡동사니의 한가운데 앉아 있는가?

난방장치를 고치기 위해 기술자를 불렀다고 상상해보자. 이 사람이 공구 몇 가지를 낡은 비닐봉지에 담아서 나타났다고 치자.[27] 기술자에 대한 당신의 신뢰는 바닥나지 않겠는가? 이와 마찬가지로 당신 책상 위에 놓인 물건들도 다른 사람들에게는 당신의 유능함을 가늠할 수 있는 근거가 된다.

맥킨지의 전 CEO인 마빈 바우어Marvin Bower는 컨설턴트들에게 이런 이야기를 했다.

"최고 지휘부에 속한 사람들이 우리에 대해 갖고 있는 이미지가 우리 회사의 평판에 큰 영향을 줍니다. 우리가 고객들에게 하는 홍보성 멘트보다 훨씬 더 큰 영향을 미치죠.

모든 이미지는 수많은 소소한 일들이 합쳐져서 만들어집니다. 예를 들면, 영국의 정상급 CEO 한 사람은 우리 컨설턴트들이 그의 직원들과 인간적으로 어떻게 소통하느냐는 질문을 받고 이렇게 대답했죠. '모든 게 좋습니다. 그들은 심지어 영국인들이 즐겨 매는 패턴의 넥타이까지 매고 있는 걸요'라고 말입니다."

'무엇이 지위 상징이고, 무엇이 아닌가' 하는 것은 직업군과 회사의 분위기에 따라 달라진다. 하지만 사람들은 보수적인 은행에서든 혁신적인 스타트업 기업에서든 반드시 어떤 상징을 찾아낸다. 글로 쓰이지는 않았지만, 지켜야 할 조직적 규범의 목록은 어디에나 존재한다.[28] 이는 해당 조직에 속한 구성원의 지위를 높이기 위해서도 지켜야 할 규범들이다.[29]

젊은 감각을 어필하려는 CEO들은 넥타이에 신경 쓰지 않을지언정, 나이키에서 새로 출시된 스니커즈를 사려고 줄을 서서 기다린다. 마오쩌둥 毛澤東 통치 시절, 중국에서 가장 열렬한 공산주의자들은 눈에 띄지 않는 무채색 작업복 차림으로 돌아다녔다. 하지만 사실 이 작업복은 섬세한 이탈리아 무명실로 만든 최고급 의상이었다.

▼

회사 밖 사람이 나의 지위를 판단하는 6가지 지표

1968년, 미국 심리학자 앤서니 둡Anthony Doob과 앨런 그로스Alan Gross는 유명한 실험을 했다. 빨간불이 켜진 신호등 앞에 자동차를 세우고는 파란불로 바뀌어도 그냥 계속 멈추어 서 있는 실험이었다.[30] 이 실험을 위해 그들은 고급 외제차와 값싼 브랜드의 오래된 차를 준비한 후, 자동차 브랜드가 뒤에서 기다리는 사람들의 반응에 어떤 영향을 미치는지를 관찰했다.

늑장부리는 오래된 차를 보고 기다리던 운전자들은 불쾌감을 드러냈다. 거의 모든 자동차가 경적을 울렸고 일부는 여러 번이나 울려댔는데, 그중 2대는 범퍼를 들이받았다. 그에 반해, 고급 외제차에는 기다리는 차들 중 절반만이 경적을 울렸다. 길을 가로막은 외제차가 신호등이 다시 빨간불로 바뀌기 직전 출발할 때까지, 대다수의 운전자가 참을성 있게 기다렸다.

하지만 다른 실험 참가자들에게 "당신이라면 이런 상황에서 어떻게 행동하겠는가?"라고 물었더니, 대부분의 사람들이 값싸고 오래된 차보다는 값비싼 외제차를 향해 경적을 울릴 것이라고 대답했다. '대체 이 시건방진 자가 무슨 생각을 하는 거야?' 하는 따끔한 경고의 뜻으로 말이다. 그러나 우리 모두가 알고 있듯이, 실제 결과는 전혀 달랐다. 둡과 그로스의 연구는 지위 상징이 얼마나 강력하게 작용하는지를 단적으로 보여준다. 이런 반응이 얼마나 무의식적으로 이루어지는 것인지도.

높은 지위의 사람들에게 우리가 얼마나 많은 영향을 받는지를 악명이 자자한 '밀그램Milgram 실험'도 보여준 바 있다. 이 실험에서 실험 참가자들은 실은 배우였던 다른 참가자에게 강한 전기충격을 가했다.[31] 어째서 참가자들은 그런 끔찍한 짓을 했을까? 흰색 가운을 입은 '교수'라는 사람이 그렇게 명령했기 때문이다.

높은 지위는 삶의 모든 영역에서 영향을 미친다. 이는 '지위 보편화status generalization'라 불리는 메커니즘이다.[32] 우리의 지위는 우리가 속한 전문 분야 안에서만 특정 서열에 자리를 배정해주는 것이 아니라, 사회에서 전반적인 지위를 고착화시킨다.[33] 그래서 최고의 의사가 내놓는 의견은 정치 영역의 논쟁에서도 중요하게 받아들여진다.

그러니까 일반적으로 높은 지위의 사람들은 더 큰 사회적 영향력을 갖고, 사람들은 그들의 말을 따른다.[34] 더 높은 지위가 더 큰 권위, 존경, 신뢰로 연결되는 것이다. 또, 모든 문화권에서 보이는 능력에 직접 영향을 미친다.[35]

어떤 연구에서 다음과 같은 지위 상징의 목록이 만들어졌다.[36] 아래의 6가지를 갖고 있다면, 회사 밖의 사람들은 당신을 회사에서 높은 지위에 있는 사람이라고 생각할 것이다.

❶ 공무용 자동차
❷ 개인 비서
❸ 명함에 적힌 높은 직함
❹ 당신 몫의 경비예산
❺ 회사 신용카드
❻ 사무실에 걸린 예술작품

그 밖에 자사 상품 할인 카드, 회사 피트니스 센터 무료회원권, 1층의 주차 자리 등도 회사 밖에서 만난 사람이 당신의 지위를 판단하는 데 영향을 미치는 사소하지만 중요한 지표들이다.

이처럼 어떤 지위 상징들이 실제로 힘을 갖는지를 알면, 우리는 우회하지 않고 곧장 보이는 능력을 높일 수 있다. 하지만 그렇게 분명한 요소들 말고도 자신의 지위를 더 높일 가능성들이 존재한다.

▼
어릴 적부터 몸에 밴 '거동'을 살펴라

5성급 호텔 로비에 있을 때면, 나는 사람들이 어떤 모습으로 등장하는지 관찰하기를 좋아한다. 어떤 사람들은 곧바로 호텔 직원의 날카로운 눈총을 받는다. 반면, 어떤 사람들은 직원들이 서로 미소를 보내며 극진히 대접한다. 진짜 고위층 인사들만 그런 대접을 받는 것은 아니다. 심지어 대접을 받은 사람들이 실제로 호텔 투숙객이 아닌 경우도 있다. 그렇다면 직원들은 어떤 기준으로 몇 초만에 고객을 '스캔'하는 걸까?

프랑스 사회학자 피에르 부르디외Pierre Bourdieu는 한 사람의 태도와 몸짓을 '거동habitus'이라고 부르는데, 겉으로 보이는 의상, 언어, 몸짓 등이 이에 속한다.[37] 5성급 호텔 직원뿐 아니라 우리도 누군가를 처음 만나면 순식간에 상대의 거동을 살피고, 그의 지위를 추측한다.

나는 거동보다 보이는 능력에 막강한 영향을 미치는 요소는 없다고 확신한다. 어릴 적부터 몸에 밴 거동을 바꾸는 건 결코 쉽지 않은 일이다. "3대가 지나야 신사 한 명을 배출한다"는 영국 속담처럼 말이다.

하지만 두려워 말고, 차근차근 변화를 시도해보자. 무엇보다도 사소한 실수를 경계해야 한다. 하위 계층임을 암시하는 한마디, 몸짓 하나에 보이는 능력은 땅으로 떨어질 수 있다. 물론, 그 반대의 예도 얼마든지 있다.

오늘날, 사회적으로 높은 지위를 누리는 직업 중 하나인 컨설턴트의 예를 들어보자. 사실, 초등학교만 나와도 컨설턴트가 될 수 있다. 심지어는 초등학교를 졸업하지 않아도 된다. 공인회계사, 의사, 변호사와는 달리 컨설턴트가 되기 위해서는 공식적인 절차를 밟지 않아도 된다. 컨설턴트들이 받고 있는 높은 보수와 좋은 대접을 생각하면, 그야말로 고약한 전제조건이다.

옥스퍼드대학교 교수인 크리스 매켄나Chris McKenna에 따르면 '세계에서 가장 새로운 형태의 직업'인 컨설턴트는, 직업군의 고유한 이미지를 만드는 과정에서 높은 지위에 있는 다른 직업군의 상징들을 차용했다.[38]

처음에 컨설턴트는 '경영 닥터'라는 이름으로 등장했다. 자기들의 활동을 의사와의 유사성을 들어 표현한 것이다. 그래서 자신들의 지식에 학문의 색깔을 입히고, 의사들이 그러하듯이 확고하고도 신중하게 행동할 것을 약속했다.

오랜 시간 맥킨지 대표를 지낸 마빈 바우어는, 의사와의 유사성을 강조하며 고객사를 '병든 회사'라고 서술하는 것이 컨설턴트의 이미지에 도움이 되지 않는다고 생각했다.

컨설턴트가 되기 전 변호사로 활동했던 그는, 의사 대신 변호사의 이미지를 차용하기로 했다. "법률적 다툼을 조정하기 위해 거대 로펌들이 있듯이, 경영 문제를 해결하기 위해 우리가 있다"고 당시 맥킨지는 자화자찬을 했다. 그런 전략이 먹혀서 맥킨지의 성공은 컨설턴트라는 직업군 전체에 광채를 퍼뜨렸다.

오늘날, 컨설턴트는 마빈 바우어가 계획했던 대로 변호사와 비슷한 사회적 지위를 누린다. 이처럼 자신의 거동을 더욱 면밀하게 검토하고, 상위 계층의 거동을 자신의 것으로 만든다면, 그에 걸맞은 대접과 보수는 당신의 몫이 될 것이다.

▼
리더는 고양이처럼 우아하게 꼭대기에 오른다

인간관계에서도 번번이 지위가 드러난다. 6장에서 이미 언급했듯이, 신체 언어는 지위에 상당한 영향을 미친다. 6장에 나온 예를 다시 들면, 자의로 테이블 머리에 자리 잡은 사람은 그룹의 주도자라고 인지된다.[39]

언어 소통을 다룬 5장에서는 파워토킹을 위해 없애야 할 군더더기를 다루었다. 망설이는 듯한 발언은 자신의 지위를 깎아 내린다. "어쩌면……" 이라는 말로 시작되는 말은 절대로 설득력을 가질 수가 없다. 어쩌자고 명료한 의견을 그토록 소심한 발언으로 빛바래도록 한단 말인가?

하지만 모든 문제에 대해 명료한 의견을 제시하기는 어렵다. 그럴 때는 재빨리 상대에게 질문을 던져라. 질문하는 사람은 원하는 방향으로 대화를 이끌어갈 수 있다. 질문을 통해 재빨리 상대방을 미지의 세계로 안내하고, 이어서 당신의 전문 지식을 활용해 지위를 확고히 할 수 있다.

질문한 다음에는 우선 침묵해라. 침묵은 권력을 보여주는 탁월한 수단이다. 쉬지 않고 지껄이는 궁궐의 어릿광대와는 달리, 왕은 침묵을 통해 통제력과 자신감을 드러내고 상대를 불안하게 만든다. 상대의 침묵을 겪는 사람은 상대방이 무슨 생각을 하는지 알 수 없기 때문이다. 침묵의 또 다른 부수적 효과 한 가지. 침묵을 통해 당신은 다른 방식으로는 절대 얻지 못할 정보들을 이끌어낼 가능성이 있다. 오로지 상대방이 침묵을 참지 못하는 덕에 말이다.

또 다른 영리한 전략은 상대를 칭찬하는 것이다. 통상 칭찬은 위에서 아래로 내려오는 법이니, 다른 사람을 칭찬함으로써 자신의 지위를 매력적인 방식으로 보강할 수 있다. 칭찬의 물리적 형태인 훈장에 대해 나폴레옹은 "장난감과 싸구려 장신구! 하지만 사람들은 이런 것에 이끌린다"라고 말했다.[40]

거래처의 사무실에 처음 방문했다면, 사무실 인테리어 중 마음에 드는 부분을 칭찬해라. 회의 시간에는 동료가 지난 번 미팅 때 기여한 부분을 칭찬해라. 하지만 언제나 정직해야 하는 법이니, 충분히 숙고한 후 칭찬할 만한 것을 찾아서 칭찬해야 한다.

왕이 신하들의 사사로운 권력 다툼에 끼어들지 않듯이, 당신도 불필요한 사내정치를 멀리하는 것이 좋다. 사내정치에 휘말려봤자 소인배로 여겨질 뿐이다. 오히려 다투기 좋아하는 사람들을 화해시켜라. 동료들이 미팅에서 싸움을 하면, 당신은 타협안을 제시해라.

적수들이 서로 악수하게 해라. 1993년, 빌 클린턴Bill Clinton이 이스라엘 전 대통령 시몬 페레스Shimon Peres와 팔레스타인해방기구 의장 야세르 아라파트Yasser Arafat 사이에 '오슬로 협정'을 이끌어냈던 것처럼. 그 때 찍은 사진은 클린턴의 재임시절 가장 유명한 사진 가운데 하나가 되었으며, '세계적 지도자 클린턴'이라는 위상을 만드는 초석이 되었다.

상대방에게 쉽사리 접근을 허용하지 않는 것도 리더에게 어울리는 거동이다. 1950년대에 이루어진 실험에서, 성에 관한 토론에 참석하고자 하는 사람들은 그 전에 이른바 '당혹감 테스트'를 통과해야만 했다. 그들은 어떤 책의 음란한 구절을 읽으면서 망설이거나 얼굴을 붉히지 않아야 했다. 연구자들은 참가자들에게 성에 대해 터놓고 이야기하는 데 문제가 없어야

한다는 평계를 댔다. 당시의 사회적 분위기를 고려하면, 이는 절대로 쉽지 않은 일이었다.[41]

당혹감 테스트와 토론이 모두 끝난 다음, 참석자들은 토론에 대해 매우 호의적인 평가를 내렸다. 실제로는 연구자들이 토론을 알맹이 없고 지루하게 구성했는데도 말이다. 여기서 흥미로운 연관성이 분명하게 드러났다. 참가자들이 통과해야 했던 '당혹감 테스트'에서 느낀 곤란함이 클수록, 그들은 이 토론을 더욱 긍정적으로 평가했다.

어려운 입회 과정을 거친 그룹의 회원들은 그룹의 일원이 된 것을 더욱 특별하게 여기고, 그룹의 활동에 더욱 열성적으로 동참한다.[42] 사람들은 일정한 비용이나 노력을 들이고 얻은 것을 가치 있게 여기기 때문이다.

이 사실이 일상생활과 무슨 상관이 있느냐고? 「하버드 비즈니스 리뷰」 지에 실린 기사의 제목은 '당신의 고객을 괴롭혀라(그들은 그것을 좋아할 것이다)'[43]다. 이는 곧 고객에게 쉽게 접근을 허용하지 말라는 뜻이다.

모든 사람에게 곧바로 이메일 주소, 사무실 전화번호, 휴대폰 번호 등이 인쇄된 명함을 주지 마라. 곧바로 다시 전화하지 말고, 모든 이메일에 즉시 답하지 마라. 그러지 않아도 당신을 찾고자 하는 사람은 결국 찾아낼 것이다. 남들이 열심히 찾아다니는 사람은 더 높은 지위를 갖게 된다.

지적 대화를 위한 가진 자들의 '교양 게임'

전 세계적으로 해마다 수백만 명의 사람들이 이른바 '학력 세탁'을 감행하는데, 이에 대해서는 허영심 말고도 다른 이유가 있다. 경제 및 비즈니스 분야 저널리스트인 호르스트 비알로Horst Biallo는 학력 세탁의 배경을 이렇게 꼬집는다.

"박사 학위를 가진 이들은 학위가 없는 동료보다 더욱 유능하다고 여겨진다. 더 큰 존경은 재빨리 현금으로 바뀐다. 사람들은 '박사님'의 요구를 훨씬 더 잘 받아들인다!"[44]

연구 결과 또한 비알로의 말을 뒷받침한다. 어떤 전공의 박사 학위인지도 크게 영향을 미치지 않고, 그냥 박사 타이틀 자체만으로 유능함이 인정된다. '법학 박사'가 자동차 영업사원으로 일해도 그의 지위는 자연스럽게 올라가고, 그는 분명 더욱 능력 있다고 인정받는다.[45]

박사 학위를 가진 사람과 갖지 않은 사람은 초봉부터 차이가 난다. 임원의 자리에 오르면 박사들은 최대 32%까지 더 많은 돈을 받는다.[46] 요즘 직장인들에게 인기가 좋은 MBA도 물론 이런 역할을 하는 중이다.

학위 이외에 회사 안에서의 직함도 중요하다. 서열이 특히 중요한 나라들, 예컨대 중국에서는 심지어 2개 국어로 된 명함도 널리 퍼져 있다. 내가 아는 한 중국인의 명함 한쪽 면에는 'PR Department Manager'과 같은 영어 직함이 쓰여 있다. 중국어로는 더욱 화려하게 '대중 소통 부서장'이라고 적혀 있다.[47]

어째서 더 많은 회사들이 그럴 듯한 직함을 부여하는 데 관심을 두지 않는지가 내게는 수수께끼다. 직함을 만드는 데는 돈이 들지 않지만, 직함은 회사 밖의 사람이 그 사람의 능력을 판단하는 데 어마어마한 영향을 미치기 때문이다.

직함의 위력을 알고 있는 CEO는 모든 직원들에게 '있어 보이는' 직함을 부여한다. 예를 들어, 브룬스빅PR에이전시는 신입사원을 사장이나 고위임원진을 가리키는 직함인 'Executive'라고 부른다.

자격증이나 면허증, 졸업장도 객관적으로 능력을 증명해주는 지표들이다.[48] 미국인들은 이런 지표를 내보이는 데 주저하지 않는다. 나는 미국에서 초등학교 졸업장을 금박 입힌 마호가니 틀에 넣어 전시해놓은 것도 본적이 있다. 반면, 유럽인들은 이런 지표를 드러내는 것을 꺼려한다. 내 친구 중 한 명은 케임브리지대학교의 졸업장을 받은 직후, 졸업장 왼쪽 귀퉁이에 구멍을 뚫더니 서류철에 끼워버렸다.

사업 파트너가 당신이 어떤 일에 능통한지 파악하려면, 능력에 대한 객관적 근거들이 필요하다. 그러니 당신의 사무실을 거리낌 없이 졸업장, 상장, 자격증 등으로 장식해라. 처음 사무실을 방문한 손님들은 당신의 능력과 지위에 대한 힌트들을 열심히 찾아본다. 당신도 레스토랑 입구에서 미슐랭 인증서를 발견하거나 미용실에서 트로피를 발견하면, 뚫어져라 쳐다보게 될 것이다.

"출판하거나 망하거나"라는 말이 의미하는 것처럼, 어느 분야의 전문가로 인정받고자 한다면, 책을 출간하는 것이 가장 좋은 길이다. 글로 쓰인 말이 무한히 강력한 효과를 얻고 있기 때문이다.[49]

책 또는 신문 칼럼, 심지어는 블로그도 대중에게 당신을 이 분야의 저명한 지식인으로 보이게 만들어준다. 오늘날과 같은 정보화 시대에는 누구나 자신의 전문 분야에 대해 이전보다 더 쉽게 발언할 수가 있다. 건축가라면 작은 집 짓는 법을, 법률가라면 생활 속 법률 상식을 글로 써보는 건 어떨까?

전문 지식만 통하는 것은 아니다. 영문학자이자 『교양』이라는 책의 저자인 디트리히 슈바니츠Dietrich Schwanitz는 이른바 '교양 게임'을 권한다.[50] 문학 · 철학 · 정치학 등에 관한 교양이 없는 사람이 리더로 인정받기는 어렵다.

그러나 교양은 공짜로 얻어지는 것이 아니다. 괴테 전집을 모조리 사서 책꽂이에 꽂아둔다 한들, 괴테의 작품을 직접 읽지 않으면 괴테에 관한 지적 대화에 참여하기 어렵다. 그러나 괴테의 작품을 한 편이라도 읽는다면, 그의 문학에 대해 어느 정도의 통찰을 얻을 수 있다. 다른 사람들과 대화를 나눌 때, 위대한 작가의 저작을 읽는 극소수의 독자 중 한 사람이라고 자신을 내세울 수도 있다.

슈바니츠에 따르면 교양 게임에서는 단 한 권의 소설을 읽는 것만으로도 '문학적 교양과 무교양 사이의 경계'를 넘어선다. 여기서 슈바니츠는 지적 대화를 위해 문학을 읽으려는 사람들에게 가장 먼저 '위대한 소설에 속하지만, 거의 아무도 읽지 않은 작품'을 권한다. 예를 들면 오스트리아 소설가인 로베르트 무질Robert Musil의 『특성 없는 남자』 같은 작품이다. 슈바니츠는 이런 작품을 읽은 후의 이점을 다음과 같이 밝히고 있다.

"무질은 이제 그의 성이 된다. 그는 이 성에서부터 출동을 감행한다. 다른 작가에 대해 한마디 하고는 지식의 깊이가 탄로 날 위험에 처하면, 재빨리 자신의 성으로 후퇴할 수 있다."

대화가 누구나 아는 유명 작가인 프란츠 카프카Franz Kafka에 이르면, 여기에도 동참할 수가 있다. 예를 들면 "무질은 문장을 난해하게 만드는 재주가 있죠. 카프카도 마찬가지고요"라고 말을 꺼내는 것이다. 슈바니츠에 따르면 그런 말은 "반격 당할 가능성이 극히 적다".

▼

일론 머스크, 구스타브 에펠과 나의 연결 고리
: 반사된 영광 누리기

고등학생 시절, 나는 우연히 '저수지의 개들', '킬 빌' 등을 연출한 세계적 영화감독 쿠엔틴 타란티노Quentin Tarantino를 만나 그와 사진을 찍었다. 이 사진을 꺼냈을 때, 존경심이 가득한 눈길로 나를 바라보던 친구들의 눈빛을 잊을 수 없다. 물론 나에 대한 것이 아니라 온전히 사진에 대한 존경이었지만.

심리학자 로버트 치알디니도 나와 비슷한 경험을 했다. '미국 건축의 아버지'라 불리는 건축가 프랭크 로이드 라이트Frank Lloyd Wright와 같은 도시에서 태어났다는 단순한 사실 덕분에 건축가들 사이에서 상당한 명망을 누리게 된 것이다.[51]

독일 심리학자 한스 디터 무멘다이Hans Dieter Mummendey는 이런 이야기를 전한다. 뉴욕에서 열린 한 심리학회에서 사람들은 자신이 발표한 논문의 내용보다 학회에 참석하는 길에 우연히 우디 앨런Woody Allen 감독을 만난 이야기에 더욱 높은 관심을 보였단다.[52]

이렇게 빛나는 스타의 명성이 정말로 치알디니, 무멘다이, 또는 내게 직접적으로 영향을 주었을까? 물론 아니다. 이성적인 사람이라면 우연히 스타를 만났다고 해서 자신의 보이는 능력이 조금이라도 높아졌다고 주장하지는 않을 것이다.

하지만 유명한 사람과 연결됨으로써, 그 사람의 '아우라'를 조금 나누어 받을 수가 있다. 여기서 지위와 후광 효과의 작용이 합쳐진다. 이런 법칙은 '반사된 영광 누리기basking in reflected glory' 또는 '곁불 쬐기birging'라 불린다.[53] 단순하게 표현하면 높은 지위의 사람과 연결되는 것은 무엇이든, 설사 아주 막연한 것이라도 당신에게도 영향을 준다.

'우디 앨런 체험'을 겪은 이후, 무멘다이는 유명 인사와 평범한 사람을 연결해주는 다양한 지점들을 연구했다. 그가 제시한 연결점은 고향이 같거나 같은 동네에 살거나 회사의 위치가 같은 것, 정치적 또는 종교적 신념이 같다는 것, 동일한 취미 활동, 닮은 외모, 비슷한 취향 등이 있다.[54]

심지어는 생일이 같다는 것만으로도 다른 사람의 긍정적 특성을 자기 것으로 만들 수 있다.[55] 이는 성공한 사람들이 특히 잘 알고 있는 내용인 듯하다. 미국의 심리학자 알 해리슨Al Harrison은 『Who's Who 백과사전』에 나온 수천 명의 전기를 훑어보았다.[56]

그에 따르면 눈에 띄게 많은 유명 인사들이 1월 1일, 크리스마스 등의 공휴일에 태어났다. 루이 암스트롱Louis Armstrong은 실제로는 8월 4일에 태어났으면서도 미국 독립기념일인 7월 4일에 태어났다고 주장했다. 유명한 신학자들은 자신이 크리스마스에 태어났다고 했다. 그러니까 예수와 같은 날 태어났다는 것이다.

당신과 크게 관련이 없는 인물이라도 권위 있는 사람과의 유사점을 드러내기를 망설이지 마라. 아주 사소한 공통점이라도 막대한 효과를 가져올 수 있다. 이런 효과는 지적인 사람들 앞에서도 예외일 수 없다.[57] 물론 이런 유사점을 밝히는 것이 우스꽝스런 허풍으로 여겨져서는 곤란하다. 그렇기 때문에 이런 이야기는 지나는 말로 슬쩍 꺼내는 것이 좋다.

어떤 모임에 처음 참석한다면, 가능한 한 특별한 지위에 있는 사람이 당신을 소개하도록 해라. 만약 당신 회사의 CEO가 당신을 소개하면, 사람들은 당신을 영원히 CEO라는 높은 직급과 연관시키게 된다.

유명한 인물과의 관계를 꼭 말로 표현할 필요는 없다. 사진으로도 충분하다. 몇 년 전, 나는 폭스스튜디오에 위치한 아논 밀천Arnon Milchon의 사무실에 앉아 있었다. 밀천은 '프리티 우먼', '원스 어폰 어 타임 인 아메리카', '노예 12년' 등을 만든 유능한 제작자다.

나는 밀천의 사무실에 앉아 그를 기다리면서 사방에 붙어 있는 사진들을 훑어보았다. 세계적인 영화배우, 각국의 대통령, UN 사무총장과 나란히 선 그의 사진을 보며, 그를 향한 나의 존경심은 그야말로 헤아릴 수 없을 정도로 커졌다.

실제로 만난 사람들의 '아우라'만 후광 효과를 일으키는 것은 아니다.[58] 성직자들은 신과의 가까운 관계를 통해 자신의 지위를 높이고, 미국의 정치인들은 동일한 이유에서 건국 영웅들을 거론한다. 몽골에서는 칭기즈칸 Chingiz Khan이 거의 신의 경지까지 올랐다. 역사적 인물의 명성이 후손들에게까지 영향을 미치기 때문이다.

당신의 머릿속에도 연결되고 싶은 인물이 한 명쯤 떠오르는가? 에펠탑을 건설한 천재 건축가 구스타브 에펠Gustave Eiffel은 어떤가? '미래의 설계자'라 불리는 테슬라의 CEO 일론 머스크Elon Musk는? 어떤 점을 근거로 삼든, 이런 인물들과 연결되는 것은 매우 의미 있는 일이다. 유명한 학교, 회사 등의 기관과도 같은 방법으로 연결될 수 있다.

여기서 마지막 충고 한 가지. 사람들이 이전 회사의 CEO나 자기가 졸업한 대학교를 욕하는 것을 나는 너무 자주 들었다. 결과는? 연상 효과가 부정적으로 바뀐다. 낮아진 상대의 지위가 내게 해를 끼치는 것이다. 그러므로 당신과 직접 연결되는 모든 것을 가장 높은 목소리로 칭찬해라.[59]

마찬가지로 당신 자신이 돋보이고 싶다면, 다른 사람을 칭찬해라. 이것은 자신을 칭찬하는 것과 동일한 효과를 가져다준다. 예컨대 이전 직장의 CEO가 그야말로 모범적으로 조직을 구성하고, 무한히 창의적이었기에 그때의 직장생활이 얼마나 좋았는지 설명한다고 치자. 그러면 당신이 그에게 쏟아 부은 칭찬은 당신의 이미지에 영향을 미치게 된다.

쉽게 듬뿍 사랑받고 싶은 당신,
기꺼이 최고가 되어라

옥스퍼드대학교 교수였던 알프레드 에이어Alfred Ayer에 대해 학생들 사이에서는 이런 일화가 전해 내려온다. 1980년대 말, 그는 뉴욕의 한 파티에 초대받았다. 그런데 파티장 안에서 한바탕 소동이 일어났다. 어느 신인 모델이 남성에게 위협을 당하고 있었는데, 누구 하나 이 남성을 말릴 엄두를 내지 못하고 있었다.

그때, 일흔이 넘은 알프레드 에이어가 모델의 앞을 막아섰다. 하지만 남성은 물러설 생각이 없었다. "당신, 내가 누군지 모르는 모양인데?" 그가 씩씩거렸다. "나는 헤비급 세계 챔피언 마이크 타이슨Mike Tyson이오."

"그렇군" 하고 알프레드 에이어가 대답했다. "나는 옥스퍼드대학교의 논리학 교수요. 이제 서로 각자의 영역에서 최고의 자리에 오른 사람들이라는 걸 알았으니, 신사답게 이야기를 해봅시다."

그는 이 한마디로 파티장의 소란을 잠재웠다고 한다.[60] 당시 타이슨에게 위협 당해 생명이 위태로울 뻔했던 신인 모델은 훗날 세계적인 슈퍼모델이 된 나오미 캠벨Naomi Campbell이라고 한다.

당신 마음에는 들지 않을지 모르지만, 높은 지위보다 효과적으로 상대방을 납득시키는 것은 드물다. 오스트리아의 임페리얼호텔에서 은제 뚜껑에 덮여 나온 스테이크는 패스트푸드점에서 종이 접시에 담겨 나온 똑같은 고기보다 분명 더 맛있게 느껴질 것이다.

출처가 밝혀지지 않은 어떤 격언이 있다고 상상해보자. 당신은 그 격언이 얼마나 설득력이 있다고 생각하는가? 특별히 마음에 와닿거나 흥미롭다는 생각이 드는가? 글쎄. 아마 그렇지 않을 것이다.

하지만 그 격언이 영국의 전 총리이자 제2차 세계대전을 승리로 이끈 윈스턴 처칠Winston Churchill이 한 말이라면, 당신의 반응은 전혀 달랐을지 모른다. 격언은 유명 인사의 말로 제시될 때, 비로소 광채를 띠게 된다. 이것이 바로 지위의 힘이다.

심지어 식품인 마가린도 지위의 덕을 입었다. 금색 포장에 싸여 왕관으로 장식을 하고서야 비로소 '승리의 행진'을 시작했던 것이다.[61]

의상, 액세서리와 같은 지위 상징을 통해 자신의 지위를 높이는 전략은 전혀 새로운 게 아니다. 모든 시대의 지배자들은 지위의 중요성을 알았고, 확고히 마음에 새겼다.

하늘 높이 솟아 오른 은행 건물들을 본 적이 있는가? 이 건물들의 건축을 의뢰한 은행 CEO의 속마음은 17세기 베르사유 궁전 건축을 명했던 루이 14세의 마음과 다르지 않았을 것이다.

1899년에 이미 미국 경제학자 소스타인 베블런Thorstein Veblen은 '눈에 띄는 소비conspicuous consumption'라는 이론에서 사람들은 물건을 구입할 때, 그 물건이 자신의 지위를 높여주는지를 중요하게 생각한다고 서술했다. 여기서 '베블런 효과'라는 말이 나왔다. 베블런에 따르면 특정한 상품에 대한 수요는 가격을 올리면 원래 예상처럼 줄어드는 것이 아니라, 오히려 더 늘어난다.

부자들이 아니라 부자로 보이고 싶은 보통 사람들이 명품 가방을 드는 경우가 훨씬 더 많음을 온 세상이 다 안다. 그런데도 여전히 명품 가방과 같은 지위 상징은 효과를 낸다. 심지어는 사회적 지위가 별다른 역할을 못한다고 알려진 서양에서도 그렇다. 당연히 지위가 더욱 중요한 문화권에서는 그 효과가 훨씬 크게 나타난다.[62]

물론 높은 지위에 있는 사람의 거동이 곧바로 비싼 손목시계로 환원되지는 않는다. 그러나 지위 상징들과 그에 걸맞은 소통 신호들이 합쳐져서 그 사람의 능력을 보여준다.[63]

높은 지위를 동원하면 고객이 결정을 쉽게 내릴 수 있도록 만들 수도 있다. 어떤 미국 기업의 임원은 이렇게 말한다.

"물론 나는 다른 로펌의 변호사에게 의뢰를 할 수도 있었다. 우리 회사가 위치한 켄터키주에도 매우 훌륭한 로펌들이 많다. 하지만 상사에게 가장 명망 높은 로펌인 '베이커 앤 맥킨지'의 도움을 받기로 했다고 말하는 편이 나을 것 같았다. 그러면 주위에서 이런저런 말이 적게 나올 것이고, 설사 일이 잘못되어도 아무도 내 탓을 하지 않을 것이니 말이다."[64]

그 밖에도 높은 지위의 이점이 더 있다. 나는 유명 인사의 연설을 직접 들어본 적이 있다. 그가 연단으로 걸어가는 동안 밀려드는 호감의 파도에 나는 정말로 당황했다. 유명 인사가 농담할 기미만 보여도 청중들은 벌써 정신없이 웃어댄다. 너무나 특별한 사람이 우리를 웃기려고 자세를 낮춘다는 것이 우리를 흐뭇하게 하기 때문이다. 별 볼 일 없는 사람이 똑같은 농담을 했다면, 실없는 소리를 한다며 핀잔을 받을지도 모른다. 정말이지 높은 지위의 사람들은 너무 쉽게 다른 사람들보다 듬뿍 사랑을 받는다.[65]

시간을 두고 상대방을 더 잘 알게 되면 물론 이런 지위의 '아우라'는 배경으로 물러난다.[66] 하지만 '아우라'가 첫인상에 깊이 새겨지기 때문에, 지위의 중요성은 아무리 강조해도 모자란다.

다시 한 번 맥킨지 이야기로 돌아가보자. 1960년대 후반에 로스앤젤레스에서 검은 양복을 입고 돌아다니는 사내들은 맥킨지 컨설턴트들과 FBI 직원들뿐이었고, 덕분에 자주 혼동되곤 했다.[67]

하지만 컨설턴트의 성공은 더 이상 말이 필요 없다. 1965년에 「비즈니스위크」 지는 관리자 100명 당 컨설턴트가 한 명이라고 놀라워했다. 1995년에는 관리자 13명 당 컨설턴트가 한 명 꼴로, 컨설턴트의 수는 크게 증가했다.[68] 머지않아 모든 관리자가 제각기 자신만의 컨설턴트를 둘 가능성도 배제할 수 없다.

컨설턴트라는 직업의 성공을 두고 옥스퍼드대학교 학자인 크리스 매켄나는 이런 결론을 이끌어낸다. 이것은 비단 컨설턴트뿐만 아니라 우리 모두에게 적용되는 말이다.

"꼭 최고가 될 필요는 없다. 최고인 것처럼 등장하기만 해도 똑같은 효과를 낸다."[69]

당신의 품격을 업그레이드 시켜줄 10가지 기술

❶ 관례를 따르지 않는 파격이 긍정적인 효과를 가져올 수도 있다.

　　단, 당신이 이미 높은 지위를 누리고 있는 경우에만!

❷ 옷과 같이 당신을 둘러싼 모든 물건을 신중하게 고를 것.

❸ 지루한 싸움을 피하고, 싸우기 좋아하는 사람들을 화해시켜라.

❹ 남들이 너무 쉽게 접근하게 하지 마라.

❺ 졸업장, 자격증, 상장 등을 눈에 띄게 전시할 것.

❻ 가능한 한 전문 분야의 책을 집필해라.

❼ 당신의 지적인 면모를 보여줄 '교양 게임'을 벌일 것.

❽ 높은 지위의 사람, 기관들과 함께 연상되도록 해라.

❾ 권위를 지닌 존재와의 공통점을 만들어라.

❿ 당신과 관계가 있는 모든 것을 찬양해라.

숨어 있던 능력, 마침내 빛을 발하다

•

마지막에는 모든 것이 좋아진다.
만일 좋지 않다면, 아직 끝이 아니다.

— **오스카 와일드**Oscar Wilde

어떻게 능력을 보여줄 것인가

'능력을 보여주는 법'이라는 주제에서 출발해 수많은 실험, 논문, 책을 오가며 해법을 모색했다. 이 책에 나오는 지식들은 주로 심리학과 사회학이 합쳐진 '사회심리학Social psychology'에서 나온 것들로, 개인의 행동을 사회적 맥락에서 탐구하는 분야다.[1]

사회심리학 안에서 우리는 주로 대인지각person presentation의 영역을 돌아다녔다. 이 분야의 목적은 일상의 심리를 학문적으로 분석하는 것이다.[2] 여기서 무엇보다도 우리의 인상을 스스로 조종하는 분야인 '인상 관리' 또는 '자기표현'의 영역을 중점적으로 다루었다.[3]

당신 안에 잠재된 능력을 밖으로 내보이기 위한 여정은 끝이 났다. 이제 무엇을 할 것인가? "아주 흥미롭군"이라고 고개를 끄덕이고는 책을 덮어버릴 수도 있지만, 책의 내용을 직접 실천에 옮길 수도 있다. 책에 쓰인 대로 실천해보기로 결심한 당신에게는 어떤 변화가 기다리고 있을까? 책의 내용을 바탕으로 추측해보면, 당신이 경험하게 될 변화란 바로 이런 것들이다.

당신 앞에 놓인 놀라운 변화들

당신은 비즈니스에서 성공을 거두고, 당신의 능력을 적극적으로 보여줄 수 있게 된다. 상대가 당신의 능력을 완벽히 파악하기는 불가능하다. 놀랍게도 성공이나 실패 역시 능력을 평가하는 데 별 영향을 미치지 않는다. 세상은 그리 공평하지 않다. 모든 분야를 아우르는 능력을 갖는 것 역시 불가능하다. 그런 것은 누구에게도 주어지지 않는 능력이니까. 그러나 자신이 맡은 분야에서만큼은 유능한 사람임을 믿고 능력을 드러내는 데 관심을 두면, 실제로 더욱 능력 있는 사람이 될 것이다. 이는 믿음이나 기대가 현실로 이어진다는 이른바 '자기실현적 예언'으로 증명된 사실이다.

또한 당신은 눈앞에 놓인 과제를 낙관적으로 바라보고, 상대가 제시할 만한 반론을 제거할 수 있다. 스스로 자신의 능력에 확신을 갖기 위해 '프라이밍'의 심리 기술을 이용한다. 자신의 강점에 집중하고, 이를 통해 당신이 가진 능력에 대해 긍정적인 태도를 만든다. 핵심 능력에 관해서는 겸손 대신 자신감을 내비친다.

좋은 소식과 나쁜 소식을 적절한 타이밍에, 탁월한 방식으로 전하게 된다. 좋은 소식을 전할 때는 직접 모습을 드러내고, 나쁜 소식의 경우 눈에 잘 띄지 않는 배경으로 숨는다. 당신이 이미 높은 지위에 오른 사람이라면, 나쁜 소식에 관해 분노한 모습을 보여줄 수도 있다. 반박할 수 없는 오류는 분명하게 인정하되, 가능하면 빨리 낙관론으로 넘어간다. 긍정적인 것을 먼저, 이어서 부정적인 것을 말하고(초두 효과), 두 번째로 유리한 것은 맨 마지막에 말한다(최신 효과).

재능과 운을 이용해 능력을 돋보이게 하는 기술도 능숙하게 사용하게 될 것이다. 직면한 과제의 도전적 요소를 강조하고, 불운한 주변 상황을 드러내 보인다. 그러면서도 성과를 달성하기 위해 엄청난 노력을 했다는 인상을 주지 않고, 그냥 퍽 쉬웠다는 인상을 일깨운다. 당신은 전문 분야에 관한 재능을 타고났으며, 당신의 길은 오래 전부터 자연스럽게 정해져 있었다는 메시지를 넌지시 전하는 일도 잊지 않는다.

말하는 방식도 당신의 인상을 좋게 만드는 데 한몫을 할 것이다. 당신은 보통보다 약간 더 빠르게, 분명하고도 일정한 발음으로, 보통보다 더 낮고 큰 소리로 말한다. 그러면서도 높고 낮은 어조를 번갈아 사용한다. 사투리는 유리한 자리에서만 사용한다. 대화에 빈번히 참여하며, 가장 중요한 논지를 앞에 두고는 잠깐 침묵한다. 다양한 어휘를 구사하고 불필요한 반복은 피하며, 상대의 말을 중간에 끊지 않도록 조심한다. '파워토킹' 기법도 몸에 배어 있다. 말을 더듬지 않으며, 불필요한 미사여구를 피한다. 논지를 복잡하게 만들어 숫자로 무장하면 설득력이 강해진다는 사실을 기억해 두었다가 적절한 상황에 이용한다.

　신체 언어로도 당신의 유능함이 유감없이 드러난다. 대화할 때는 상대방과 1.2~1.5m 거리를 둔다. 당신이 이야기를 할 때는 상대의 눈을 자주 들여다보지만, 상대의 말에 귀를 기울일 때는 그렇게 하지 않는다. 가능한 한 눈을 깜빡이지 않고, 계속해서 미소를 짓지 않으며, 웃어야 할 때만 웃는다. 자리를 선점하는 센스도 탁월하다. 원탁에서는 아무 자리에나 앉지만, 각진 테이블에 앉을 때는 스스로 테이블 머리에 자리를 잡는다.

　또한 다양한 방법으로 상대의 호감을 불러일으킨다. 비위를 맞추면서 일찌감치 선의를 비축해둔다. 상대방을 칭찬할 때는 "이미 여러 번 들어본 이야기일지도 모르지만……" 등의 말로 은근슬쩍 칭찬한다. 일반적인 칭찬보다는 구체적인 칭찬이 더 강력한 효과를 갖는다는 점도 잊지 않고 있다. 존경심과 정직한 관심을 표하고, 기꺼이 상대에게 조언을 구한다. 중요한 사안을 다룰 때 상대와 생각이 같다면, 상대방이 말을 꺼내기 전에 의견을 드러낸다. 상대와의 공통점을 강조하고, 개인적인 면을 드러냄으로써 호의를 이끌어낸다.

　보이는 능력의 기술을 익힌 당신은 동료보다 한 발 앞서 리더의 위치에 오를 것이다. 이제 품격을 높여줄 고수의 필살기를 활용할 차례. 당신의 지위에 걸맞은 걸음걸이와 몸짓을 항상 의식한다. 옷과 가방 등의 지위 상징을 신중하게 고른다. 신선한 파격을 시도할 수는 있지만, 이미 특별한 지위를 누리고 있을 경우에만 그렇게 한다. 질문과 침묵을 잘 이용하고, 상대방에 대한 칭찬을 아끼지 않는다. 면허장, 졸업장, 상장 등을 눈에 잘 보이게 전시하고, 기회가 되면 책을 출간한다. 또한 열성적으로 '교양 게임'에 동참할 준비가 되어 있다. 당신의 기술은 '반사된 영광 누리기'로 정점을 찍는다. 높은 지위에 오른 인물, 기관들과 연결되는 연상 작용을 이용하는 것이다. 권위 있는 존재와의 그 어떤 공통점도 우연인 것처럼 드러내고, 당신과 직접 관계가 있는 모든 것을 칭찬한다.

변화는 다른 변화를 몰고 온다

이런 여러 가지 변화들은 서로 시너지 효과를 일으켜 당신의 보이는 능력을 최고치로 끌어올릴 것이다. 2장에서 말한 것처럼 사람들은 이미 갖고 있는 기대를 확인하려는 경향, 곧 '확증 편향'을 갖고 있기 때문이다. 아래의 그림을 보자.

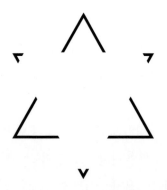

당신은 이 그림에서 서로 뒤집힌 형태의 큰 삼각형 2개를 발견한다. 그러나 실제로 이 그림에 큰 삼각형은 존재하지 않는다. 자기공명영상MRI의

도움을 받은 최근의 연구들은, 우리 두뇌가 상상의 삼각형에서 선들이 실제로 존재한다고 인식한다는 사실을 증명했다.[4] 연구에 따르면, 우리는 몇 개의 점들을 근거로 전체 형태를 인지한다.[5]

마찬가지로, 사람들은 몇 가지 사실만으로도 한 사람의 전체적 이미지를 만들어낸다. 보이는 것들을 이용해 보이지 않는 것을 유추해내는 것이다. 유능하다는 이미지가 한 번 만들어지고 나면, 어떤 일이 벌어질까? 능력이 뛰어나다고 평가되면, 남들은 당신의 유능함을 뒷받침해주는 특성과 사건들을 주로 기억한다.

보이는 능력의 기술은 거꾸로 우리가 상대의 능력을 제대로 판단하는 데도 큰 도움이 된다. 겨우 몇 가지 특성이 인상을 결정한다는 사실을 아는 사람은, 눈에 보이는 몇 가지 특징만으로 상대의 능력을 쉽게 판단하는 우를 범하지 않는다.

이미 서술했듯이 우리는 다른 사람의 능력을 제대로 평가하는 데 놀랄 만큼 재주가 없다. 미국 심리학자인 아모스 트버스키Amos Tversky와 다니엘 카너먼Daniel Kahneman의 발견에 의하면, 타인을 평가할 때 우리는 기본적으로 2가지 단계를 거친다.[6] 첫 단계는 첫인상 평가로, 의식적인 생각이 없이 불쑥 나타나는 평가다. 그 후에야 비로소 이성이 작동하는 평가를 하게 된다.

신입사원을 채용하거나, 중요한 프로젝트의 적임자를 선정해야 한다면, 다음의 태도를 지닌 사람을 주의 깊게 살펴보자. 아래에 예로 든 특성들은 연구를 통해 밝혀진 유능함의 표지들이다.[7]

- 말이 빠르다
- 눈을 보며 말한다
- 자신 있는 걸음걸이로 걷는다
- 돌발적인 질문을 던졌을 때, 망설이는 시간이 짧다

이런 사람을 만났다면, 그는 유능한 인재일 가능성이 높다. 말에 담긴 메시지를 통해서도 상대의 능력을 가늠해볼 수 있다.[8]

- 중요한 것과 중요하지 않은 것을 구분한다
- 일의 핵심에 대해 질문했을 때, 논리적으로 답변한다
- 안건의 이점뿐 아니라 불리한 점까지 함께 제시한다

'자동차'라는 괴물을 매일 아침 운전한다는 기적

여기까지 읽고 난 후, 당신은 이렇게 혼잣말을 할지도 모른다.

"좋아, 내셔. 당신 말처럼 엄청난 변화를 가져오는 기술이라면 한번 써먹어보겠어. 그런데 세상에 무슨 수로 이 많은 걸 다 기억한단 말이지?"

그러면 나는 당신을 향해 말할 것이다.

"어떻게 자동차 운전을 할 수 있게 되었나요?"

그럴 일은 없겠지만, 당신이 자동차가 무엇인지 모른다고 상상해보자.[9] 나는 당신에게 '자동차'라는 거대한 물건에 관해 설명할 것이다. 무거운 강철이나 알루미늄 덩어리인데, 몇 주 동안 연습한 다음 면허를 따면 혼자

서 그것을 끌고 돌아다닐 수 있다고.

운전할 때 당신은 도로에 그어진 하얀 선들을 보는 동시에 앞뒤좌우를 살펴야 한다. 물론 그와 함께 백미러를 주시해야 한다. 거울 속 사물이 보이는 것보다 가까이 있다는 사실도 잊어서는 안 된다. 그리고 팔과 다리를 부지런히 움직여야 한다. 이따금 깜박이를 넣고 와이퍼도 작동시킨다. 내비게이션을 통해 가장 유리한 길도 찾고.

다만 조심할 것! 0.5초만 딴 생각을 하다 왼편의 흰색 선 너머로 달리면 당신의 드라이브는 죽음으로 끝날 수도 있다. 하지만 당신이 교통 규칙을 칼같이 지킨다고 해도 당신 혼자만 길에 있는 것은 아니다. 매일 수천 명의 사람들이 당신 곁을 스쳐 달리고, 그 중에는 어쩌면 술 취한 사람, 역주행하는 사람과 운전대를 잡고 자살을 생각하는 사람이 속해 있을지도 모른다. 어떤 운전자가 깜빡 졸다가 반대 차선에서 덤벼들 경우, 당신은 치명적인 부상을 입을 수도 있다.

이런 설명을 듣고 난 후, 당신의 반응은 어떨까? 그런 '지옥 같은 기계'에 단 한 발도 들여놓고 싶지 않을 것이다. 매일 전 세계의 수십억 명이 그런 괴물을 운전한다는 건 상상조차 할 수 없다고 여길 것이다.

사실, 매일 자동차를 운전해서 출퇴근하는 일에 비하면 책에서 다룬 기술들을 습관화하는 건 그리 어려운 일이 아니다. 또한 당신의 자동차가 높은 언덕 위를 부드럽게 나아가듯, 이 책에 쓰인 방법들은 당신을 지금보다 훨씬 더 높은 곳까지 올려놓을 것이다.

Prologue 충분히 노력한 당신, 이젠 인정받아라

1 Weingarten, 2007.

2 Litzmann, 1927, S. 111.

3 Vgl. Bunderson, 2003, S. 559; Murphy, 2007, S. 326 ff. 다른 증거들도 포함.

4 Tsui & Barry, 1986, S. 586; Judge & Ferris, 1993, S. 97; Ferris & Judge, 1991.

5 Sugrue, 1999.

6 더욱 상세한 분석은 다음을 참고할 것. Morris, 1999, S. 55 f.

7 Tetlock, 2005. 더욱 진전된 논의는 Mellers, Rohrbaugh & Chen, 2014; Mellers et al., 2015.

8 Knapp, 1972.

9 competence +trustworthiness =credibility(Amys & Bristow, 2009; bgl. McGuire 1969). Brewer(1997, 1999)는 신뢰성을 성공적인 의사소통의 조건으로 간주한다(vgl. Morgan & Hunt, 1994; Hosmer, 1995; Nooteboom, 1996; Johnson & Lennon, 1999; Das & Teng, 2001; McKnight & Chervany, 2001; Moorman, Zaltman & Deshpandé, 1992; Gambetta, 1988. Das & Teng(2001)은 선의 신뢰와 유능함 신뢰를 구분한다. Todorov et al., 2008은 유능함을 신뢰, 지배력과 하나의 축에 올려놓는다. 결국은 신뢰성도 보이는 능력에 긍정적으로 작용한다(Verhulst, Lodge & Lavine, 2010)

10 Vgl. Poortinga & Pidgeon, 2003, S. 962. Vgl. auch Hosmer, 1995.

11 Van Iddekinge, McFarland & Raymark, 2007; Ellis et al., 2002.

12 Gordon, 1996.

13 Ridderstråle & Nordström, 2000.

14 Rosen, 1981.

15 Simpson, 2013.

Chapter 1 능력 있다는 평가를 이끌어내는 법

1   Fast, 2009.

2   Clance & Imes, 1978.

3   Holt, 2005.

4   Peter & Hull, 1969.

5   Luhmann, 1984.

6   Clark & Salaman 1998.

7   Bunderson, 2003, S.559

8   Cook, 1939; Gurnee, 1934; Laird & Remmers, 1924; Pintner, 1918. 위 연구들에 따르면 우리는 완전히 무능하다. Anderson, 1921; Gaskill, Fenton & Porter, 1927. 이 연구들에 따르면 우리는 적어도 평균 이상이다. 조금 더 낙관적인 견해로는 Ambady & Rosenthal, 1992. 좋은 개관은 Reynolds & Gifford(2001, S. 187 f.), Murphy et al.(2003, S.486). 지금까지는 주로 사람들이 상대방의 특별한 감정, 특히 분노 등을 정확하게 확인할 수 있는지를 자세히 살펴보았다(예컨대 Hall & Bernieri 2001). 상대방의 감정이 제대로 평가되는 경우는 훨씬 드물었다. 설사 그럴 경우에도 우울증 성향이나 신뢰성 등에 대한 것이었다. (예컨대 Ambady & Rosenthal, 1992; 논의를 위해서는 Vgl. Murphy et al., 2003, S.467ff.)

9   Rosenthal 1976, S.260. 대부분의 주도적인 로펌이나 컨설턴트들은, 20세기 초에 유명한 로펌 Cravath, Swaine & Moore가 발전시킨 크라바스 원칙을 이용한다. 새로 고용된 변호사들 앞에는 분명한 길이 놓여 있다. 그들은 파트너로 올라서든지 아니면 처음에 짐작했던 것보다 능력이 적은 것으로 드러나면 해고된다.

10 이에 대해서는 Fiske et al., 2002; Le Deist & Winterton, 2005; Sandberg & Pinnignton, 2009 참조. 오스트리아 출신 영국 철학자 Karl Popper(1987, S.23f.)는 사물을 정의하려는 이러한 쓸데없는 충동이야말로 정신과학이 자연과학에 비해 뒤처진 원인이라고 보았다. 그런데도 학자들은 지치지 않고 계속 정의들을 내리고 더욱 복잡하게 만들었다. Cheetham & Chivers(1906)는 '재능과 연관된 능력', '인지적 능력', '개인적 상황에 어울리게 행동하는 능력', '윤리적 능력' 등을 나누었다. 이와 같은 복잡화는 아무런 성과도 가져오지 못하고, 정의를 내리느라 정작 중요한 일을 할 시간이 없어지는 결과만 불러왔다.

11 Argyle et al., 1981, S.254와 Wahrmann & Pugh, 1972. 최근의 연구들도 아주 비슷한 결과를 보여준다. Judd et al., 2005; Fiske, Cuddy & Glick, 2007; Rosenberg, Nelson & Vivekananthan, 1968; Wojciszke, Bazinska & Jaworski, 1998;

Wojciszke, 2005. 유능함은 행정능력, 인간적 품성 등과 함께 지도자에게 가장 중요한 3가지 요소 중 하나이기도 하다. Mott, 1972; O'Driscoll, Humphries & Larsen, 1991.

12   Judge & Ferris, 1993, S. 80.

13   Buss, 2000, S. 112.

14   Lerner, 1980.

15   이 말은 미국 행동 전문가 Chester L. Karrass(1996)의 말인 듯하다.

16   Godfrey, Jones & Lord, 1986.

17   Murphy, 2007; Levine & Feldman, 1997, und Ellis & Wittenbaum, 2000를 참조.

18   Rosenfeld, Giacalone & Riordan, 1995.

19   Merton, 1968; Tedeschi & Riess, 1981; Rosenthal, 1973를 참조.

20   Mayo, White & Eysenck, 1978; Eysenck & Nias, 1988.

21   Frank, 1961.

22   예를 들어 Waber et al., 2008; de Craen et al., 1996; Buckalew & Ross, 1981를 참조.

23   Jamieson et al., 1987.

24   Murphy, 2007, S. 330.

25   Bromley 1993, S. 120.

26   우리는 보통 자신의 능력을 이력서에서(Knouse, 1994; Metcalfe, 1992), 면접에서(Ralston & Kirkwood, 1999), 그리고 웹에서(Connolly-Ahern & Broadway, 2007) 보여주려고 한다.

27   Littlepage, Robison & Reddington, 1997; Bottger, 1984.

28   평판에 미치는 효과에 대해서는 Bravens, Oliver & Ramamoorti, 2003; Gaines-Ross, 2000. 기업성과에 미치는 효과에 대해서는 Rajagopalan & Datta, 1996; Fanelli & Misangyi, 2006; Waldmann et al., 2001. Pollach & Kerbler(2001)는 문화 간의 차이에도 주목한다. 유럽과는 달리 미국에서는 유능한 경제지도자가 정치와 사회적 사건들에도 더 많이 동참하기를 기대한다.

Chapter 2   의심 많은 상사도 나를 믿게 하는 법

1   https://news.microsoft.com/2008/06/25/iconic-albuquerque-photo-re-created/#sm.000dmub02uk3fhp116k1n1lka253i를 참조.

2   http://www.pbs.org/nerds/part2.html를 참조.

3   이 이야기에는 비슷비슷한 몇 가지 버전들이 존재한다. Evans(2004)가 Kildall이 1994년 죽기 직전에 완성했지만 출판된 적은 없는 자서전을 보고 이야기를 만들었다(Hamm

& Greene, 2004)

4 Schuman, 2008, S. 62.

5 Eagly & Acksen, 1971.

6 Tedeschi, Schlenker & Bonoma, 1971.

7 Schlenker & Leary, 1982.

8 Swann & Ely, 1984.

9 물론 이는 사람마다 차이가 있다. 하지만 일반적으로 대부분의 사람들은 다른 사람을 신
   뢰한다. 우리는 대개 우리가 대화를 나누는 사람들을 믿는다. (Miller & Stiff, 1993, S.35;
   McCornack & Levine, 1990; McCornack & Parks, 1986; Stiff, Kim & Ramesh,
   1992).

10 Snyder & Cantor, 1979.

11 Wahrman & Pugh, 1972. 그는 '비호감'이라는 평가를 받았다. 그러나 사람들은 상냥하
   지만 뒤처진 사람보다는 그와 함께 일하고 싶어 했다.

12 Berger & Bradac, 1982; Cutler, Penrod & Dexter, 1990; Cutler, Penrod & Stuve,
   1988; Lindsay, 1994.

13 이 인용문은 자주 미국의 여성 작가 Maya Angelou의 말로 잘못 전해지고 있지만, 분명
   그보다 이전에 알려진 것이다. (Evans, 1971)

14 Dutton & Aron, 1974. Vgl. White, Fishbein & Rutstein, 1981. 비판적 견해로는 Kenrick
   & Cialdini, 1977.

15 TV 저널리스트 Roger Mudd가 1979년 11월 4일에 CBS 방송에서 이런 무례한 질문을
   그에게 했다.

16 Dijksterhuis & van Knippenberg, 1998. 주제와는 약간 무관하지만 흥미로운 실험이
   있다. 실험 참가자들이 단어놀이를 한 후 자동차로 돌아가는 데 얼마나 많은 시간이 걸리
   는지를 검사했다. 한 그룹은 '젊다'를 연상시키는 낱말들, 다른 한 그룹은 '늙다'와 연결되
   는 낱말들을 사용해 문장을 만들었다. 늙음과 관련 있는 단어놀이를 한 그룹은 젊음과 연
   관된 문장을 만든 그룹보다 확연히 느린 걸음으로 실험 장소를 나왔다(Bargh Chen &
   Burrows, 1996).

17 Nach Grout & Perrin, 2006.

18 Vgl. Baumeister, 1998; Baumeister, Smart & Boden, 1996; Kernis, Grannemann
   & Barclay, 1989.

19 Fast & Chen, 2009; vgl. Carver, Lawrence & Scheier, 1999; Higgins, 1987; Maner
   et al., 2005; Pyszczynski, Greenberg & Goldenberg, 2003; Stone & Cooper,
   2001.

20 Schneider, 1981.

21 Culbert, 1968, Vonk, 1999.

22 Jones, 1990, S. 181.

23 Jones, 1990, S. 181.

24 Tversky & Kahnemann, 1991, 그리고 Kahneman & Tversky, 1979; vgl. Hogg & Abrams, 1993.

25 Hume, 1779/1993, S. 83.

26 David Humes의 현대적 표현은 Dobelli, 2008.

27 Raymond, 2003.

28 좋은 개관을 위해서는, Ansolabehere, Snowberg & Snyder, 2006.

29 즉각 대응 정책 센터는 1964~2014년의 데이터를 분석했다. http://www.opensecrets.org/bigpicture/reelect.php를 참조하라.

30 여기에는 문화적 차이가 존재한다. Hofstede(2001)에 따르면 엄격한 규칙을 중시하는 문화권에는 '불확실성 회피' 경향이 있다.

31 McGarty et al., 1993; Turner, 1991; Turner & Oakes, 1989, 이에 대한 조망으로는 s. Oldmeadow et al., 2003, S. 148.

32 Judge & Ferris, 1993, S. 84; spezifischer: Rowe, 1989.

33 Collins, 2001.

34 Peters, 2006.

35 이 중요한 점에 대해 Martin Gründl에게 심심한 감사를 표한다. 또한 Forster, 2013; Hirschi & Jaensch, 2015

Chapter 3 나의 장점만 떠오르게 하는 법

1 McArthur & Post, 1977; vgl. auch Bierhoff, 1990, S. 210.

2 McArthur & Post, 1977, S. 530 f.

3 Bazil, 2005, S. 40 f.

4 Forgas, 1999, S. 68

5 그에 대한 최초의 실험은 다음의 책에서 나온 것이다. Thorndike, 1920

6 탁월한 조망은 Rosenzweig, 2007.

7 Judge & Ferris, 1993, S. 88.

8 Bata, 1990, S. 201.

9 Judge & Ferris, 1993, S. 88.

10 나는 Phil Watts를 2004년 옥스퍼드대학교에서 만났다. 그가 CEO 자리에 오르기 18개 월 전부터 이미 비축금이 줄어든 것을 알고 있었다는 사실이 나중에야 밝혀졌다. (Davis, Polk & Wardwell, 2008)

11 vgl. Schlenker & Darby, 1981; Darby & Schlenker, 1982, 그리고 Mummendey, 1995, S. 158 f.

12 Tiedens, 2001.

13 Tiedens, Ellsworth & Mesquita, 2000; Weiner, 1986; Hareli et al., 2013.

14 Shlomo et al., 2013.

15 Tangney, 1996; Rodriguez Mosquera, Fischer, Manstead & Zaalberg, 2008; Rodriguez Mosquera, Manstead & Fischer, 2002; Tiedens, Ellsworth & Mesquita, 2000; vgl. Hareli et al., 2013.

16 Brescoll & Uhlmann, 2008.

17 Tiedens, Ellsworth & Mesquita, 2000.

18 실행 능력에 대해서는 다음의 책 참조. Delamater & McNamara, 1987; De Rivera, 1977; Entschlossenheit: Rothman & Wiesenfeld, 2007; Mikulincer, 1998; Hartnäckigkeit: Clark, Pataki & Carver, 1996; Sinaceur & Tiedens, 2006. Vgl. Hareli et al., 2013; 단호함과 강인함에 대해서는 Delamater & McNamara, 1987; De Rivera, 1977; Clark, Pataki & Carver, 1996; Sinaceur & Tiedens, 2006; Rothman & Wiesenfeld, 2007.

19 Schlenker & Leary, 1982.

20 Vgl. Jones & Pittman, 1982; vgl. Mummendey, 1995, S. 142, 148.

21 Nach: Bates 2005, S. 41 f.

22 Nach Salter, 2007. 2주 뒤에도 이 사이트의 사용자 중 43%가 제트블루를 가장 선호한다고 답했다.

23 Bates, 2005, S. 42.

24 Popper, 1969, S. 127 f.

25 Ambady & Rosenthal, 1992; Ambady, Bernieri & Richeson, 2000.

26 Dipboye, 1989; Phillips & Dipboye, 1989.

27 하버드 비즈니스 스쿨 Gerand Zaltman은 이런 방식의 이해를 '수행 타당성'이라 부른다.

28 Goeudevert, 1996.

29 Cialdini, 1993.

30 Murdock, 1962; Atkinson & Shiffrin, 1968; Glanzer & Cunitz, 1966.

31 Bazil, 2005, S. 39. Der sogenannte 'Serial Position Effect' (Murdock, 1962).

Chapter 4 운과 재능을 내 편으로 만드는 법

1   Darley & Goethals, 1980. Kernis & Grannemann, 1990도 같은 결론에 도달했다.

2   원래의 식: $P = [(A+A') * (M+M')] + (D+D') + L$

    P = Performance

    A = Stable ability factors

    A' = Temporary ability constraints

    M = stable motivational factors

    M' = temporary motivational factors

    D = Usual difficulty level

    D' = Temporary factors affecting difficulty

    L = Luck

3   Nach Nöllke, 2002, S. 314.

4   Nach Nöllke, 2002 S. 312.

5   Castiglione, 1999.

6   Ericsson, Prietula & Cokely, 2007.

7   Kleinfield, 1993.

8   Nach Nöllke, 2002, S. 99.

9   Ross, 1977.

10 Nach Nöllke, 2002, S. 210.

11 Vgl. z. B. Sherif, 1935, oder Asch, 1956.

Chapter 5 마음을 훔치는 말하기 비법

1   Schopenhauer, 1851/1913, S. 182 f.

2   Nach Armstrong, 1980.

3   Armstrong, 1980.

4   Siegfried, 1970.

5   Porter, 1995; Birdsell, 1998; 어떤 연구에서 지적 수준이 높은 참석자들에게 회계 추천서 두 장을 평가하게 했다. 그 중 하나는 숫자로 가득 채워진 것이었고, 다른 하나는 중요한 숫자들을 포함하고는 있었으나 나머지는 언어로 서술된 것이었다. 결과는 아주 분명했다. 숫자가 많은 쪽이 수행자에게 더 뛰어난 추천서라는 평가를 받았다. 단 한 가지 예외. 제출자의 기만 동기가 높을 경우 실험 참가자들이 숫자를 꼼꼼하게 살펴보았다.

(Kadous, Koonce & Towry, 2005 ; vgl. Anderson et al., 2004)

6   Mahoney, 1976 ; Williams & Ware, 1976.

7   Lakoff, 1973, '파워 토킹'이라는 개념은 Walther(1996)의 영향을 받은 것이다.

8   Vgl. Scherer, 1979 ; Bradac et al., und Bradac & Mulac, 1984.

9   Lakoff(1973)는 남성과 여성의 차이에 대해서도 질문했다. 그는 여성이 힘없는 언어를 사용할 것이라고 가정했지만, 그의 가설은 부정되었다.

10   Miller & Hewgill, 1964, und Hawkins, 1967.

11   Vgl. So etwa eine TNS Infratest의 설문 조사는 뉴스 앵커의 '보이는 능력'을 알려주고 있다 (Powelz, 2011).

12   Reynolds & Gifford, 2001.

13   Vgl. Murphy et al., 2003 ; Borkenau & Liebler, 1995 ; Reynolds & Gifford, 2001 ; Murphy et al., 2001 ; Pancer & Meindl, 1978 ; Behling & Williams, 1991.

14   Z. B. Miller et al., 1975 ; Murphy et al., 2003 ; Reynolds & Gifford, 2001 ; Brown, 1980. Smith et al., 1975.

15   Vgl. Mehrabian, 1972 ; Sereno & Hawkins, 1967.

16   Vgl. Murphy et al., 2003 ; Zuckerman & Driver, 1989.

17   Brown, Strong & Rencher, 1975.

18   Mehrabian, 1972.

19   Scherer (1979)는 이런 결과에 도달했다. 독일인들이 특히 큰 소리에 부정적으로 반응한다는 것. 그에 비해 미국인들은 큰 소리를 오히려 긍정적으로 느낀다.

20   Murphy et al., 2003.

21   Berger & Bradac, 1982.

22   Vgl. Scherer, 1979.

23   Vgl. Murphy et al., 2003.

24   Wilkinson, 1965.

25   Giles & Powesland, 1975 ; Giles, 1970 ; Riches & Foddy, 1989.

26   Giles, 1973.

27   Dixon & Mahoney, 2004 ; Lev-Ari & Keysar, 2010

28   Mulac & Rudd, 1977. 이 측정은 이른바 Speech Dialect Attitudinal Scale (SDAS)을 이용하여 수행되었다.(Mulac, 1975 und 1976)

29   Vgl. etwa Ng & Bradac, 1993 ; Gluszek & Dovidio, 2010 ; Ryan & Carranza, 1975 참조.

30   Stewart, Ryan & Giles, 1985 ; vgl. Ellis, 1967.

31 Giles, 1970.

32 Vgl. Cargile, 2000. Yzerbyt, Provost & Corneille (2005)는 프랑스어로 말하는 벨기에 사람들이 프랑스 사람뿐만이 아니라 프랑스어를 쓰는 동향인들에 대해서도 덜 유능하다는 평가를 내렸다는 사실을 밝혀냈다.

33 Fuertes, Potere & Ramirez, 2002 ; Giles, 1971.

34 언어의 사회심리학은 인지적 인자들이 어떻게 언어의 수용과 만들기를 통제하는지를 탐구한다. (Giles & Coupland, 1991, S.XI)

35 Gifford & Reynolds, 2001.

Chapter 6 열 마디 말보다 강력한 몸짓 사용법

1 Nach Booher, 2011, S. 24.

2 Booher, 2011, S. 26

3 다음의 초기 연구들에서 '신체 언어'라는 표현이 인상적이다. Birdwhis tell, 1952 ; Efron, 1941 ; Ekman & Friesen, 1969 ; Exline & Winters, 1965 ; Hall, 1959, 1963, 1966 ; Kendon, 1967 ; Mehrabian, 1971,1972 ; Scheflen, 1964,1965,1966 ; Sommer, 1969. 이 개념은 너무 빈번히 사용되어서 처음 쓰였을 때만큼의 신선함을 주지는 못하게 되었다.(vgl. Harrison, 1979, S.218)

4 Hellweg ; Pfau & Brydon, 1992. Bugental, Kaswan, & Love, L. R., 1970도 참조.

5 특히 서양과 동아시아에서 법정용어는 예외. 이곳에서는 서로 친절한 얼굴로 만난다는 강력한 관습이 존재한다.(Argyle, Alkema & Gilmour, 1972)

6 Vgl. Argyle, 1979, S. 127 ; Murphy, 2007.

7 Vgl. Mehrabian, 1972, S. 105, S. 189 ; Zaidel & Mehrabian, 1969.

8 Naftulin, Ware & Donnelly, 1973.

9 Williams & Ceci, 1997. Radmacher & Martin (2001)도 이와 비슷하게 교수의 외향성이 여기서 탐색된 가장 중요한 인자였다고 밝혔다. Riniolo et al., 2006 ; Pozo-Munoz, Rebolloso-Pacheco & Fernandez-Ramirez, 2000.

10 이런 실용적인 충고와 그 이상에 대해서는 Booher, 2011,S.34.

11 Tecce, 2004.

12 Liepman, 1957, S. 11 ff.

13 Anderson, 1991.

14 Dovidio & Ellyson, 1982

15 Vgl. Exline, 1963 ; Exline, Gray & Schuette, 1965 ; Kendon, 1967 ; Kleinke et al.,

1975.

16 Spence, 2006.

17 Vgl. Anderson, 1991. 웃고 있는 아기는 이미 긍정적인 효과를 낸다(Power, Hildebrandt & Fitzgerald, 1982).

18 Mehrabian, 1972, S. 81 f.

19 Strack, Stepper & Martin, 1988. Laird는 1974년에 이미 안면근육 신경분포의 작용들을 탐색했고, Ekman, Levenson & Friesen(1983)도 큰 주목을 받은 실험을 했다. Lanzetta(1976)는 실험 참가자들에게 전기 쇼크를 주었다. 그들 일부에게는 고통으로 일그러진 얼굴을 과장할 것을, 다른 사람들에게는 고통의 표현을 가능하면 억제할 것을 각각 요청했다. 관객을 속이기 위해서라는 핑계를 대고. 이어진 질문에서 고통의 표현을 강화한 사람들은 고통을 더욱 강하게 느꼈고, 고통의 표현을 억누른 사람들은 고통을 훨씬 약하게 느꼈다. 비판적인 논의로는, Stoebe, Hewstone & Stephenson, 1996, S.326ff.

20 Joule & Beavois, 1998, S.121f. 저자들은 1960년대 말에 체계화된 이런 생각을 철학자 Baruch Spinoza의 공으로 돌린다.

21 Murphy, 2007, S. 327 ff.; Murphy et al., 2001 ; Murphy et al. 2003.

22 Mehrabian, 1972, S. 72 ff.

23 Hare & Bales, 1963 ; Strodtbeck & Hook, 1961 ; vgl. Nemeth & Wachtler, 1974, S. 532

24 Albert & Dabbs, 1970.

25 Vgl. Brehm, 1968. Zum personal space : Sommer, 1969.

26 Pease & Pease, 2004.

27 Watson, 1972. Watson & Graves, 1966. 더 일반적 견해는 Hall, 1966.

28 Mehrabian, 1967.

29 Mehrabian, 2009, S. 75 ff.

Chapter 7 볼수록 매력 넘치는 사람들의 비밀

1 Carnegie, 2001, S. 127.

2 Carnegie, 2001, S. 84.

3 그에 대한 더 많은 내용은: Nasher, 2013, S.158ff. 인기를 위한 호의: Mum mendey, 1995, S.157. 대립의 원칙은 Gouldner(1960)에 의해 처음으로 더욱 자세히 탐구되었다.

4 '인상 관리'에 대한 아주 초기의 연구들에서는 긍정적 상호작용 목표들이 구분되지 않았다. 긍정적인 인상과는 달리 부정적인 인상들만 관찰되었다. 이렇게 구분되지 않은 관찰

중에서 Osgood, Suci & Tannenbaum(1957)의 연구가 특징적인데, 이는 한 사람이 만들어내는 인상이 대부분은 좋다, 나쁘다 차원에 머문다는 생각을 출발점으로 삼았다. 수십 년에 걸쳐 인상 관리 분야 연구가 발전하면서 점점 더 분화된 연구가 이루어졌다. 지금은 긍정적인 상호작용과 부정적인 상호작용의 목표들이 모두 정의되어 있다. 여러 연구들, 특히 E.E. Jones는 인기를 얻는다는 긍정적 상호작용 목표에 집중했다. Vgl. Jones, 1990, Jones & Wortman, 1973

5 1990, S. 185.

6 Cialdini & Goldstein, 2004; Thacker & Wayne, 1995; Eastman, 1994. 소개 인터뷰에 대해서는 Varma, Toh & Pichler, 2006; 봉급 인상에 대해서는 Tsui & Barry, 1986; Appelbaum & Hughes, 1998; Orpen, 1996; Wayne & Kacmar, 1991; Wayne & Ferris, 1990; 직원들의 호감을 얻는 문제에 관해서는 Kipnis, Schmidt & Wilkinson, 1980.

7 Jones(1964)는 3가지 주요 기술을 관찰했다. 비위 맞추기, 자기표현, 의견 같게 하기 등. Tedeschi & Melbug(1984)는 여기다가 '호의 베풀기'를 덧붙였는데, 이는 이 책에도 들어있는 내용이다. Drory & Zaidman(1986)은 '존경' 항목도 덧붙였다.

8 Girard, 1977.

9 Drachman et al., 1978.

10 Jones, 1990, S. 183. 이후의 이른바 'Source credibility theory'에 따르면, 다른 사람들에게 영향을 미치려는 의도를 가진 이들이 오히려 적은 영향력을 갖는다. 그 의도가 명백히 보이기 때문이다. Vgl. Pornpitakpan 2004; Birnbaum & Stegner, 1979.

11 Grant, 2014, S. 43.

12 Carnegie, 2001, S. 58 참고.

13 그에 대해서는 Nasher, 2013, S. 61 ff. 존경심에 대해 더 이상의 것은 Borbonus, 2011 참고.

14 Ury, 2008, S. 82.

15 Grant, 2014.

16 Vrij, 2008, S. 48; Chartrand & Bargh, 1999; Akehurst & Vrij, 1999; Baumeister, Hutton & Tice, 1989; Cappella & Schreiber, 2006; De-Paulo & Friedman, 1998; Dimberg, Thumberg & Grunedal, 2002; Tickle-Degnen, 2006.

17 Tedeschi & Melbug, 1984.

18 Jones, 1964.

19 Jones, 1990, S. 183.

20 Jones, 1990, S. 183.

21 Grant, 2014 S. 43

22 Berger et al., 1976, S. 159 f 참고.

23 Sokal, 1996 a.

24 Sokal, 1996 b; Sokal & Bricmont, 1998.

25 Tedeschi & Melbug, 1984.

26 Godfrey, Jones & Lord, 1986.

27 Shell, 2006, S. 142; Cialdini, 1993. Weitere Quellen: Newcomb, 1961, 그리고 Byrne, 1971; Locke & Horowitz, 1990.
    Brewer, 1979; Ryen & Kahn, 1975; Machinov & Monteil, 2002, s. Lewicki; Barry & Saunders, 2010, S. 237 f.

28 Cialdini, 1993, S. 173.

29 Oldmeadow et al., 2003.

30 Gilbert & Horenstein, 1975.

31 Gilbert & Horenstein, 1975.

32 Gilbert, 1976.

33 Cozby, 1973; Mummendey, 1995, S. 153.

34 Thorndike, 1920.

35 Schneider, Gruman & Coutts; 2012; Rosenzeig, 2007.

36 Latham & Wexley, 1981, S.102. 'status characteristic framework'에 사용된 개념, Berger et al., 1977. 전체적인 조망을 위해서는 Bunderson, 2003, S.562

37 후광 효과의 이런 작용방식은 Heider(1958)에서부터 Shelly(2001)에 이르기까지의 지배적인 의견과 일치한다.

38 그에 대해서는 Bolino et al., 2006; Ferris et al., 1994. 관찰자가 관찰 대상자에 대해 긍정적이든 부정적이든 극단적인 감정을 품고 있을 경우, 후광 효과는 더욱 강해진다.(Tsui & Barry, 1986). 이론적인 조망은 Forgas, 1999.

39 Asch, 1946. 더 정확하게는 Fiske et al., 2002; Fiske et al., 1999. 따스함(소통)과 유능함 영역에서 'Warmth-over Competence-Hypothese'에 대해서는 vg. Abele & Wojciszke, 2007; Wojciszke, 1994; Durante, Capozza & Fiske, 2010

40 설득력도 별로 없고 온통 상대화로 가득하다. Judd et al., 2005; Kervyn, Yzerbyt & Judd, 2010; vgl. Durante, Capozza & Fiske, 2010.

41 Richetin et al., 2012; vgl. Rosenberg, Nelson & Vivekananthan, 1968.

42 Lin et al., 2011; vgl. Yzebyt et al., 2005; Judd et al., 2005.

43 Mills & Aronson, 1965; Mills, 1966.

44   Reinhard, Messner & Sporer, 2006.

45   Chandon & Wansink, 2007.

Chapter 8 아무도 흉내낼 수 없는 '아우라'를 만드는 법

1   Etzioni 2004; Searcy, 2011.

2   Cartwright, 1959; Galinsky et al. 2008; Haslam, 2004; Sherif & Sherif 1964; Berger & Ward 2010; Feltovich et al., 2002; Han et al., 2010.

3   Bellezza, Gino & Keinan (2014); vgl. Phillips & Zuckerman, 2001; Thompson, Rindfleisch & Arsel, 2006; Van Kleef et al., 2011; Simonson & Nowlis, 2000; vgl. Arnould & Thompson, 2005; Brooks, 1981; Holt, 1998; Peterson & Kern, 1996; Solomon, 1999.

     개인주의에 관해서는 Baumeister, 1982; Galinsky et al., 2008; Kim & Markus, 1999.

4   피어싱과 문신에 대해서는. Seiter & Hatch, 2005; 눈썹 문신에 대해서는, Acor, 2001; vgl. Karl, McIntyre Hall & Peluchette, 2013; Chen, 2007; Miller, Niçois & Eure, 2009. "How Companies Are Dealing With Workplace Body Art Issues"는 고용주 설문조사에서 나온 다음과 같은 결과를 공개했다. "72%는 신체 피어싱에 반대, 69%는 눈에 띄는 문신에 반대, 73%는 특이한 머리 색깔에 반대, 64%는 특이한 헤어스타일에 반대."

5   Vgl. Lombardo & Tocci(1979), 강사들의 매력과 매력점수는 ratemypro-fessor.com: RINIOLO et al., 2006; Liu; Hu & Furutan, 2013.

6   Benson, Karabenick & Lerner, 1976.

7   Hamermesh & Biddle, 1994; Frieze, Olson & Russell, 1991; Hamermesh & Biddle, 1994; Hosoda et al., 2003.

8   Vgl. Budesheim & DePaola, 1994; Sigelman et al. 1986; Efran & Patterson, 1974; Albright et al., 1997; Todorov et al., 2005; Lenz & Lawson 2011; Ibrocheva, 2009; Verhulst, Lodge & Lavine, 2010. 시험 참가자들이 후보들의 다른 요소들도 알았느냐 하는 것은 차이를 만들어내지 못했다. (Palmer & Peterson, 2012)

9   Praino, Stockemer & Ratis, 2014.

10   King & Leigh, 2009, S. 591.

11   Berggren, Jordahl & Poutvaara, 2010.

12   Rosar, Klein & Beckers, 2012.

13 Chaiken, 1979.

14 Fiske & Cox(1979)는 매력의 서술이 완전히 뒤쪽으로 밀려나도록 질문들을 만들었다. 즉 실험 참가자들에게, 질문에 서술된 사람의 모임에서 어떤 느낌인지를 물었다. 그런데 도 최초의 서술은 외모였다.

15 Winston et al., 2002; Winkielman et al., 2006; Bar, Neta & Linz, 2006; Hassin & Trope, 2000; Zebrowitz, 1997.

16 Vgl. Efran, 1974; Hudson & Henze, 1969; Miller & Rivenbark, 1970; Perrin, 1921; Tesser & Brodie, 1971.

17 Vgl. Byrne & Clore, 1970; Kleck, Richardson & Ronald, 1974; Levinger, 1972.

18 Moor, Filippou & Perretti, 2011. 인기에 대해서는 Brewer & Archer, 2007; Patzer, 1975. 연구에서는 이것의 근거로 귀인심리학을 이용한다. (예컨대 Bem, 1972; Heider, 1944, 1946, 1954, 1958; Jones & Davin, 1965)

19 Vgl. Berscheid & Walster (1972) 그리고 Patzer (1985, S. 190). Aktueller: Lee et al., 2015.

20 Lefkowitz et al., 1955.

21 Vgl. Mummendey 1995, S. 151.

22 O'Neal & Lapitsky, 1991; Kwon, 1994; Kwon & Färber, 1992.

23 미국 관청의 연구 하나는 75%의 사람들이 '옷을 잘 입은 사람들'이 더 지적이고 부지런하고 인기가 있는 것으로 인지된다는 것을 전제로 삼는다는 결론에 도달했다. (Bowman, 1922, S. 39)

24 때로는 정장(Rucker, Anderson & Kangas, 1999), 때로는 의도적으로 느긋한(캐주얼) 복장(Rafaeli et al., 1997). 정장일 때는 유능하고, 느긋한 복장일 때는 호감을 준다.(Peluchette & Karl, 2007). Vgl. Kwon, 1994

25 Hoffmann, 1981.

26 Vgl. etwa Nielsen & Kernaleguen, 1976; Beckwith, 1997, S. 186, und Han, Nunes & Dreze, 2010.

27 Booher, 2011, S. 20.

28 Kruglanski & Webster 1991; Miller & Anderson, 1979; Schachter 1951.

29 Cialdini & Goldstein, 2004; Anderson et al., 2006, 2008; Levine, 1989; Lin, Dahl & Argo, 2013; Marques, Abrams & Serôdio, 2001; Wilson, 1979.

30 Doob & Gross, 1968. Joseph Forgas(1976)도 아주 비슷한 실험을 했다. 그는 유럽인들의 다양한 운전법을 비교했다. 가장 참을성이 없는 사람들은 이탈리아인들로, 평균 5초 뒤에는 경적을 울렸다. 가장 참을성이 있는 독일인들은 7.5초를 기다렸다.

31 Milgram, 1963.

32 Webster & Driskell, 1978.

33 Schmid Mast & Hall 2004, S. 146.

34 Bunderson, 2003; Oldmeadow et al., 2003, S. 146 ff; Fiske et al., 2002; in verschiedenen Kulturen; Cuddy et al., 2006; Eckes, 2002; Fiske & Cuddy, 2006.

35 Oldmeadow et al., 2003, S. 139; vgl. auch Balkwell et al., 1992, Berger et al., 1992.

36 Mischke, 2004. Aktueller; Michler, 2013.

37 Bourdieu, 1982.

38 McKenna(2006)는 기업 컨설턴트의 역사를 세심하게 통찰하고, 그 결과도 매우 상세하게 서술하고 있다.

39 Vgl. McArthur & Post, 1977, S. 531.

40 Kircheisen, 1925, S. 272.

41 Aronson & Mills, 1959.

42 Vgl. Young, 1965. 오하이오주립대학교의 학생 동아리는 2명의 신입회원 지원자를 이틀 동안 격리실에 감금했다. 두 사람은 짠 음식만을 받았고, 그것 말고도 자신의 소변을 받을 플라스틱 컵 두 개를 받았다. Vgl. Cialdini(1993, S.87). 독일의 주도적인 동아리에서는 'Mensur' 곧 소위 '대학 펜싱 경기'라는 게 있다. 일정한 수의 싸움에 참가한 다음에야 비로소 정회원이 된다. 이 짧은 경기를 위해 아주 오래 훈련을 받고 몹시 흥분하는데, 이는 보호복을 입고 있어도 여전히 위험한 일이다.

43 Brown, 2001.

44 Biallo, 1994, S. 37.

45 Vgl. Schmidt, 1971; Schmidt, Schmerl & Steffens, 1971; vgl. auch Mummendey 1995; S. 151.

46 Jobbörse Stepstone의 한 연구에 따르면 박사 학위를 소지한 마케팅 분야 임원진의 평균 봉급이 64,862유로로, 박사 학위가 없는 사람은 48,957유로에 지나지 않았다. 분야별 차이도 있다. IT 임원들은 차이가 10%, 금융 분야는 15%를 보인다. Vgl. Naumann, 2015. 분야별 차이에 대한 또 다른 훌륭한 조망은, Ritter, 2013

47 예전 BearingPoint China의 사장인 Bryan Huang은 그에 대해 이렇게 말한다. "내 친구들이 모두 director인데 나만 manager라면 대체 친구들을 어떻게 대한단 말인가?" (Fernandez & Underwood, 2006, S. 54)

48 Vgl. Sobelman, 1974; Strong et al., 1971.

49 Vgl. Cialdini, 1993, S. 75 ff.

50   Vgl. Schwanitz, 1999, S. 404.

51   Vgl. Cialdini & Richardson, 1980.

52   Vgl. Mummendey, 1995, S. 145 f.

53   Cialdini et al., 1976.

54   Vgl. Mummendey, 1995, S. 145.

55   Cialdini & DeNicholas, 1989.

56   Harrison, Struthers & Moore, 1988.

57   Vgl. Cialdini & Richardson, 1980.

58   2차 연구에 참여해준 Vladimir Donskoi 박사에게 감사를 전한다.

59   Cialdini & Mitarbeiter, 1976.

60   Spurling, 2001에서도 찾아볼 수 있다.

61   Gladwell, 2007, S. 160 ff.

62   Fernández & Underwood, 2006, S. 84.

63   Fiske & Taylor, 1991, S. 121 f. 그리고 144 f.

64   Uzzi, Lancaster & Dunlap, 2007 ; vgl. Lancaster & Uzzi, 2012.

65   그들에게서 높은 보상을 기대할 수 있다는 이유에서.(vgl. Ridgeway & Johnson, 1990).

66   Bunderson, 2003, S. 563, 578.

67   McKenna, 2006 ; S. 159.

68   McKenna, 2006 ; S. 8 ff.. 컨설턴트라는 개념이 얼마나 퍼져 있는지 불확실한 상황에서 최근의 평가에 따르면, 세계적으로 50만 명의 컨설턴트가 있다(Hari, 2010).

69   McKenna, 2006, S. 200.

Epilogue 숨어 있던 능력, 마침내 빛을 발하다

1   Vgl. Allport, 1968.

2   Vgl. Jones, 1990 ; Nisbett & Roll, 1980.

3   Rosenfeld, Giacalone & Riordan, 1995. '자기 PR' 같은 널리 쓰이는 개념은 사회학적인 위 연구를 현대 심리학의 인기 있는 자아 연구 및 자기 개념(Selbstkonzept) 연구와 결합시키는 데 이용된다. Bgl. Mummendey(1990, S.126) ; Schneider, 1981) ; Schlenker(1985) ; Schlenker & Weigold(1992)는 다른 의견.

4   Vgl. 더욱 상세한 것은 (특히 문헌 부분에서) Montaser-Kouhsari et al., 2007.

5   Soegard, 2012. 이탈리아 심리학자 Gaetano Kanizsa(1976)는 시각적으로 '착각적 윤곽(illusory contours)'의 맥락에서 설명했다. Martin Gründl은 이런 모습에서 '좋은 형

태의 법칙' 또는 '함축성의 법칙'을 보았다. 여기서 흰 삼각형은 그 뒤에 놓인 '선분 삼각형' 일부를 가리는 것으로 보이고, 따라서 여기서 2개의 뒤집힌 삼각형을 보는 것이 단순한 일이기 때문이다.

6   Eagly et al., 1991.

7   Murphy (2007) und Reynolds & Gifford (2001).

8   Golde, 1969; 주로 변호사의 능력에 관심을 가진 Rosenthal (1976, S. 271)의 문헌을 보고 요약한 것.

9   Nach Spence, 1996.

참고 문헌

.

지식을 얻기 위해서는
이미 지식을 갖고 있는 사람들의 도움이 필요하다.
출발지점에 이런 인식이 있어야 한다.
우리는 오로지 지식을 가진 사람에게서만 배울 수 있다.

— 조지 구르지예프 George Gurdjieff

Abele, A. E./Wojciszke, B. (2007). Agency and communion from the perspective of self versus others. In: Journal of Personality and Social Psychology 93, S. 751–63.

Abramowitz, I. A./O'Grady, K. E. (1991). Impact of gender, physical attractiveness, and intelligence on the perception of peer counselors. In: The Journal Of Psychology 125, 3, S. 311–26.

Abrams, D. (Hg.) (1993). Group motivation. Social psychological perspectives. London: Harvester.

Abrams, D./Hogg, M. A. (1988). Social identifications. A social psychology of intergroup relations and group processes. Florence: Taylor and Francis.

Acor, A. (2001). Employers' perceptions of persons with body art and an experimental test regarding eyebrow piercing. In: Dissertation Abstracts International, Abschnitt B, 61, 1B, S. 3885.

Adams, G. R. (1978). Racial membership and physical attractiveness effects on preschool teachers' expectations. In: Child Study Journal 8, S. 29–41.

Adams, G. R./Crane, P. (1980). An assessment of parents' and teachers' expectations of preschool children's social preference for attractive or unattractive children and adults. In: Child Development 5, S. 224–31.

Addington, D. (1971). The effect of vocal variations on ratings of source credibility. In: Speech Monographs 38, S. 242–47.

Albert, H. (1968). Traktat über kritische Vernunft. Tübingen: Mohr Siebeck.

Albert, S./Dabbs, J. (1970). Physical distance and persuasion. In: Journal of Personality and Social Psychology 15, S. 265–70.

Albright, L./Malloy, T. E./Dong, Q./Kenny, D. A./Fang, X./Winquist, L./Yu, D. (1997). Cross-cultural consensus in personality judgments. In: Journal of Personality and Social Psychology 72, 3, S. 558–69.

Alley, T. R. (1988). The effects of growth and aging on facial aesthetics. In: Alley, T. R. (Hg.). Social and applied aspects of perceiving faces. Hillsdale: Lawrence Erlbaum Associates, S. 51–62.

Alley, T. R. (Hg.) (1988). Social and applied aspects of perceiving faces. Hillsdale: Lawrence Erlbaum Associates.

Alley, T. R./Cunningham, M. R. (1991). Averaged faces are attractive, but very attractive faces are not average. In: Psychological Science 2, S. 123–25.

Allport, G. W./Cantril, H. (1934). Judging personality from voice. In: Journal of Social Psychology 5, S. 37–55.

Ambady, N./Bernieri, F. J./Richeson, J. A. (2000). Toward a histology of social behavior. Judgmental accuracy from thin slices of the behavioral stream. In: Zanna, M. P. (Hg.). Advances in experimental social psychology, Band 32. San Diego: Academic Press, S. 201–71.

Ambady, N./Hallahan, M./Rosenthal, R. (1995). On judging and being judged accurately in zero-acquaintance situations. In: Journal of Personality and Social Psychology 69, S. 538–47.

Ambady, N./Rosenthal, R. (1992). Thin slices of expressive behavior as predictors of interpersonal consequences. A meta-analysis. In: Psychological Bulletin 111, S. 256–74.

Ambady, N./Rosenthal, R. (1993). Half a minute. Predicting teacher evaluations from thin slices of nonverbal behavior and physical attractiveness. In: Journal of Personality and Social Psychology 64, 3, S. 431–41.

Amyx, D./Bristow, D./Robb, J. (2009). Source credibility in attorney advertisements. In: Services marketing Quarterly 30, 4, S. 377–96.

Anderson, C./Srivastava, S./Beer, J. S./Spataro, S. E./Chatman E. (2006). Knowing your place. Self-perceptions of status in face-to-face groups. In: Journal of Personality and Social Psychology 91, 6, S. 1094–110.

Anderson, L. D. (1921). Estimating intelligence by means of printed photographs. In: Journal of Applied Psychology 5, S. 152–55.

Anderson, N. R. (1991). Decision making in the graduate selection interview. An experimental investigation. In: Human Relations 44, S. 403–17.

Anderson, U./Kadous, K./Koonce, L. (2004). The role of incentives to manage earnings and quantification in auditors' evaluations of managementprovided evidence. In: Auditing. A Journal of Practice & Theory 23, 1, S. 11–27.

Andersson, M. (1994). Sexual selection. Princeton: Princeton University Press.

Ansolabehere, S./Snowberg, E. C./Snyder, J. M. (2006). Television and the incumbency advantage in U.S. elections. In: Legislative Studies Quarterly 31, 4, S. 469–90.

Apparala, M. L./Reifman, A./Munsch, J. (2003). Cross-national compari- sons of attitudes towards fathers' and mothers' participants in household tasks and childcare. In: Sex Roles 48, S. 189–203.

Appelbaum, S./Hughes, B. (1998). Ingratiation as a political tactic. Effects within the organization. In: Management Decision 36, 2, S. 85–95.

Argyle, M. (1979). Körpersprache und Kommunikation. Paderborn: Junfermann.

Argyle, M./Alkema, F./Gilmour, R. (1972). The communication of friendly and hostile attitudes by verbal and non-verbal signals. In: European Journal of Social Psychology 1, S. 385–402.

Argyle, M./Furnham, A./Graham, J. A. (1981). Social situations. Cambridge u. a.: Cambridge University Press.

Argyle, M./Ginsburg, G. P./Forgas, J. P./Campbell, A. (1981). Personality constructs in relation to situations. In: Argyle, M./Furnham, A./Graham, J. A. (1981). Social situations. Cambridge u. a.: Cambridge University Press, S. 252–56.

Argyle, M./McHenry, R. (1971). Do spectacles really affect judgments of intelligence. In: British Journal of Social and Clinical Psychology 10, S. 27–29.

Armstrong, J. S. (1980). Unintelligible management research and academic prestige. In: Interfaces 10, 2, S. 80–86.

Arnould, E. J./Thompson, C. J. (2005). Culture consumer theory (CCT). Twenty years of research. In: Journal of Consumer Research 31, 3, S. 868–81.

Aronson, E. (1969). Some antecedents of interpersonal attraction. In: Arnold, W. J./ Levine, D. (Hg.). Nebraska symposium on motivation, Band 17. Lincoln: University of Nebraska Press, S. 143–73.

Aronson, E./Mills, J. (1959). The effect of severity of initiation on liking for a group. In: Journal of Abnormal and Social Psyhology 59, S. 177–81.

Asch, S. E. (1946). Forming impressions of personality. In: Journal of Abnormal and Social

Psychology 41, S. 258–90.

Atkins, C. P. (1993). Do employment recruiters discriminate on the basis of nonstandard dialect?. In: Journal of Employment Counseling 30, 3, S. 108–18.

Atkinson, R. C./Shiffrin, R. M. (1968). Human memory. A proposed system and its control processes. In: Spence, K.W./Spence, J.T. (Hg.). The psychology of learning and motivation, Band 2. New York: Academic Press, S. 89–195.

Bacharach, S. B./Lawler, E. J. (Hg.) (1984). Research in the sociology of organizations. Greenwich: JAI Press.

Baker, M. J./Churchill, G. A., jr. (1977). The impact of physically attractive models on advertising evaluations. In: Journal of Marketing Research 14, S. 538–55.

Balkwell, J. W./Berger, J./Webster, M./Nelson-Kilger, M./Cashen, J. M. (1992). Processing status information. Some tests of competing theoretical arguments. In: Advances in Group Processes 9, S. 1–20.

Banducci, S. A./Karp, J. A./Thrasher, M./Rallings, C. (2008). Ballot photographs as cues in low-information elections. In: Political Psychology 29, 6, S. 903–17.

Bar, M./Neta, M./Linz, H. (2006). Very first impressions. In: Emotion 6, 2, S. 269–78.

Barber, N. (1995). The evolutionary psychology of physical attractiveness. Sexual selection and human morphology. In: Ethology and Sociobiology 16, 39, S. 5–424.

Bargh, J. A./Chen, M./Burrows, L. (1996). Automaticity of social behavior. Direct effects of trait construct and stereotype priming on action. In: Journal of Personality and Social Psychology 71, S. 230–44.

Barnes, M. L./Sternberg, R.J. (1989). Social intelligence and judgment policy of nonverbal cues. In: Intelligence 13, S. 263–87.

Barocas, R./Vance, F. L. (1974). Physical appearance and personal adjustment counseling. In: Journal of Counseling Psychology 21, S. 96–100.

Barrett, G. (2005). Halo cars. In: A Way with Words vom 17.01.05, einsehbar unter http://www.waywordradio.org/halo_car/ (2.11.16).

Bassili, J. N. (1981). The attractiveness stereotype. Goodness or glamour?. In: Basic and Applied Social Psychology 2, S. 235–52.

Bata, T. J./Sinclair, S. (1990). Bata. Shoemaker to the world. Toronto: Stoddart.

Baumeister, R. F. (1982). A self-presentational view of social phenomena. In: Psychological Bulletin 91, 1, S. 3–26.

Baumeister, R. F. (1998). The self. In: Gilbert, D. T./Fiske, S. T./Lindzey, G. (Hg.). Handbook of social psychology, Band 1. New York: McGraw-Hill, S. 680–740.

Baumeister, R. F./Smart, L./Boden, J. M. (1996). Relation of threatened egotism to violence and aggression. The dark side of high self-esteem. In: Psychological Review 103, S. 5–33.

Bazil, V. (2005). Impression Management. Sprachliche Strategien für Reden und Vorträge. Gabler: Wiesbaden.

Beckwith, H. (1997). Selling the invisible. A field guide to modern marketing. New York: Warner Books.

Behling, D. U./Williams, E. A. (1991). Influence of dress on perception of intelligence and expectations of scholastic achievement. In: Clothing and Textiles Research Journal 9, S. 1–7.

Bellezza, S./Gino, F. /Keinan, A. (2014). The red sneakers effect. Inferring status and competence from signals of nonconformity. In: Journal of Consumer Research 41, 1, S. 35–54.

Bem, D. J. (1972). Self-perception theory. In: Berkowitz, L. (Hg.). Advances in experimental social psychology, Band 6. New York: Academic Press. S. 1–62.

Benson, P. L./Karabenick, S. A./Lerner, R. M. (1976). Pretty pleases. The effects of physical attractiveness, race, and sex on receiving help. In: Journal of Experimental Social Psychology 12, S. 409–15.

Berger, C. R./Gardner, R. R./Parks, M. R./Schulman, L./Miller, G. R. (1976). Interpersonal epistemology and interpersonal communication. In: Miller, G. R. (Hg.). Explorations in interpersonal communication. Beverly
Hills u. a.: Sage.

Berger, C./Bradac, J. (1982). Language and social knowledge. Uncertainty in interpersonal relations. London: Arnold.

Berger, J./Fisek, M. H./Norman, R. Z./Zelditch, M. (1977). Status characteristics and social interaction. An expectation-states approach. New York: Elsevier.

Berger, J./Norman, R. Z./Balkwell, J. W./Smith, R. F. (1992). Status inconsistency in task situations. A test of four status processing principles. In: American Sociological Review 57, S. 843–55.

Berger, J./Ward, M. (2010). Subtle signals of in-conspicuous consumption. In: Journal of Consumer Research 37, 4, S. 555–69.

Berggren, N./Jordahl, H./Poutvaara, P. (2010). The looks of a winner. Beauty, gender, and electoral success. In: Journal of Public Economics 94, 1–2, S. 8–15.

Berkowitz, L. (Hg.) (1965). Advances in experimental social psychology, Band 2. New York: Academic Press.

Berkowitz, L. (Hg.) (1972). Advances in experimental social psychology, Band 6. New York: Academic Press.

Berkowitz, L. (Hg.) (1978). Advances in experimental social psychology, Band 11. New York: Academic Press.

Berkowitz, L. (Hg.) (1980). Advances in Experimental Social psychology, Band. 13. Orlando: Academic Press.

Berry, D. S./Brownlow, S. (1989). Were the physiognomists right? Personality correlates of facial babyishness. In: Personality and Social Psychology

Bulletin 15, S. 266–79.

Berry, D. S./McArthur, L. Z. (1985). Some components and consequen ces of a baby-face. In: Journal of Personality and Social Psychology 48,

S. 312–23.

Berscheid, E./Walster, E. (1972). Beauty and the best. In: Psychology Today 5, S. 42–46.

Biallo, H. (1994). Die Doktomacher. Wien: Ueberreuter.

Bierhoff, H.-W. (1989). Person Perception and Attribution. Berlin u. a.: Springer.

Birdsell, D. (1998). Presentation graphics. New York: McGraw-Hill, einsehbar unter http://www.mhhe.com/socscience/comm/luccas/student/ birdsetl/birdselll2.html (10.09.16).

Birdwhistell, R. L. (1952). Introduction to kinesics. Louisville: University of Kentucky Press.

Birdwhistell, R. L. (1970). Kinesics and context. Essays on body motion communication. Philadelphia: University of Pennsilvanya Press.

Birnbaum, M. H./Stegner, S. E. (1979). Source credibility in social judgment.

Bias, expertise, and the judge's point of view. In: Journal of Personality and Social Psychology 37, 1, S. 48–74.

Blaker, N. M/Rompa, I./Dessing, I. H./Vriend, A. F./Herschberg, C./Van Vugt, M. (2013). The height leadership advantage in men and women.

Testing evolutionary psychology predictions about the perceptions of tall leaders. In: Group Processes and Intergroup Relations.

Bolino, M. C./Varela, J. A./Bande, B./Turnley, W. H. (2006). The impact of impression-management tactics on supervisor ratings of organizational citizenship behavior. In: Journal of Organizational Behavior 27, S. 281–97.

Booher, D. (2011). Creating personal presence. Look, talk, think, and act like a leader. Oakland: Berrett-Koehler.

Borbonus, R. (2011). Respekt! Wie Sie Ansehen bei Freund und Feind gewinnen. Berlin: Econ.

Borkenau, P./Liebler, A. (1995). Observable attributes as manifestations and cues of personality and intelligence. In: Journal of Personality 63, S. 1–25.

Bottger, P. (1984). Expertise and air time as bases of actual and perceived influence in problem-solving groups. In: Journal of Applied Psychology 69, S. 214–21.

Bourdieu, P. (1982). Der Sozialraum und seine Transformationen. In: Ders. Die feinen Unterschiede. Kritik der gesellschaftlichen Urteilskraft. Frankfurt am Main: Suhrkamp, S. 171–210.

Bowman, J. S. (1992). Dress standards in government. A national survey of state administrators. In: Review of Public Personnel Administration 12, S. 35–51.

Bradac, J. J./Hemphill, M. R./Tardy, C. H. (1981). Language style on trial. Effects of powerful and powerless speech upon judgements of vicitims and villains. In: Western Journal of Speech Communication 45, S. 327–41.

Bradac, J. J./Mulac, A. (1984). Attributional consequences of powerful and powerless speech styles in a crisis-intervention context. In: Journal of Language and Social Psychology 3, S. 1–19.

Braun, C./Gründl, M./ Marberger, C./Scherber, C. (2001). Beautycheck. Ursachen und Folgen von Attraktivität. Projektabschlussbericht, einsehbar unter: http://www.beautycheck.de/cmsms/index.php/der-ganze-bericht (12.10.16).

Brehm, J. W. (1968). Attitude change from threat to attitudinal freedom. In: Greenwald, A. G./Brock. T. C./Ostrom, J. M. (Hg.). Psychological foundations of attitudes. New York: Academic Press.

Brehm, J. W. (1978). A theory of psychological reactance. New York: Academic Press.

Brescoll, V./Uhlmann, E. (2008). Can an angry woman get ahead? Status conferral, gender, and expression of emotion in the workplace. In: Psychological Science 19, S. 268–75.

Brewer, G./Archer, J. (2007). What do people infer from facial attractiveness? In: Journal of Evolutionary Psychology 5, 1–4, S. 39–49.

Brewer, M. B. (1979). In-group bias in the minimal group situation. A cognitive-motivational analysis. In: Psychological Bulletin 86, S. 307–24.

Brewer, M. B. (1997). On the social origins of human nature. In: McGarty C./Haslam, S.A. (Hg.). The message of social psychology. Perspectives on mind in society. Cambridge, Massachusetts: Blackwell, S. 54–62.

Brewer, M. B. (1999). The psychology of prejudice. Ingroup love or outgroup hate? In: Journal of Social Issues 55, S. 429–44.

Bromley, D. B. (1993). Reputation, image and impression management. Chichester u. a..: John Wiley & Sons.

Brooks, J. (1981). Showing off in America. From conspicuous consumption to parody display. Boston: Little, Brown.

Brown, B. (1969). The social psychology of variations in French Canadian speech. Dissertation, McGill University. In: Dissertation Abstracts International 30, 3093B.

Brown, S. (2001). Torment your customers. They'll love it. In: Harvard Business Review 79, 9, einsehbar unter https://hbr.org/2001/10/tormentyour-customers-theyll-love-it (2.11.16).

Buckalew L. W./Ross, S. (1981). Relationship of perceptual characteristics to efficacy of placebos. In: Psychol. Rep. 49, 3, S. 955–61.

Budesheim, T. L./DePaola, S. J. (1994). Beauty or the beast? The effects of appearance, personality, and issue information on evaluations of political candidates. In: Personality and Social Psychology Bulletin 20, S. 339–48.

Budge, H. S. (1981). Dimensions of physical attractiveness. How others see us. Unveröffentlichte Dissertation, University of Utah.

Bugental, D. E./Kaswan, J. W./Love, L. R. (1970). Perception of contradictory meanings conveyed by verbal and nonverbal channels. In: Journal of Personality and Social Psychology 16, S. 647–55.

Bunderson, J. S. (2003). Recognizing and utilizing expertise in work groups. A status characteristics perspective. In: Administrative Science Quarterly 48, S. 557–91.

Buss, D. (1989). Sex differences in human mate preferences. Evolutionary hypotheses tested in 37 cultures. In: Behavioural and Brain Sciences 12, S. 1–49.

Buss, D. M. (2000). The evolution of happiness. In: American Psychologist 55, S. 15–23.

Byrne, D. (1971). The attraction paradigm. New York: Academic Press.

Byrne, D./Clore, G. L. (1970). A reinforcement model of evaluative responses. In: Personality. An International Journal 1, S. 103–28.

Byrne, D./London, C./Reeves, K. (1968). The effects of physical attractiveness, sex, and attitude similarity on interpesonal attraction. In: Journal of Personality 36, S. 259–71.

Cargile, A. C. (2000). Evaluations of employment suitability. Does accent always matter? In: Journal of Employment Counseling 37, 3, S. 165–77.

Carnegie, D. (1936). How to win friends and influence people. New York: Simon & Schuster.

Carnegie, D. (2001). Wie man Freunde gewinnt. Bern u. a.: Scherz.

Cartwright, D. (1959). A field theoretical conception of power. In: Ders. (Hg.). Studies in Social

Power. Ann Arbor: University of Michigan Press, S. 86–103.

Cartwright, D. (Hg.) (1959). Studies in social power. Ann Arbor: University of Michigan Press.

Carver, C. S./Lawrence, J. W./Scheier, M. F. (1999). Self-discrepancies and affect. Incorporating the role of feared selves. In: Personality and Social Psychological Bulletin 25, 783–92.

Castiglione, B. (1999). Der Hofmann. Lebensart in der Renaissance. Berlin: Wagenbach.

Cavior, N. (1970). Physical attractiveness, perceived attitude similarity, and interpersonal attraction among fifth and eleventh grade boys and girls. Unveröffentlichte Dissertation, University of Houston.

Chaiken, S. (1979). Communicator physical attractiveness and persuasion. In: Journal of Personality and Social Psychology 37, S. 1387–97.

Chaikin, A. L./Gillen, B./Derlega, V. J./Heinen, J. R. K./Wilson, M. (1978). Students reactions to teachers' physical attractiveness and nonverbal behavior. Two exploratory studies. In: Psychology in Schools 15, S. 588–95.

Chandon, P./Wansink, B. (2007). The biasing health halos of fast-food restaurant health claims. Lower calorie estimate and higher side-dish consumption intentions. In. Journal of Consumer Research 34, 3, S. 301–14.

Cheetham, G./Chivers, G. (1996). Towards a holistic model of professional competence. In: Journal of European Industrial Training 20, S. 20–30.

Chen, H. H. (2007). Tattoo survey results. Vault explains it all for you, einsehbar unter http:// www.vault.com/nr/main_article_detail.jsp?article_ id=5319842&ht_type=5 (12.09.16).

Cialdini, R. B. (1993). Influence. The psychology of persuasion. New York: William Morrow.

Cialdini, R. B./Borden, R. J./Thorne, A./Walker, M. R./Freeman, S./Sloan, L. R. (1976). Basking in reflected glory. Three (football) field studies. In: Journal of Personality and Social Psychology 34, S. 366–74.

Cialdini, R. B./Cacioppo, J. T./Bassett, R./Miller, J. A. (1978). Low-ball procedure for producing compliance. Commitment then cost. In: Journal of Personality and Social Psychology 36, 5, S. 463–76.

Cialdini, R. B./Goldstein, N. J. (2004). Social influence. Compliance and conformity. In: Annual Review of Psychology 55, 1974, S. 591–621.

Cialdini, R. B./Richardson, K. D. (1980). Two indirect tactics of image management. Basking and blasting. In: Journal of Personality and Social Psychology 39, S. 406–15.

Cialdini, R./DeNicholas, M. E. (1989). Self presentation by association. In: Journal of Personality and Social Psychology 57, S. 626–31.

Clance, P. R./Imes, S. A. (1978). The imposter phenomenon in high achieving women. Dynamics and therapeutic intervention. In: Psychotherapy. Theory, Research and Practice 15, 3, S. 241–47.

Clark, M. S./Pataki, S. P./Carver, V. H. (1996). Some thoughts and findings on self presentation of emotions in relationships. In: Fletcher, G. J. O./ Fitness, J. (Hg.). Knowledge structures in close relationships. A social psychological approach. Mahwah: Lawrence Erlbaum Associates, S. 247–74.

Clark, T./Salaman, G. (1998). Telling tales. Management gurus' narratives and the construction of managerial identity. In: Journal of Management Studies 35, 2, S. 85–107.

Collins, J. (2001). Good to great. Why some companies make the leap……and others don't. New York: HarperCollins.

Colvin, C. R./Bundick, M. S. (2001). In search of the good judge of personality. Some methodological and theoretical concerns. In: Hall, J. A./ Bernieri, F. J. (Hg.). Interpersonal sensitivity. Theory and measurement. Mahwah: Lawrence Erlbaum Associates, S. 47–65.

Condon, J. C. jr. (1977). Interpersonal communication. New York: Macmillan.

Connolly-Ahern, C./Broadway, S. C. (2007). The importance of appearing competent. An analysis of corporate impression management strategies on the World Wide Web. In: Public Relations Review 33, 3, S. 343–45.

Cook, W. C. (1939). The judgment of intelligence from photographs. In: Journal of Abnormal and Social Psychology 34, S. 384–89.

Coombs, R. H./Kenkel, W. F. (1966). Sex differences in dating aspirations and satisfaction with computer-selected partners. In: Journal of Marriage and the Family 28, S. 62–66.

Cozby, P. C. (1973). Self-disclosure. A literature review. In: Psychological Bulletin 79, S. 73–91.

Cravens, K./Oliver, E. G./Ramamoorti, S. (2003). The reputation index. Measuring and managing corporate reputation. In: European Management Journal 21, S. 201–12.

Cross, J. F./Cross, J. (1971). Age, sex, race, and the perception of facial beauty. In: Developmental Psycholgy 5, S. 433–39.

Culbert, S. A. (1968). Trainer self-disclosure and member growth in T-groups. In: Journal of Applied Behavioral Science 4, S. 47–73.

Cunningham, M. R./Barbee, A. P./Druen, P. B./Roberts, A. R./Wu, C.-H. (1995). Their ideas of beauty are, on the whole, the same as ours. Consistency and variability in the cross-cultural perception of female physical attractiveness. In: Journal of Personality and Social Psychology 68, S. 261–79.

Cunningham, M. R./Barbee, A. P./Pike, C. L. (1990). What do women want? Facialmetric assessment of multiple motives in the perception of male facial physical attractiveness. In: Journal of Personality and Social Psychology 59, S. 61–72.

Darby, B. W./Schlenker, B. R. (1982). Children's reaction to apologies. In: Journal of Personality and Social Psychology 8, S. 377–83.

Darley, J. M./Goethals, J. R. (1980). People's analysis of the causes of abilitylinked performances. In: Berkowitz, L. (Hg.). Advances in Experimental Social psychology, Band 13. Orlando: Academic Press, S. 2–37.

Das, T. K./Teng, B.-S. (2001). Trust, control and risk in strategic alliances. An integrated framework. In: Organization Studies 22, 2, S. 251–83.

De Craen, A. J. M./Roos, P. J./De Vries, A. L./Kleijnen, J. (1996). Effect of colour of drugs. Systematic review of perceived effect of drugs and of their effectiveness. In: British Medical Journal 313, 7072, S. 1624–26.

De Rivera, J. (1977). A structural theory of the emotions. New York: International Universities Press.

Delamater, R. J./McNamara, J. R. (1987). Expression of anger. Its relationship to assertion and social desirability among college women. In: Psychological Reports 61, 1, S. 131–34.

Deussen, P. (Hg.) (1913). Arthur Schopenhauers sämtliche Werke, Band 4. München: Piper.

Deutsch, F. M./Clark, M. E./Zalenski, C. M. (1983). Is there a double standard of aging? In: Alley, T. R. (Hg.). Social and applied aspects of perceiving faces. Hillsdale: Lawrence Erlbaum Associates, S. 36–89.

Deutsch, F. M./Zalenski, C. M./Clark, M. E. (1986). Is there a double standard of aging? In: Journal of Applied Social Psychology 16, S. 771–85.

Diekman, A. B./Eagly, A. H. (2000). Stereotypes as dynamic constructs. Women and men of the past, present, and future. In: Personality and Social Psychology Bulletin 26, S. 1171–88.

Dijksterhuis, A./Knippenberg, A. van (1998). The relation between perception and behavior, or how to win a game of Trivial Pursuit. In: Journal of Personality and Social Psychology 74, 4, S. 865–77.

Dion, K./Berscheid, E./Walster, E. (1972). What is beautiful is good. In: Journal of Personality and Social Psychology 24, 3, S. 285–90.

Dipboye, R. L. (1989). Threats to the incremental validity of interviewer judgments. In: Eder, R. W./Ferris, G. R. (Hg.). The employment interview. Theory, research, and practice. Newbury Park: Sage, S. 45–60.

Dixon, J. A./Mahoney, B. (2004). The effect of accent evaluation and evidence on a suspect's perceived guilt and criminality. In: Journal of Social Psychology 144, 1, S. 63–73.

Dobelli, R. (2011). Die Kunst des klaren Denkens. Freiburg: Herder.

Doob, A. N./Gross, A. E. (1968). Status of frustrator as an inhibitor of hornhonking responses. In: Journal of Social Psychology 76, S. 213–18.

Dovidio, J. F./Ellyson, S. L. (1982). Decoding visual dominance. Attributions of power based on relative percentages of looking while speaking and looking while listening. In: Social Psychology Quarterly 45, S. 106–113.

Drachman, D./Carufel, A. de/Inkso, C. A. (1978). The extra credit effect in interpersonal attraction. In: Journal of Experimental Social Psychology 14, S. 458–67.

Drory, A./Zaidman, N. (1986). Impression management behavior. Effects of the organizational system. In: Journal of Managerial Psychology 22, 3, S. 290–308.

Durante, F./Capozza, D./Fiske, S. T. (2010). The stereotype content model. The role played by competence in inferring group status. In: Testing, Psychometrics, Methodology in Applied Psychology 17, S. 1–13.

Durante, J./Volpato, S. (2012). Primacy of warmth versus competence. A motivated bias?. In: The Journal of Social Psychology 152, 4, S. 417–35.

Dutton, D. G./Aron, A. P. (1974). Some evidence for heightened sexual attraction under conditions of high anxiety. In: Journal of Personality and Social Psychology 30, S. 510–17.

Eagly, A. H./Acksen, B. A. (1971). The effect of expecting to be evaluated on change toward favorable and unfavorable information about oneself. In: Sociometry 34, S. 411–22.

Eagly, A. H./Ashmore, R. D./Makhijani, M. G./Longo, L. C. (1991). What is beautiful is good, but…… A meta-analytic review of research on the physical attractiveness stereotype. In: Psychological Bulletin 110, 1, S. 109–28.

Eagly, A. H./Blair, T. J. (1990). Gender and leadership style. A meta-analysis. In: Psychological Bulletin 108, S. 233–56.

Eastman, K. (1994). In the eyes of the beholder. An attributional approach to ingratiation and organizational behavior. In: Academy of Management Journal 37, 5, S. 1379–91.

Eder, R. W./Ferris, G. R. (Hg.) (1989). The employment interview. Theory, research, and practice. Newbury Park: Sage.

Efran, M. G. (1974). The effect of physical appearance on the judgment of guilt, interpersonal attraction, and severity of recommended punishment in a simulated jury task. In: Journal of Research in Personality 8, S. 45–54.

Efran, M. G./Patterson, E. W. J. (1974). Voters vote beautiful. The effect of physical appearance on a national election. In: Canadian Journal of Behavioural Science/Revue Canadienne des Sciences du Comportement 6, 4, S. 352–56.

Efron, D. (1941). Gesture and environment. New York: King's Crown.

Eibl-Eibesfeldt, I. (1997). Die Biologie des menschlichen Verhaltens. Grundriß der Humanethologie. Weyarn: Seehamer.

Ekman, P. (2001). Telling lies. Clues to deceit in the marketplace, politics, and marriage. New York: W. W. Norton.

Ekman, P./Friesen, W. V. (1969). The repertoire of nonverbal behavior. Categories, orignis, usage, and coding. In: Semiotica 1, S. 49–98.

Ekman, P./Levenson, R. W./Friesen, W. (1983). Autonomic nervous system activity distinguishes among emotions. In: Science 221, 4616, S. 1208–10.

Ellis, A. P./West, B. J./Ryan, A. M./DeShon, R. P. (2002). The use of impression management tactics in structured interviews. A function of question type. In: Journal of Applied Psychology 87, S. 1200–08.

Ellis, D. S. (1967). Speech and social status in America. In: Social Forces 45, 3, S. 431–37.

Ellis, J. B./Wittenbaum, G. M. (2000). Relationships between self-construal and verbal promotion. In: Communication Research 27, S. 704–22.

Empson, L. (Hg.) (2007). Managing the modern law firm. Oxford: Oxford University Press.

England, P./McClintock, E. A. (2009). The gendered double standard of aging in U.S. marriage markets. In: Population and Development Review 35, S. 797–816.

Enlow, D. H. (1989). Handbuch des Gesichtswachstums. Berlin: Quintessenz.

Ericsson, A. K./Prietula, M. J./Cokely, E. T. (2007). The making of an expert. In: Harvard Business Review 7, einsehbar unter https://hbr.org/2007/07/ the-making-of-an-expert (2.11.16).

Etzioni, A. (2004). The post affluent society. In: Review of Social Economy 62, 3, S. 407–20.

Evans, H. (2004). They made America. Two centuries of innovators from the steam engine to the search engine. New York: Little, Brown and Company.

Evans, R. (1971). Richard Evans' quote book. Salt Lake City: Publisher's Press.

Exline, R. V. (1963). Explorations in the process of person perception. Visual interaction in relation to competition, sex, and the need for affiliation. In: Journal of Personality and Social Psychology 31, S. 1–20.

Exline, R. V./Winters, L. C. (1965). Affective relations and mutual glances in dyads. In:

Tomikins, S./Izard, C. (Hg.). Affect cognition and personality. New York: Springer, S. 319–30.

Exline, R.C./Gray, D./Schuette, D. (1965). Visual behavior in a dyad as affected by interview content and sex of respondent. In: Journal of Personality and Social Psychology 1, S. 201–09.

Eysenck, H. J./Nias, D. K. B. (1988). Astrology. Science or superstition?. London: Pelican.

Falser, G./Bendel, M./Voller, D./Wegner, A. (2008). Women's attractiveness depends more on their age than men's. New evidence for a double standard of aging. In: International Journal of Psychology 43, 3–4, S. 76.

Fan, J. T./Dai. W./Liu, F./Wu, J. (2005). Visual perception of male body attractiveness. In: Proceedings of the Royal Society of Umdon B. 272, S. 219–26.

Fanelli, A./Misangyi, V. F. (2006). Bringing out charisma. CEO charisma and external stakeholders. In: Academy of Management Review 31, S. 1049–61.

Farkas, L. G./Cheung, G. (1981). Facial asymmetry in healthy North American Caucasians. An anthropometrical study. In: Angle Orthodontist 51, S. 70–77.

Fast N./Chen S. (2009). When the boss feels inadequate. Power, incompetence, and aggression. In: Psychological Science 20, 11, S. 1406–13.

Feingold, A. (1992). Good looking people are not what we think. In: Psychological Bulletin 111, S. 304–41.

Feinman, S./Gill, G. W. (1977). Females' response to males' beardedness. In: Percepual and Motor Skills 44, S. 533–34.

Feldman, S. D. (1971). The presentation of shortness in everyday life. Height and heightism in American society. Toward a sociology of stature. Vortrag auf dem Kongress der American Sociological Association, Denver, 1971.

Felson, R. B. (1981). An interactionist approach to aggression. In: Tedeschi, J. (Hg). Impression Management Theory and Social Psychological Research. New York u. a.: Academic Press, S. 181–99.

Felton, J./Koper, P. T./Mitchell, J./Stinson, M. (2008). Attractiveness, easiness and other issues. Student evaluations of professors on Ratemyprofessors. com. In: Assessment & Evaluation in Higher Education 33, S. 45–61.

Feltovich, N./Harbaugh, R./To, T. (2002). Too cool for school? Signaling and countersignaling. In: RAND Journal of Economics 4, 33, S. 630–49.

Ferris, G. R./Judge, T. A. (1991). Personnel/Human Resources Management. A Political

Influence Perspective. In: Journal of Management 17, S. 447–88.

Ferris, G. R./Judge, T. A./Rowland, K. M./Fitzgibbons, D. E. (1994). Subordinate influence and the performance evaluation process. Test of a model. In: Organizational Behavior and Human Decision Processes 58, S. 101–35.

Fischer, A. H. (Hg.) (2001). Gender and emotion. Social psychological perspectives. New York: Cambridge University Press.

Fiser, I./Fiserova, O. (1969). Beauty and cosmetics in ancient India. In: New Orient 5, S. 92–94.

Fiske, S. T. (1998). Stereotyping, prejudice, and discrimination. In: Gilbert, D. T./Lindzey, G. (Hg.). The handbook of social psychology, Band 1 und 2. 4. Aufl. New York: McGraw-Hill, S. 357–411.

Fiske, S. T./Cox, M. G. (1979). Person concepts. The effect of target familiarity and descriptive purpose on the process of describing others. In: Journal of Personality 47, S. 136–61.

Fiske, S. T./Cuddy, A. J. C./Glick, P. (2007). Universal dimensions of social perception. Warmth and competence. In: Trends in Cognitive Sciences 11, S. 77–83.

Fiske, S. T./Cuddy, A. J. C./Glick, P./Xu, J. (2002). A model of (often mixed) stereotype content. Competence and warmth respectively follow from perceived status and competition. In: Journal of Personality and Social Psychology 82, 6, S. 878–902.

Fiske, S. T./Taylor, S. E. (1991). Social cognition. New York: McGraw-Hill.

Fiske, S. T./Xu, J./Cuddy, A. J. C./Glick, P. (1999). (Dis)respecting versus (dis)liking. Status and interdependence predict ambivalent stereotypes of competence and warmth. In: Journal of Social Issues 55, S. 473–89.

Fletcher, G. J. O./Fitness, J. (Hg.) (1996), Knowledge structures in close relationships. A social psychological approach. Mahwah, New Jersey: Lawrence Erlbaum Associates.

Foddy, M. (1988). Paths of relevance and evaluative competence. In: Foschi, M. (Hg.). Status generalization. New theory and research. Stanford: Stanford University Press, S. 232–47.

Foddy, M./Riches, P. (2000). The impact of task and categorical cues on social influence. Fluency an ethnic accent as cues to competence in task groups. In: Advances in Group Processes 17, S. 103–30.

Forgas, J. P. (1976). An unobtrusive study of reactions to national stereotypes in four European countries. In: Journal of Social Psychology 99, S. 37–42.

Forgas, J. P. (1999). Soziale Interaktion und Kommunikation. Eine Einführung in die Sozialpsychologie. Weinheim: Beltz.

Foschi, M. (Hg.) (1988). Status Generalization. New Theory and Research. Stanford: Stanford

University Press.

Foster, J. (2013). Why narcissism leads to success. In: Wall Street Insanity vom 12.2.2013, einsehbar unter http://wallstreetinsanity.com/why-narcissism-leads-to-success/ (2.11.16).

Frank, J. D. (1961). Persuasion and healing. Baltimore: Johns Hopkins Press.

Frieze, I. H./Olson, J. E./Russell, J. (1991). Attractiveness and income for men and women in management. In: Journal of Applied Social Psychology 21, S. 1039–57.

Fuertes, J. N./Potere, J. C./Ramirez, K. Y. (2002). Effects of speech accents on interpersonal evaluations. Implications for counseling practice and research. In: Cultural Diversity and Ethnic Minority Psychology 8, 4, S. 346–56.

Furnham, A./Nordling, R. (1998). Cross-cultural differences in preferences for specific male and female body shapes. In: Personality and Individual Differences 25, S. 635–48.

Furnham, A./Tan, T./McManus, C. (1997). Waist-to-hip ratio and preferences for body shape. A replication and extension. In: Penional and Individual Differences 22, S. 539–49.

Gaines-Ross, L. (2000). CEO reputation. A key factor in shareholder value. In: Corporate Reputation Review 3, S. 366–70.

Galinsky, A. D./Magee, J. C./Gruenfeld, D. H./Whitson, J./Liljenquist, K. (2008). Power reduces the press of the situation. Implications for creativity, conformity, and dissonance. In: Journal of Personality and Social Psychology 95, 6, S. 1450–66.

Galton, F. (1878). Composite portraits. In: Journal of the Anthropological Institute of Great Britain & Ireland 8, S. 132–44.

Galton, F. (1888). Personal identification and description. In: Proceedings of the Royal Institution of Great Britain 12, S. 346–60.

Gambetta, D. (Hg.) (1988). Trust. Making and breaking organizations. New York: Basil Blackwell.

Gaskill, P. C./Fenton, N./Porter, J. P. (1927). Judging the intelligence of boys from their photographs. In: Journal of Applied Psychology 11, S. 394–403.

Gerard, H. B./Mathewson, G. C. (1966). The effects of severity of initiation on liking for a group. A replication. In: Journal of Experimental Social Psychology 2, 3, S. 278–87.

Giesen, C. B. (1989). Aging and attractiveness. Marriage makes a difference. In: International Journal of Aging & Human Development 29, S. 83–94.

Gilbert, D. T./Lindzey, G. (Hg.) (1998). The handbook of social psychology. 4. Aufl. New York: McGraw-Hill.

Gilbert, S. J. (1976). Empirical and theoretical extensions of self-disclosure. In: Miller, G. R.

(Hg.). Explorations in interpersonal communication. Beverly Hills u. a.: Sage.

Giles, H. (1970). Evaluative reactions to accents. In: Educational Review 22, S. 211–27.

Giles, H. (1971). Patterns of evaluation to RP. South Welsh and Somerset accented speech. In: British Journal of Social and Clinical Psychology 10, 3, S. 280–81.

Giles, H. (1973). Communicative effectiveness as a function of accented speech. Speech Monographs 40, S. 330–31.

Giles, H./Coupland, N. (1991). Language. Contexts and consequences. Celtic Court: Open University Press.

Giles, H./Johnson, P. (1981). The role of language in ethnic group relations. In Turner, J. C./ Giles, H. (Hg.). Intergroup behavior. Oxford: Blackwell, S. 199–243.

Giles, H./Johnson, P. (1987). Ethnolinguistic identity theory. A social psychological approach to language maintenance. In: International Journal of the Sociology of Language 68, S. 69–99.

Giles, H./Powesland, P. F. (1975). Speech style and social evaluation. London u. a.: Academic Press.

Giles, H./St. Clair, R. (Hg.) (1979). Language and social psychology. Baltimore: University Park Press.

Girard, J. (1977). How to sell anything to anybody. New York: Simon & Schuster.

Gladwell, M. (2007). Blink. The power of thinking without thinking. New York: Back Bay Books.

Glanzer, M./Cunitz, A. R. (1966). Two storage mechanisms in free recall. In: Journal of Verbal Learning and Verbal Behaviour 5, S. 351–60.

Glick, P./Larsen, S./Johnson, C./Branstiter, H. (2005). Evaluations of sexy women in low- and high-status jobs. In: Psychology of Women Quarterly 29, S. 389–95.

Gluszek, A./Dovidio, J. F. (2010). The way they speak. A social psychological perspective on the stigma of nonnative accents in communication. In: Personality and Social Psychology Review 14, 2, S. 214–37.

Godfrey, D. K./Jones, E. E./Lord, C. G. (1986). Self-promotion is not ingratiating. In: Journal of Personality and Social Psychology 50, S. 106–15.

Goebel, B. L./Cashen, V. M (1979). Age, sex, and attractiveness as factors in student ratings of teachers. A developmental study. In: Journal of Educational Psychology 71, S. 646–53.

Goeudevert, D. (1996). Wie ein Vogel im Aquarium. Berlin: Rowohlt.

Goffman, E. (1959). The presentation of self in everyday life. Garden City: Doubleday.

Golde, R. (1969). Can you be sure of your experts? A complete manual on how to choose and use doctors, lawyers, brokers, and all the other experts in your life. New York: The Macmillan Company.

Gordon, R. A. (1996). Impact of ingratiation on judgments and evaluations. A meta-analytic investigation. In: Journal of Personality and Social Psychology 71, S. 54–70.

Gottschalk, L. A./Auerbach, A. H. (Hg.) (1966). Methods of research in psychotherapy. New York: Appleton-Century-Crofts.

Gouldner, A. W. (1960). The norm of reciprocity. A preliminary statement. In: American Sociological Review 25, S. 1976–77.

Grammer, K. (2000). Signale der Liebe. Die biologischen Gesetze der Partnerschaft. München: dtv.

Grammer, K./Thornhill, R. (1994). Human (homo sapiens) facial attractiveness and sexual selection. The role of symmetry and averageness. In: Journal of Comparative Psychology 108, S. 233–42.

Grant, A. (2014). Seven sneaky tactics that sway. Beware of flattery and ingratiation in disguise. In: Psychology Today 47, 2, S. 43–44.

Greenwald, A. G./Brock. T. C./Ostrom, J. M. (Hg.) (1968). Psychological foundations of attitudes. New York: Academic Press.

Gross, D. (1996). Forbes greatest business stories of all time. New York: John Wiley & Sons.

Grout, J./Perrin, S. (2006). Mind games. Inspirational lessons from the world's finest sports stars. Capstone: London.

Gründl, M. (2013). Determinanten physischer Attraktivität. Der Einfluss von Durchschnittlichkeit, Symmetrie und sexuellem Dimorphismus auf die Attraktivität von Gesichtern. Habilitation, Universität Regensburg.

Gründl, M./Braun, C./Marberger, C. (2003). Das Geheimnis der Schönheit, einsehbar unter http://www.stmwfk.bayern.de/downloads/aviso/2003_1aviso08–19.pdf (2.11.16)

Gurnee, H. (1934). An analysis of the perception of intelligence in the face. In: Journal of Social Psychology 5, S. 82–89.

Halberstadt, A. G./Saitta, M. B. (1987). Gender nonverbal behavior, and perceived dominance. A test of the theory. In: Journal of Personality and Social Psychology 53, S. 257–72.

Halberstadt, J./Rhodes, G. (2003). It's not just average faces that are attractive. Computer-manipulated averageness makes birds, fish, and automobiles attractive. In: Psychonomic Bulletin and Review 10, S. 149–56.

Hall, E. T. (1959). The silent language. Garden City: Doubleday.

Hall, E. T. (1963). A system for the notation of proxemic behavior. In: American Anthropologist 65, S. 1003–26.

Hall, E. T. (1966). The hidden dimension. Garden City: Doubleday.

Hall, J. A. (1984). Nonverbal sex differences. Communication accuracy and expressive style. Baltimore: John Hopkins University Press.

Hall, J. A./Bernieri, F. J. (Hg.) (2001). Interpersonal sensitivity. Theory and measurement. Mahwah: Lawrence Erlbaum Associates, S. 47–65.

Hall, J. A./Carter, J. D./Horgan, T. G. (2001). Gender differences in nonverbal communication of emotion. In: Fischer, A. H. (Hg.). Gender and emotion. Social psychological perspectives. New York: Cambridge University Press, S. 97–117.

Hamermesh, D. S./Biddle, J. E. (1994). Beauty and the labor-market. In: American Economic Review 84, 5, S. 1174–94.

Hamermesh, D. S./Parker, A. M. (2005). Beauty in the classroom. Instructors' pulchritude and putative pedagogical productivity. In: Economics of Education Review 24, S. 369–76.

Hamid, P. (1968). Style of dress as a perceptual cue in impression formation. In: Perceptual and Motor Skills 26, S. 904–06.

Hamm, S./Greene, J. (2004). The man who could have been Bill Gates. In: Bloomberg News vom 24.10.04, einsehbar unter http://www.bloomberg. com/news/articles/2004–10–24/ the-man-who-could-have-been-bill-gates (2.11.16).

Han, Y. J./Nunes, J. C./Dreze, X. (2010). Signaling status with luxury goods. The role of brand prominence. In: Journal of Marketing 74, 7, S. 15–30.

Hareli, S./Berkovitch, N./Livnat, L/David, S. (2013). Anger and shame as determinants of perceived competence. In: International Journal of Psychology 48, 6, S. 1080–89.

Hari, J. (2010). The management consultancy scam. In: Independent vom 20.08.2010, ensehbar unter http://www.independent.co.uk/voices/commentators/johann-hari/johann-hari-the-management-consultancyscam-2057127.html (2.11.16).

Harrison, A. A./Struthers, N. J./Moore, M. (1988). On the conjunction of national holidays and reported birthdates. One more path to reflected glory?. In: Social Psychology Quarterly 51, 4, S. 365–70.

Harrison, R. P. (1979). The face in face to face interaction. In: Miller, G. R. (Hg.). Explorations in interpersonal communication. Beverly Hills u. a.: Sage, S. 217–36.

Haslam, A. S. (2004). Psychology in organizations. The social identity approach. London: Sage.

Hassin, R./Trope, Y. (2000). Facing faces. Studies on the cognitive aspects of physiognomy. In: Journal of Personality and Social Psychology 78, 5, S. 837–52.

Heider, F. (1944). Social perception and phenomenal causality. In: Psychological Review 51, S. 358–74.

Heider, F. (1946). Attitudes and cognitive organization. In: Journal of Psychology 21, S. 107–12.

Heider, F. (1954). Perceiving the other person. Diese Arbeit wurde vorgelegt auf dem American Psychological Association symposion on Theory and Research in Interpersonal Perception, 1954. In: Tagiuri, R./Petrullo, L. (Hg.). Person perception and interpersonal behavior. Stanford: Stanford University Press, S. 22–26.

Heider, F. (1958). The psychology of interpersonal relations. New York: Wiley.

Hellweg, S. A./Pfau, M./Brydon, S. B. (1992). Televised presidential debates. Advocacy in contemporary America. New York: Praeger.

Henley, M. (1973). Status and sex. Some touching observations. In: Bulletin Psychonomic Society 2, 2, S. 91–93.

Henss, R. (1989). Attraktivität und Körpergröße. Eine Pilot-Studie. Saarbrücken: Universität des Saarlandes.

Henss, R. (1992). Spieglein, Spieglein an der Wand...... Weinheim: Psychologie Verlags Union.

Henss, R. (1995). Waist-to-hip ratio and attractiveness. Replication and extension. In: Personality and Individual Differences 19, S. 479–88.

Higgins, E. T. (1987). Self-discrepancy. A theory relating self and affect. Psychological Review 94, 319–40.

Hill, M. K./Kahn, A. (1974). Physical attractiveness and proximity in the attribution of success. Diese Arbeit wurde vorgelegt auf dem Kongreß der Midwestern Psychological Association in Chicago, 1974.

Hilton, J. L./Hippel, W. von (1996). Stereotypes. In: Annual Review of Psychology 47, 1, S. 237–71.

Hirschi, A./Jaensch, V. (2015). Narcissism and career success. Occupational self-efficacy and career engagement as mediators. In: Personality and Individual Differences 77, S. 205–08.

Hoegg, J./Lewis, M. (2011). The impact of candidate appearance and advertising strategies on election results. In: Journal of Marketing Research 48, 5, S. 895–905.

Hoffmann, H.-J. (1981). Kommunikation mit Kleidung. In: Communications 7, 2–3, S. 269–90.

Hofstede, G. (2001). Culture's consequences. Comparing values, behaviors, institutions, and organizations across nations. 2. Aufl. Thousand Oaks: Sage.

Hogg, M. A./Abrams, D. (1993). Towards a single-process uncertainty-reduction model of social motivation in groups. In: Abrams, D. (Hg.). Group motivation. Social psychological perspectives. London: Harvester, S. 173–90.

Holbrook, M. B. (Hg.) (1999). Consumer value. A framework for analysis and research. Abingdon: Routledge.

Holt, D. B. (1998). Does cultural capital structure American consumption?. In: Journal of Consumer Research 25, 1, S. 1–25.

Holt, J. (2005). Time bandits. What were Einstein and Gödel talking about?. In: The New Yorker 28, S. 80–85.

Hosman, L. A./Siltanen, S. A. (1991). The attributional and evaluative consequences of powerful and powerless speech styles. An examination of the ›control of others‹ and ›control of self‹ explanations. Diese Arbeit wurde vorgelegt beim Kongreß der Speech Communication Association, Atlanta, 1991.

Hosman, L. A./Wright, J. W. II (1987). The effects of hedges and hesitations on impression formation in a simulated courtroom context . In: Western Journal of Speech Communication 51, 173–188.

Hosmer L. T. (1995). Trust. The connecting link between organizational theory and philosophical ethics. In: Academy of Management Review 20, 2, S. 379–403.

Hossain, T. M. (2010). Hot or not. An analysis of online professor-shopping behavior of business students. In: Journal of Education for Business 85, S. 165–67.

Hubbertz, H. (2006). Corporate Citizenship und die Absorption von Unsicherheit. In: Sozialwissenschaften und Berufspraxis 29, 2, S. 298–314.

Hudson, J. W./Henze, L. S. (1969). Campus values in male selection. A replication. In: Journal of Marriage and the Family 31, S. 772–75.

Hume, D. (1779/1993). Dialoge über natürliche Religion. Hamburg: Meiner.

Hutton, A./Miller, G./Skinner, D. (2003). The role of supplementary statements with management earnings forecasts. In: Journal of Accounting Research 41, 5, S. 867–90.

Ibrocheva, E. (2009). Of beauty and politics. Women, politics and the media in post communist Bulgaria. In: Controversia. An International Journal of Debate and Democratic Renewal 6, 1, S. 85–96.

Iddekinge, C. H. van/McFarland, L. A./Raymark, P. H. (2007). Antecedents of impression management use and effectiveness in a structured interview. In: Journal of Management 33,

S. 752–73.

Jackson, L. A./Hunter, J. E./Hodge, C. N. (1995). Physical attractiveness and intellectual
competence. A metaanalytic review. In: Social Psychology Quarterly 58, S. 108–22.

Jahoda, G. (1963). Refractive errors, intelligence and social mobility. In: British Journal of Social
and Clinical Psychology 1, S. 96–106.

Jamieson, D. W./Lydon, J. E./Stewart, G./Zanna, M.P. (1987). Pygmalion revisited. New
evidence for student expectancy effects in the classroom. In: Journal of Educational
Psychology 79, S. 461–66.

Johnson, K./Lennon, S. (Hg.) (1999). Appearance and power. Dress, body, culture. New York:
Berg.

Johnston, M. R./Franklin, M. (1993). Is beauty in the eye of the beholder? In: Ethology and
Sociobiology 14, S. 183–99.

Jones E. E. (1989). The framing of competence. In: Personality and Social Psychology Bulletin
15, S. 477–92.

Jones E. E./Wortman, C. (1973). Ingratiation. An attributional approach. Morristown: General
Learning.

Jones, D. (1995). Sexual selection, physical attractiveness, and facial neoteny. Cross- cultural
evidence and implications. In: Current Anthropology 36, S. 723–48.

Jones, E. E. (1990). Interpersonal perception. New York: Freeman.

Jones, E. E./Davis, K. E. (1965). From acts to dispostions. The attribution process in person
perception. In: Berkowitz, L. (Hg.). Advances in experimental social psychology. New York:
Academic Press.

Jones, E. E./Pittman, T. S. (1982). Toward a general theory of strategic self presentation. In:
Suls, J. (Hg.). Psychological Perspectives on the Self, Band 1. Hillsdale: Lawrence Erlbaum
Associates, S. 231–62.

Jones, R. R. (1973). Linguistic standardisation and national development. In: International
Journal of Psychology, 8, S. 51–54.

Joule, R. V./Beauvois, J. L. (1998). Kurzer Leitfaden der Manipulation zum Gebrauch für
ehrbare Leute. Berlin: Aufbau.

Jourard, S./Landsman, M. (1960). Cognition, cathexes and the ›dyadic effect‹ in men's self-
disclosing behavior. In: Merrill-Palmer Quarterly 6, S. 178–86.

Judd, C. M./James-Hawkins, L. J./Yzerbyt, V. Y./Kashima, Y. (2005). Fundamental dimensions
of social judgment. Understanding the relations between judgments of competence and

warmth. In: Journal of Personality and Social Psychology 89, S. 899–913.

Judge, T. A./Cable, D. M. (2004). Effect of physical height on workplace success and income. Preliminary test of a theoretical model. In: Journal of Applied Psychology 89, 3, S. 428–14.

Judge, T. A./Ferris, G. R. (1993). Social context of performance evaluation decisions. In: Academy of Management Journal 36, S. 80–105.

Kadous, K./Koonce, L./Towry, K. (2005). Quantification and Persuasion in Managerial Judgement. In: Contemporary Accounting Research 22, 3, S. 643–86.

Kahneman, D. (2011). Thinking, Fast and Slow. New York: Farrar, Straus & Giroux.

Kahneman, D./Tversky, A. (1979). Prospect theory. An analysis of decision under risk. In: Econometrica 47, S. 263–92.

Kanazawa, S./Kovar, J. L. (2004). Why beautiful people are more intelligent. In: Intelligence 32, 3, S. 227–43.

Kanizsa, G. (1976). Subjective contours. In: Scientific American 234, 4, S. 48–52.

Karl, K. A./McIntyre Hall, L./Peluchette, J. V. (2013). City employee perceptions of the impact of dress and appearance. You are what you wear. In: Public Personnel Management 42, 3, S. 452–70.

Karrass, C. L. (1996). In business as in life. You don't get what you deserve, you get what you negotiate. Beverly Hills u. a.: Stanford St. Press.

Keating, C. F./Doyle, J. (2002). The faces of desirable mates and dates contain mixed social status cues. In: Journal of Experimental Social Psychology 38, S. 414–24.

Keating, C. F./Mazur, A./Segall, M. H./Cysneiros, P. G./Divale, W. T./Kilbride, J. E. et al. (1981). Culture and the perception of social dominance from facial expression. In: Journal of Personality and Social Psychology 40, S. 615–26.

Kendon, A. (1967). Some functions of gaze-direction in social interaction. In: Acta Psychologica 15, S. 192–238.

Kenrick, D. T./Cialdini, R. B. (1977). Romantic attraction. Misattribution versus reinforcement explanations. In: Journal of Personality and Social Psychology 35, 6, S. 381–91.

Kernis, M. H./Grannemann, B. D. (1990). Excuses in the making. A test and extension of Darley and Goethals' attributional model. In: Journal of Experimental Social Psychology 26, 4, S. 337–49.

Kernis, M. H./Grannemann, B. D./Barclay, L. C. (1989). Stability and level of self-esteem as predictors of anger arousal and hostility. In: Journal of Personality and Social Psychology 56, S. 1013–22.

Kervyn, N./Yzerbyt, V./Judd, C. M. (2010). Compensation between warmth and competence. Antecedents and consequences of a negative relation between the two fundamental dimensions of social perception. In: European Review of Social Psychology 21, S. 155–87.

Kim, H./Markus, H. R. (1999). Deviance or uniqueness, harmony or conformity? A cultural analysis. In: Journal of Personality and Social Psychology 77, 4, S. 785–800.

King, A./Leigh, A. (2009). Beautiful politicians. In: Kyklos 62, 4, S. 579–93.

Kipnis, D./Schmidt, S./Wilkinson, I. (1980). Intraorganizational influence tactics. Explorations in getting one's way. In: The Journal of Applied Psychology 65, 4, S. 440–52.

Kircheisen, F. M. (1925). Napoleon I. Sein Leben und seine Zeit, Band 5. München: Georg Müller.

Kleck, R. E./Richardson, S. A./Ronald, L. (1974). Physical appearance cues and interpersonal attraction in children. In: Child Development 43, S. 305–10.

Kleef, G. A. van/Homan, A. C./Finkenauer, C./Gundemir, S./Stamkou, E. (2011). Breaking the rules to rise to power. How norm violators gain power in the eyes of others. In: Social Psychological and Personality Science 2, 5, S. 500–07.

Kleinfield, N. R. (1993). Buttonholes To Go. In: New York Times, vom 17.01.93, einsehbar unter http://www.nytimes.com/1993/01/17/style/buttonholes-to-go.html?pagewanted=all (2.11.16).

Kleinke, C. L./Berger, D. E./Staneski, R. A. (1975). Evaluation of an interviewer as a function of interviewer gaze, reinforecement of subject gaze, and interviewer attractiveness. In: Journal of Personality and Social Psychology 31, S. 115–22.

Knapp, M. L. (1972). Nonverbal communication in human interaction. New York: Holt, Rinehart & Winston.

Koernig, S.K./Page, A.L. (2002) What if your dentist looked like Tom Cruise? Applying the match-up hypothesis to a service encounter. Psychology & Marketing 19, 1, S. 91–110.

Kopera, A. A./Maier, R. A./Johnson, J. E. (1971). Perception of physical attractiveness. The influence of group interaction and group coaction on ratings of the attractiveness of photographs of women. In: Proceedings of the 79th Annual Convention of the American Psychological Association 6, S. 317–18.

Korabik, K. (1981). Changes in physical attractiveness and interpersonal attraction. In: Basic and Applied Social Psychology 2, S. 59–65.

Krebs, D./Adinolfi, A. A. (1975). Physical attractiveness, social relations, and personality style. In: Journal of Personality and Social Psychology 31, S. 245–53.

Kruglanski, A. W./Webster, D. M. (1991). Group members' reactions to opinion deviates and conformists at varying degrees of proximity to decision deadline and of environmental noise. In: Journal of Personality and Social Psychology 61, 2, S. 212–25.

Kwon, Y. (1994). The influence of appropriateness of dress and gender on the self-perception of occupational attributes. In: Clothing and Textiles Research Journal 12, S. 33–37.

Kwon, Y. H./Färber, A. (1992). Attitudes toward appropriate clothing in perception of occupational attributes. In: Perceptual and Motor Skills 74, S. 163–69.

Laird, D. A./Remmers, H. (1924). A study of estimates of intelligence from photographs. In: Journal of Experimental Psychology 7, S. 429–46.

Laird, J. D. (1974). Self-attribution of emotion. The effect of expressive behavior on the quality of emotional experience. In: Journal of Personality and Social Psychology 29, S. 475–86.

Lakoff, R. (1973). Language and woman's place. In: Language and Society 2, 45–79.

Lancaster, R./Uzzi, B. (2012). Legally charged. Embeddedness and profits in large law firms. In: Sociological Focus 45, 1, S. 1–22.

Langlois, J. H./Kalakanis, L./Rubenstein, A. J./Larson, A./Hallam, M./ Smoot, M. (2000). Maxims or myths of beauty? A meta-analytic and theoretical review. In: Psychological Bulletin 126, S. 390–423.

Langlois, J. H./Roggman, L. A. (1990). Attractive faces are only average. In: Psychological Science 1, S. 115–21.

Lanzetta, J. T./Cartwright-Smith, J./Kleck, R. E. (1976). Effects of nonverbal dissimulation on emotional experience and autonomic arousal. In: Journal of Personality an Social Psychology 33, S. 354–70.

Latané, B./Williams, K./Harkins, S. (1979). Many hands make light the work. The causes and consequences of social loafing. In: Journal of Personality and Social Psychology 37, 6, 822–32.

Latham, G. P./Wexley, K. N. (1981). Increasing productivity through performance appraisal. Reading: Addison-Wesley.

Lawson, E. (1971). Haircolor, personality and the observer. In: Psychological Reports 28, S. 311–22.

Le Deist, F. D./Winterton, J. (2005). What is competence?. In: Human Resource Development International 8, S. 27–46.

Leary, M. R./Tangney, J. P. (Hg.). Handbook of self and identity. New York: Guilford Press.

Lee, S./Pitesa, M./Pillutla, M./Thau, S. (2015). When beauty helps and when it hurts. An organizational context model of attractiveness discrimination in selection decisions. In: Organizational Behavior and Human Decision Processes 128, S. 15–28.

Lefkowitz, M./Blake, R. R./Mouton, J. S. (1955). Status factors in pedestrian violation of traffic signals. In: Journal of Abnormal and Social Psychology 51, S. 704–06.

Leit, R. A./Pope, H. G./Gray, J. J. (2001). Cultural expectations of muscularity in men: The evolution of playgirl centerfolds. International Journal of Eating Disorders, 29, S. 90–93.

Lenz, G. S./Lawson, C. (2011). Looking the part. Television leads less infor med citizens to vote based on candidate's appearance. In: American Journal of Political Science 55, 3, S. 574–89.

Lerner, M. J. (1980). The belief in a just world. A fundamental delusion. New York: Plenum.

Lev-Ari, S./Keysar, B. (2010). Why don't we believe non-native speakers? The influence of accent on credibility. In: Journal of Experimental Social Psychology 46, 6, S. 1093–96.

Levine, J. M. (1989). Reaction to opinion deviance in small groups. In: Paulus, P. B. (Hg.). Psychology of Group Influence. Hillsdale: Lawrence Erlbaum Associates, S. 187–231.

Levine, S. P./Feldman, R. S. (1997). Self-presentational goals, self-monitoring, and nonverbal behavior. In: Basic and Applied Social Psychology 19, S. 505–18.

Levinger, G. (1972). Little sand box and big quarry. Comment on Byrne's paradigmatic spade for research on interpersonal attraction. In: Representative Research in Social Psychology 3, S. 3–19.

Lewicki, R. J./Barry, B./Saunders, D. M. (2010). Negotiation. International edition. 6. Aufl. New York: McGraw Hill.

Liepman, H. (1957). Rasputin. Heiliger oder Teufel. Gütersloh: Bertelsmann.

Lin, L./Dahl, D. W./Argo, J. J. (2013). Do the crime, always do the time? Insights into consumer-to-consumer punishment decisions. In: Journal of Consumer Research 40, 1, S. 64–77.

Lin. W.-Y/Wang, J.-W./Lin, H.-Y./Lin, H.-T./Johnson, B. T. (2011). When lowwarmth targets are liked. The roles of competence, gender, and relative status. In: The Journal of Psychology 145, 3, S. 247–65.

Lindzey, G./Aronson, E. (Hg.) (1969). Handbook of Social Psychology 3. 2. Aufl. Reading: Addison-Wesley.

Lippmann, W. (1922). Public opinion. New York: Harcourt, Brace and Company.

Littlepage, G./Robison, W./Reddington, K. (1997). Effects of task experience and group experience on group performance, member ability, and recognition of expertise. In:

Organizational Behavior and Human Decision Processes 69, S. 133–47.

Litzmann, B. (1927). Clara Schumann, Johannes Brahms. Briefe aus den Jahren 1853–1896, Band 2. Breitkopf & Härtel: Leipzig.

Liu, J./Hu, J./Furutan, O. (2013). The influence of student perceived professors' ›Hotness‹ on expertise, motivation, learning outcomes, and course satisfaction. In: Journal of Education for Business 88, S. 94–100.

Locke, K. D./Horowitz, L. M. (1990). Satisfaction in interpersonal inter actions as a foundation of similarity in level of Dysphoria. In: Journal of Personality and Social Psychology 58, 5, S. 823–31.

Loftus, E. F./Palmer, J. C. (1974). Reconstruction of auto-mobile destruction. An example of the interaction between language and memory. In: Journal of verbal learning and verbal behavior 13, S. 585–89.

Lombardo, J. P./Tocci, M. E. (1979). Attribution of positive and negative characteristics of instructors as a function of attractiveness and sex of instructor and sex of subject. In: Perceptual and Motor Skills 48, S. 491–94.

Lorenz, K. (1943). Die angeborenen Formen möglichen Verhaltens. In: Zeitschrift für Tierpsychologie 5, S. 235–409.

Luhmann, N. (1984). Soziale Systeme. Grundriß einer allgemeinen Theorie. Frankfurt am Main: Suhrkamp.

Lütge, C. (2002). Popper. Ein moralisierender Individualethiker?. Vortrag anläßlich des Karl Popper Centenary Congress, Wien, 2002.

Mahoney, E. R./Finch, M. D. (1976). Body cathexis and self-esteem. A reanalysis of the differential contribution of specific body aspects. In: Journal of Social Psychology 99, S. 251–58.

Maier. R./Lavrakas. P. J. (1984). Altitudes toward women, personality rigidity, and idealized physique preferences in males. In: Sex Roles 2, S. 425–33.

Maisey, D. M./Vale. E. L. E./Comelissen. P. L./Tovee, M. J. (1999). Characteristics of male attractiveness for women. In: Umcet 353, S. 1500.

Maner, J. K./Kenrick, D. T./Becker, D. V./Robertson, T. E./Hofer, B./Neuberg, S. L./et al. (2005). Functional projection. How fundamental social motives can bias interpersonal perception. In: Journal of Personality and Social Psychology 88, S. 63–78.

Mannix, E./Neale, M./Anderson C. (Hg.) (2007). Research on managing groups and teams. Affect and groups. London: Elsevier.

Marques, J./Abrams, D./Serôdio, R. G. (2001). Being better by being right. Subjective group dynamics and derogation of in-group deviants when generic norms are undermined. In: Journal of Personality and Social Psychology 81, 3, S. 436–47.

Martins, Y./Tiggemann, M./Churchett, L. (2008). Hair today, gone tomorrow. A comparison of body hair removal practices in gay and heterosexual men. In: Body Image 5, S. 312–16.

Mast, M. S./Hall, J. A. (2004). Who is the boss and who is not? Accuracy of judging status. In: Journal of Nonverbal Behavior 28, S. 145–65.

Mayo, E. (1949). Hawthorne and the Western Electric Company. The social problems of an industrial civilisation. London: Routledge and Kegan Paul.

Mayo, J./White, O./Eysenck, H. J. (1978). An empirical study of the relation between astrological factors and personality. In: Journal of Social Psychology 105, S. 229–36.

McArthur, L. Z./Baron, R. M. (1983). Toward an ecological theory of social perception. In: Psychological Review 90, S. 215–38.

McArthur, L. Z./Post, D. L. (1977). Figural emphasis and person perception. In: Journal of Experimental Social Psychology 13, S. 520–35.

McCornack, S. A./Levine, T. R. (1990). When lovers become leary. The relationship between suspicion and accuracy in detecting deception. In: Communication Monographs 57, 219–30.

McCornack, S. A./Parks, M. R. (1986). Deception detection and relational development. The other side of trust. In: M. McLaughlin (Hg.). Communication yearbook 9. Beverly Hills: Sage, S. 377–89.

McGarty, C./Haslam, S.A. (Hg.) (1997). The message of social psychology. Perspectives on mind in society. Cambridge, Massachusetts: Blackwell.

McGarty, C./Turner, J. C./Oakes, P. J./Haslam, S. A. (1993). The creation of uncertainty in the influence process. The roles of stimulus information and disagreement with similar others. In: European Journal of Social Psychology 23, S. 17–38.

McGuire, W. J. (1969). The nature of attitudes and attitude change. In: Lindzey, G./Aronson, E. (Hg.). Handbook of Social Psychology 3. 2. Aufl. Reading: Addison-Wesley, S. 136–314.

McKenna, C. D. (2006). The world's newest profession. Management consulting in the twentieth century. New York: Cambridge University Press.

McKnight, D. H./Chervany, N. L. (2001). What trust means in e-commerce customer relationships. An interdisciplinary conceptual typology. In: International Journal of Electronic Commerce 6, 2, S. 35–59.

McLaughlin, M. (Hg.) (1986). Communication yearbook 9. Beverly Hills: Sage.

Mead, G. H. (1934). Mind, self, and society. Chicago: University of Chicago Press.

Mehrabian, A. (1968). Inference of attitudes from the posture, orientation, and distance of a communicator. In: Journal of Counsulting and Clinical Psychology 32, S. 296–308.

Mehrabian, A. (1970). A semantic space for nonverbal behavior. In: Journal of Consulting and Clinical Psychology 35, S. 248–57.

Mehrabian, A. (1971). Silent messages. Belmont: Wadsworth.

Mehrabian, A. (1972). Nonverbal communication. Chicago: Aldine-Atherton.

Mehrabian, A. (2009). Silent Messages. A wealth of information about nonverbal communication (Body Language), einsehbar unter http://kaaj. com/psych/smorder.html (2.07.16)

Mehrabian, A./Ferris, S. R. (1967). Inference of attitudes from nonverbal communication in two channels. In: Journal of Consulting Psychology 31, 3, S. 248–52.

Mellers, B. A./Stone, E./Murray, T./Minster, A./Rohrbaugh, N./Bishop, M./ Chen, E./ Baker, J./Hou, Y./Horowitz, M./Ungar, L./Tetlock, P. E. (2015). Identifying and cultivating ›Superforecasters‹ as a method of improving probabilistic predictions. In: Perspectives in Psychological Science 10, S. 267–81.

Mellers, B./Rohrbaugh, N./Chen, E. (2014). Forecasting tournaments. Tools for increasing transparency and the quality of debate. In: Current Directions in Psychological Science 23, 4, S. 290–95.

Merton, R. K. (1968). Social theory and social structure. New York: Free Press.

Metcalfe, A. W. (1992). The curriculum vitae. Confessions of a wage-labourer. In: Work, Employment & Society 6, S. 619–41.

Michler, I. (2013). Die Statussymbole der Deutschen sind unbezahlbar, In: Welt am Sonntag vom 03.08.2013, einsehbar unter: https://www.welt.de/wirtschaft/article118660732/Die-Statussymbole-der-Deutschen-sind-unbezahlbar.html (11.10.2016).

Mikulincer, M. (1998). Adult attachment style and individual differences in functional versus dysfunctional experiences of anger. In: Journal of Personality and Social Psychology 74, 2, S. 513–24.

Milgram, S. (1963). Behavioral study of obedience. In: Journal of Abnormal and Social Psychology 67, S. 371–78.

Miller, A. G. (1970). Role of physical attractiveness in impression formation. In: Psychonomic Science 19, S. 241–43.

Miller, B./Niçois, K. M./Eure, J. (2009). Body art in the workplace. Piercing employment possibilities?. In: Personnel Review 38, S. 621–64.

Miller, C. E./Anderson, P. D. (1979). Group decision rules and the rejection of deviates. In: Social Psychology Quarterly 42, 4, S. 354–63.

Miller, G. R./Hewgill, M. A. (1964). The effect of variations in nonfluency on audience ratings of source credibility. In: Quarterly Journal of Speech 50, S. 36–44.

Miller, G. R./Stiff, J. B. (1993). Deceptive communication. Thousand Oaks: Sage.

Miller, G./Todd, P. M. (1998). Mate choice turns cognitive. In: Cognitice Sciences 2, S. 190–98.

Miller, H. L./Rivenbark, W. (1970). Sexual differences in physical attractiveness as a determinant of heterosexual likings. In: Psychological Reports 27, S. 701 f.

Miller, N./Maruyama, B./Beaber, R. J./Valone, K. (1975). Between people. A new analysis of interpersonal communication. Chicage: Science Research Associate.

Mills, J. (1966). Opinion change as a function of the communicator's desire to influence and liking for the audience. In: Journal of Experimental Social Psychology, 2, S. 152–59.

Mills, J./Aronson, E. (1965). Opinion change as a function of the communicator's attractiveness and desire to influence. In: Journal of Personality and Social Psychology 1, S. 173–77.

Mischke, R. (2004). Ich fahre – also bin ich. In: Die Welt vom 10.07.2004, einsehbar unter https://www.welt.de/print-welt/article326407/Ich-fahrealso-bin-ich.html (11.10.2016).

Mobius, M. M./Rosenblat, T. S. (2006). Why beauty matters. In: American Economic Review 96, 1, S. 222–35.

Montaser-Kouhsari, L./Landy M. S./Heeger, D.J./Larsson, J. (2007). Orientation-selective adaptation to illusory contours in human visual cortex. In: Journal of Neuroscience 27, S. 2186–95.

Moorman, C./Zaltman, G./Deshpandé, R. (1992). Relationships between providers and users of market research. The dynamics of trust within and between organizations. In: Journal of Marketing Research 29, 3, S. 314–28.

Morgan, R. M./Hunt, S. (1994). The commitment-trust theory of relationship marketing. In: Journal of Marketing 58, 3, S. 20–38.

Morris, L. (1999). The knowledge channel. Corporate strategies for the internet. San Jose u. a.: toExcel.

Moss, M. K. (1969). Social desirability, physical attractiveness, and social choice. Unveröffentlichte Dissertation, Kansas State University.

Mott, P. (1972) The characteristics of effective organizations. New York: Harper & Row.

Mulac, A. (1975). Evaluation of the speech dialect attitudinal scale. In: Speech Monographs 42, S.

184–89.

Mulac, A. (1976). Assessment and application of the revised speech dialect attitudinal scale. In: Communication Monographs 43, S. 238–45.

Mulac, A./Rudd, M. J. (1977). Effects of selected American regional dialects upon regional audience members. In: Communication Monographs 44, 3, S. 185–95.

Mummendey, H.-D. (1995). Psychologie der Selbstdarstellung. Göttingen [u. a.]: Hogrefe.

Murdock, B. B. (1962). The serial position effect of free recall. In: Journal of Experimental Psychology 64, S. 482–88.

Murphy, N. (2007). Appearing smart. The impression management of intelligence, person perception accuracy, and behavior in social interaction. In: Personality and Social Psychology Bulletin 33, S. 325–39.

Murphy, N./Hall, J./Colvin, R. (2003). Accurate intelligence assessments in social interactions. Mediators and gender effects. In: Journal of Personality 71, 3, S. 465–93.

Murstein, B. I. (1972). Physical attractiveness and marital choice. In: Journal of Personality and Social Psychology 22, S. 8–12.

Myers, D. G. (2005). Social psychology. 8. Auflage. New York: McGraw-Hill.

Naftulin, D. H./Ware, J. E., jr./Donnelly, F. A. (1973). The Doctor Fox lecture. A paradigm of educational seduction. In: Journal of Medical Education 48, S. 630–35.

Nasher, J. (2010). Durchschaut. Das Geheimnis, kleine und große Lügen zu entlarven. München: Heyne.

Nasher, J. (2013). Deal! Du gibst mir, was ich will. Frankfurt u. a.: Campus.

Nasher, J. (2015). Entlarvt! Wie Sie in jedem Gespräch die ganze Wahrheit sehen. Frankfurt u. a.: Campus.

Naumann, A. (2015). In diesen Branchen zahlt sich ein Doktortitel aus. In: Welt vom 17.01.15, einsehbar unter https://www.welt.de/wirtschaft/karriere/bildung/article136475552/In-diesen-Branchen-zahlt-sich-ein-Doktortitel-aus.html (2.11.16).

Nemeth, C./Wachtler, J. (1974). Creating the perceptions of consistency and confidence. A necessary condition for minority influence. In: Sociometry 37, S. 529–40.

Newcomb, T. M. (1961). The acquaintance process. New York: Holt, Rinehart und Winston.

Ng, S. H./Bradac, J. J. (1993). Power in language. Verbal communication and social influence. Thousand Oaks: Sage Publications.

Nida, S. A./Williams, J. E. (1977). Sex-stereotyped traits, physical attractiveness, and interpersonal attraction. In: Psychological Reports 41, S. 1311–22.

Nisbett, R. E./Roll, L. (1980). Human inference strategies and shortcomigs of social judgement. Englewood Cliffs: Prentice-Hall.

Nöllke, M. (2002). Anekdoten, Geschichten, Metaphern für Führungskräfte. Freiburg: Haufe-Mediengruppe.

Nooteboom, B. (1996). Trust, opportunism and governance. A process and control model. In: Organization Studies 17, 6, S. 985–1010.

Norman, R. Z./Smith, R./Berger, J. (1988). The processing of inconsistent status information. In: Foschi, M. (Hg.). Status generalization. New theory and research. Stanford: Stanford University Press, S. 169–87.

Nyquist, L. V./Spence, J. T. (1986). Effects of dispositional dominance and sex role expectations on leadership behaviors. In: Journal of Personality and Social Psychology 50, S. 87–93.

O. V. (2004). How companies are dealing with workplace body art issues. In: HR Focus 81, S. 9.

O.V. (2000). Survey finds tardiness and absenteeism up at workplaces that dress down, einsehbar unter http://www.jacksonlewis.com/news/survey-finds-tardiness-and-absenteeism-workplaces-dress-down (12.10.16)

O'Driscoll, M. P./Humphries, M./Larsen, H. H. (1991). Managerial activities, competence and effectiveness. Manager and subordinate perceptions. In: The International Journal of Human Resource Management 2, 3, S. 313–26.

O'Neal, G. S./Lapitsky, M. (1991). Effects of clothing as nonverbal communication on credibility ofthe message source. In: Clothing and Textiles Research Journal 9, S. 28–34.

Oldmeadow, J./Platow, M. J./Foddy, M./Anderson, D. (2003). Self-categorization, status and social influence. In: Social Psychology Quarterly 66, 2, S. 138–52.

Orpen, C. (1996). The effects of ingratiation and self promotion tactics on employee career success. In: Social Behavior and Personality 24, 3, S. 213–14.

Osborn, D. R. (1996). Beauty is as beauty does? Make-up and posture effects on physical attractivness judgements. In: Journal of Applied Psychology 26, 1, S. 31–51.

Osgood, C. E./Suci, G. J./Tannenbaum, P. H. (1957). The measurement of meaning. Urbana: University of Illinois Press.

Pancer, S. M./Meindl, J. R. (1978). Length of hair and beardedness as determinants of personality impressions. In: Perceptual and Motor Skills 46, S. 1328–30.

Parsons, J. H. (Hg.) (1980). The psychobiology of sex differences and sex roles. Washington D.C.: Hemisphere.

Patzer, G. L. (1975). Determinants of judgments of physical attractiveness and the attribution of sexual attitudes to strangers. Unveröffentlichte Master-Arbeit, Pittsburg State University.

Patzer, G. L. (1985). The physical attractiveness phenomena. New York u. a.: Plenum Press.

Paulus, P. B. (Hg.) (1989). Psychology of group influence. Hillsdale: Lawrence Erlbaum Associates.

Pease, A./Pease, B. (2004). The definitive book of body language. The hid den meaning behind people's gestures and expressions. New York: Random House/Bantam Dell.

Peck, S./Peck, L./Kataja, M. (1991). Skeletal asymmetry in esthetically pleasing faces. In: Angle Orthodontist 61, 43–48.

Peluchette, J./Karl, K. (2007). The impact of workplace attire on employee self-perceptions. In: Human Resource Development Quarterly 18, S. 345–58.

Perrett, D. I./Lee, K. J./Penton-Voak, I./Rowland, D./Yoshikawa, S./Burt, D. M./Henzi, S. P./ Castles, D. L./Akamatsu, S. (1998). Effects of sexual dimorphism on facial attractiveness. In: Nature 394, S. 884–87.

Perrett, D. I./May, K. A./Yoshikawa, S. (1994). Facial shape and judgments of female attractiveness. In: Nature 368, S. 239–42.

Perrin, F. A. C. (1921). Physical attractiveness and repulsiveness. In: Journal of Experimental Psychology 4, S. 203–17.

Peter, L. J./Hull, R. (1969). The Peter Principle. Why things always go wrong. New York: William Morrow and Company.

Peters, T. (2006). The work matters. On self-reliance, becoming a ›Change Insurgent‹ and the power of peculiarities. Vortrag vom 30.04.06, einsehbar unter http://tompeters.com/slides/topic-presentations/ (2.11.16).

Peterson O./Andrews L./Spain, R. (1956). An analytical study of North Carolina general practice. 1953–1954. In: J Med Educ 31, 2, S. 1–165.

Peterson, R. A./Kern, R. M. (1996). Changing high-brow taste. From snob to omnivore. In: American Sociological Review 61, 5, S. 900–07.

Pheterson, G. I./Kiesler, S. B./Goldberg, P. A. (1971). Evaluation of the performance of women as a function of their sex, achievement, and personal history. In: Journal of Personality and Social Psychology 19, S. 114–18.

Phillips, A. P./Dipboye, R. L. (1989). Correlational tests of predictions from a process model of the interview. In: Journal of Applied Psychology 74, S. 41–52.

Phillips, D. J./Zuckerman, E. W. (2001). Middle-status conformity. Theoretical restatement and empirical demonstration in two markets. In: American Journal of Sociology 107, 2, S.

379–429.

Pintner, R. (1918). Intelligence as estimated from photographs. In: Psychological Review 25, S. 286–96.

Pollach, I./Kerbler, E. (2011). Appearing competent. A study of impression management in U.S. and European CEO profiles. In: The Journal of Business Communication 48, 4, S. 355–72.

Popper, K. R. (1969). Conjectures and refutations; London: Routledge & Kegan Paul.

Popper, K. R. (1987). Das Elend des Historizismus. 6. Aufl. Tübingen: Mohr Siebeck.

Pornpitakpan, C. (2004). The persuasiveness of source credibility. A critical review of five decades' evidence. In: Journal of Applied Social Psychology 34, 2, S. 243–81.

Porter, T. (1995). Trust in numbers. Princeton: Princeton University Press.

Powelz, M. (2011). Der beliebteste Nachrichten-Star. In: TV Digital vom 15.05.11, einsehbar unter http://www.tvdigital.de/magazin/specials/aktionen/der-beliebteste-nachrichten-star (2.11.16).

Power, T. G./Hildebrandt, K. A./Fitzgerald, H. E. (1982). Adult's responses to infants varying in facial expression and perceived attractiveness. In: Infant Behavior and Development 5, S. 33–44.

Pozo-Muñoz, C./Rebolloso-Pacheco, E./Fernández-Ramírez, B. (2000). The ›Ideal Teacher‹. Implications for student evaluation of teacher effectiveness. In: Assessment & Evaluation in Higher Education 25, 3, S. 253–63.

Praino, R./Stockemer, D./Ratis, J. (2014). Looking good or looking competent?
Physical appearance and electoral success in the 2008 congressional elections. In: American Politics Research 42, 6, S. 1096–117.

Pratto, F./Stallworth, L. M./Sidanius, J. (1997). The gender gap. Differences in political attitudes and social dominance orientation. In: British Journal of Social Psychology 36, S. 49–68.

Praxmarer, S. (2011). How a presenter's perceived attractiveness affects persuasion for attractiveness-unrelated products. In: International Journal of Advertising 30, 5, S. 839–65.

Pyszczynski, T./Greenberg, J.,/Goldenberg, J. L. (2003). Freedom versus fear. On the defense, growth, and expansion of the self. In: Leary, M. R./Tangney, J. P. (Hg.). Handbook of self and identity. New York: Guilford Press, S. 314–43.

Radmacher, S. A./Martin, D. J. (2001). Identifying significant predictors of student evaluations of faculty through hierarchical regression analysis. In: The Journal of Psychology 135, S. 259–68.

Rafaeli, A./Dutton, J./Harquail, C./Mackie-Lewis, S. (1997). Navigating by attire. The use of dress by administrative employees. In: Academy of Management Journal 40, S. 19–45.

Rafaeli, A./Pratt, M. (1993). Tailored meanings. On the meaning and impact of organizational dress. Academy of Management Review 18, S. 32–55.

Rajagopalan, N./Datta, D. K. (1996). CEO characteristics. Does industry matter?. In: Academy of Management Journal 39, S. 197–215.

Rakic, T./Steffens, M. C./Mummendey, A. (2011). Blinded by the accent! The minor role of looks in ethnic categorization. In: Journal of Personality and Social Psychology 100, 1, 16–29. Zitiert als Rakic, Steffens & Mummendey, 2011 a.

Rakic, T./Steffens, M. C./Mummendey, A. (2011). When it matters how you pronounce it. The influence of regional accents on job interview outcome. In: British Journal of Psychology 102, S. 868–83. Zitiert als Rakic, Steffens & Mummendey, 2011 b.

Ralston, S. M./Kirkwood, W. G. (1999). The trouble with applicant impression management. In: Journal of Business and Technical Communication 13, S. 190–207.

Raymond, E. S. (Hg.) (2003). FUD. The Jargon File. Version 4.4.7, einsehbar unter http://www.catb.org/jargon/oldversions/jarg447.txt (2.11.16).

Reinhard, M. A./Messner, M./Sporer S. L. (2006). Explicit persuasive intent and its impact on success at persuasion.The determining roles of attractiveness and likeableness. In: Journal Of Consumer Psychology, 16, 3, S. 249–59.

Rennenkampff, A. von (2004). Aktivierung und Auswirkungen geschlechtsstereotyper Wahrnehmung von Führungskompetenz im Bewerbungskontext. Unveröffentlichte Dissertation, Universität Mannheim.

Reynolds, D. J./Gifford, R. (2001). The sounds and sights of intelligence. A lens model channel analysis. In: Personality and Social Psychology Bulletin 27, S. 187–200.

Rhodes, G./Proffitt, F./Grady, J. M./Sumich, A. (1998). Facial symmetry and the perception of beauty. In: Psychonomic Bulletin & Review 5, 4, S. 659–69.

Rhodes, G./Roberts, J./Simmons, L. W. (1999). Reflections on symmetry and attractiveness. In: Psychology, Evolution, & Gender 1, S. 279–95.

Richardson, K. D./Cialdini, R. B. (1981). Basking and blasting. Tactics of indirect self-presentation. In: Tedeschi, J. (Hg.). Impression management theory and social psychological research. New York u. a.: Academic Press, S. 41–53.

Riches, P./Foddy, M. (1989). Ethnic accent as a status cue. In: Social Psychology Quarterly 52, S. 197–206.

Ridderstråle, J./Nordström, K. (2000). Funky business. Talent makes capital dance. Edinbourgh: Pearson Education.

Ridgeway, C./Johnson, C. (1990). What is the relationship between socioemotional behavior and status in task groups?. In: American Journal of Sociology 95, S. 1189–212.

Riniolo, T. C./Johnson, K. C./Sherman, T. R./Misso, J. A. (2006). Hot or not. Do professors perceived as physically attractive receive higher student evaluations?. In: The Journal of General Psychology 133, S. 19–34.

Ritter, J. (2013). Wem bringt der Doktortitel was? In: ZEIT Online vom 15.10.13, einsehbar unter: http://www.zeit.de/campus/2013/06/servicepromotion-faecher/komplettansicht (2.11.16).

Ritts, V./Patterson, M. L./Tubbs, M. E. (1992). Expectations, impressions, and judgments of physically attractive students. A review. In: Review of Educational Research 62, S. 413–26.

Roberts J. V./Herman, C. P. (1986). The psychology of height. An empirical review. In: Herman, C. O./Zanna, M. P./Higgnis, E. T. (Hg.). Physical appearance, stigma and social behavior. The Ontario Symposium, Band 3. Hillsdale: Lawrence Erlbaum Associates, S. 113–40.

Robinson, W. P./Giles, H. (Hg.) (2001). The new handbook of language and social psychology. New York: John Wiley.

Rodriguez Mosquera, P. M. R./Fischer, A. H./Manstead, A. S. R. (2002). The role of honour concerns in emotional reactions to offences. In: Cognition and Emotion 16, S. 143–63.

Rodriguez Mosquera, P. M. R./Fischer, A. H./Manstead, A. S. R./Zaalberg, R. (2008). Attack, disapproval, or withdrawal? The role of honour in anger and shame responses to being insulted. In: Cognition and Emotion 22, 8, S. 1471–98.

Roff, M./Brody, D. S. (1953). Appearance and choice status during adolescence. In: Journal of Psychology 36, S. 347–56.

Roll, S./Verinis, J. S. (1971). Stereotypes of scalp and facial hair as measured by the semantic differential. In: Psychological Reports 28, S. 975–80.

Rosar, U./Klein, M./Beckers, T. (2008). The frog pond beauty contest. Physical attractiveness and electoral success of the constituency candidates at the North Rhine-Westphalia state election 2005. In: European Journal of Political Research 47, 1, S. 64–79.

Rosen, S. (1981). The economics of superstars. In: American Economic Review 71, 5, S. 845–58.

Rosenberg, S./Nelson, C./Vivekananthan, P. (1968). A multidimensional approach to the structure of personality impressions. In: Journal of Personality and Social Psychology 9, S. 283–94.

Rosenfeld, P., Giacalone, R. A./Riordan, C. A. (1995). Impression management in organizations. Theory, measurement, and practice. London u. a.: Routledge.

Rosenthal, D. E. (1976). Evaluating the competence of lawyers. In: Law & Society Review 11, 2, S. 257–85.

Rosenthal, R. (1973). The pygmalion effect lives. In: Psychology Today 7, S. 56–63.

Rosenzweig, P. (2007). The Halo Effect......and the eight other business delusions that deceive managers. New York: Free Press.

Ross, L. (1977). The intuitive psychologist and his shortcomings. Distortions in the attribution process. In: Berkowitz, L. (Hg.). Advances in experimental social psychology. New York: Academic Press.

Ross, M./Salvia, J. (1975). Attractiveness as a biasing factor in teacher judgments. In: American Journal of Mental Deficiency 80, S. 96–98.

Ross, W. D./Ward, R. (1982). Human proportionality and sexual dimorphism. In: Hall, R. L. (Hg.). Sexual dimorphism in Homo Sapiens. A question of size. New York: Praeger, S. 317–361.

Rothman, N. B./Wiesenfeld, B. M. (2007). The social consequences of expressing emotional ambivalence in groups and teams. In: Mannix, E./ Neale, M./Anderson C. (Hg.). Research on managing groups and teams. Affect and groups. London: Elsevier. S. 205–308.

Rowe, P. M. (1989). Unvaforable information and interview decisions. In: Eder, R. W./Ferris, G.R. (Hg.). The employment interview. Theory, research, and practice. Newbury Park: Sage, S. 77–89.

Rucker, M./Anderson, E./Kangas, A. (1999). Clothing, power and the workplace. In: Johnson, K./ Lennon, S. (Hg.). Appearance and power. Dress, body, culture. New York: Berg, S. 59–77.

Rushkoff, D. (2000). Der Anschlag auf die Psyche. Stuttgart u. a.: Deutsche Verlags–Anstalt.

Ryan, E. B. (1979). Why do low-prestige language varieties persist?. In: Giles, H./St. Clair, R. (Hg.). Language and Social Psychology, Band 1 (= Schriftenreihe von Trudgill, P. (Hg.). Language in Society). Baltimore: University Park Press, S. 145–47.

Ryan, E. B./Carranza, M. A. (1975). Evaluative reactions of adolescents toward speakers of standard English and Mexican American accented English. In: Journal of Personality and Social Psychology 31, 5, S. 855–63.

Ryan, E. B./Giles, H. (Hg.). Attitudes toward language variation. London: Edward Arnold.

Ryan, E. B./Giles, H./Sebastian, R. J. (1982). An integrative perspective for the study of attitudes toward language variation. In: Ryan, E. B./Giles, H. (Hg.). Attitudes toward language variation. London: Edward Arnold, S. 1–19.

Ryan, E. B./Sebastian, R. J. (1976). Social class effects on evaluation reactions towards accented speakers. Unveröffentlichtes Manuskript, University of Notre Dame.

Ryen, A. H./Kahn, A. (1975). Effects if intergroup orientation on group at titudes and proximic behavior. In: Journal of Personality and Social Psychology 31, S. 302–10.

Sackeim, H. A. (1985). Morphologic asymmetries of the face. A review. In: Brain and Cognition 4, S. 296–312.

Saito, K. (1978). An experimental study of personality judgments. Effect of wearing glasses. In: Japanese Journal of Experimental Social Psychology 17, S. 121–27.

Salter, C. (2007). Lessons from the Tarmac. In: Fast Company, 2, S. 31–32.

Sandberg, J./Pinnington, A. H. (2009). Professional competence as ways of being: An existential ontological perspective. In: Journal of Management Studies, 46, S. 1138–70.

Schachter, S. (1951). Deviation, rejection, and communication. In: Journal of Abnormal and Social Psychology 46, 2, S. 190–208.

Scheflen, A. E. (1964). The significane of posture in communication systems. In: Psychiatry 27, S. 316–31.

Scheflen, A. E. (1965). Stream and structure of communicational behavior. Context analysis of a psychotherapy session. In: Behavioral Studies Monograph, Band 1. Philadelphia: Eastern Pennsylvania Psychiatric Institute.

Scheflen, A. E. (1966). Natural history method in psychotherapy. Communicational research. In: Gottschalk, L. A./Auerbach, A. H. (Hg.). Methods of research in psychotherapy. New York: Appleton-Century-Crofts, S. 263–89.

Scherer, K. (1979). Voice and speech correlates of perceived social influence in simulated juries. In: Giles, H./St. Clair, R. (Hg.). Language and social psychology. Baltimore: University Park Press, S. 88–120.

Schlenker, B. R./Darby, B. W. (1981). The use of apologies in social predicaments. In: Social Psychology Quarterly 44, 271–78.

Schlenker, B./Leary, M. (1982). Audiences' reactions to self-enhancing, selfdenigrating, and accurate self-presentations. In: Journal fo Experimental Social Psychology 18, S. 89–104.

Schmid Mast, M./Hall, J. A. (2004). Who is the boss and who is not? Accuracy of judging status. In: Journal of Nonverbal Behavior 28, 3, S. 145–65.

Schmidt, H. D. (1971). Experimente zur Prestige-Beeinflußbarkeit. I. Co-Judge-Suggestibilität und Persönlichkeit. In: Archiv für Psychologie 123, S. 49–64.

Schmidt, H. D./Schmerl, C./Steffens, K. H. (1971). Experimente zur Prestige-Beeinflußbarkeit. II. Dimensionen der Prestige-Beeinflußbarkeit. In: Archiv für Psychologie 123, S. 97–119.

Schneider, D. J. (1973). Implicit personality theory. A review. In: Psychological Bulletin 79, S. 294–309.

Schneider, D. J. (1981). Tactical self presentations. Toward a broader conception. In: Tedeschi, J. (Hg.). Impression management theory and social psychological research. New York u. a.: Academic Press, S. 23.-53.

Schneider, D. J./Hastorf, A. H./Ellsworth, P. C. (1979). Person perception. Reading u. a.: Addison-Wesley.

Schneider, F. W./Gruman, J. A./Coutts, L. M. (2012). Applied Social Psychology. Understanding and addressing social and practical problems. 2. Aufl. Thousand Oaks: Sage.

Schopenhauer, A. (1851). Parerga und Paralipomena. Kleine philosophische Schriften, Band 1. In: Deussen, P. (1913). Arthur Schopenhauers sämtliche Werke, Band 4. München: Piper, S. 159–221.

Schopenhauer, A. (1851). Über die Universitätsphilosophie. In: Ders. (1851). Parerga und Paralipomena. Kleine philosophische Schriften, Band 1. In: Deussen, P. (Hg.). Arthur Schopenhauers sämtliche Werke, Band 4. München: Piper, S. 182–83.

Schulz, M. (2002). Venus unterm Faltenhobel. In: Der Spiegel 41, S. 212–28.

Schuman, M. A. (2008). Bill Gates. Computer mogul and philanthropist. Berkeley Heights: Enslow Publishers.

Schwanitz, D. (1999). Bildung. Alles, was man wissen muss. Frankfurt: Eichborn.

Scott, L. M./Batra R. (Hg.) (2003). Persuasive imagery. A consumer response perspective. Mahwah: Lawrence Erlbaum Associates.

Searcy, T. (2011). The new rules on dressing for success. In: CBS Moneywatch; einsehbar unter: http://www.cbsnews.com/news/the-new-ruleson-dressing-for-success/ (13.10.16).

Seiter, J./Hatch, S. (2005). Effect of tattoos on perceptions of credibility and attractiveness. In: Psychological Reports 90, S. 1113–20.

Sereno, K. K./Hawkins, G. J. (1967). The effects of variations in speaker's nonfluency upon audience ratings of attitude toward the speech topic and speaker's credibility. In: Speech Monographs 34, S. 58–64.

Shapiro, A. (1968). The relationship between self concept and self disclosure. In: Dissertation Abstracts 39, 3B, S. 1180–81.

Shapiro, H. L. (1947). From the neck up. In: Natural History 56, S. 456–65.

Shaw, J./Porter, S. (2015). Constructing rich false memories of committing crime. In.
   Psychological Science 26, 3, S. 291–301.

Shell, R. G. (2006). Bargaining for advantage. Negotiation strategies for reasonable people. 2.
   Aufl. New York: Penguin Books.

Shelly, R. K. (2001). How performance expectations arise from sentiments. In: Social Psychology
   Quarterly 64, 1, S. 72–87.

Sherif, M. (1935). A study of some social factors in perception. In: Archives of Psychology 27,
   187, S. 17–22.

Sherif, M./Sherif, C. W. (1964). Reference Groups. New York: Harper & Row.

Shlomo, H./Berkovitch, N./Livnat, L./David, D. (2013). Anger and shame as determinants of
   perceived competence. In: International Journal of Psychology 48, 6, S. 1080–89.

Sigall, H./Page, R./Brown, A. (1971). The effects of physical attraction and evaluation on effort
   expenditure and work output. In: Representative Research in Social Psychology 2, S.
   19–25.

Sigelman, C. K./Thomas, D. B./Sigelman, L./Ribich, F. D. (1986). Gender, physical
   attractiveness, and electability. An experimental investigation of voter biases. In: Journal of
   Applied Social Psychology 16, S. 229–48.

Simmons, L. W./Rhodes, G./Peters, M./Koehler, N. (2004). Are human preferences for facial
   symmetry focused on signals of developmental instability?. In: Behavioral Ecology 15, S.
   864–71.

Simonson, I./Nowlis, S. M. (2000). The role of explanations and need for uniqueness in
   consumer decision making. Unconventional choices based on reasons. In: Journal of
   Consumer Research 27, 1, S. 49–68.

Simpson, D. (2013). Big-ticket graffiti artist Banksy says he offered paintings for $60 in Central
   Park. In: CNN.com vom 15.10.2013, einsehbar unter http://edition.cnn.com/2013/10/14/
   living/banksy-street-art-sale/(2.11.16).

Sinaceur, M./Tiedens, L. Z. (2006). Get mad and get more than even. When and why anger
   expression is effective in negotiations. In: Journal of Experimental Social Psychology 42, S.
   314–22.

Singh, D. (1995). Female judgment of male attractiveness and desirability for relationships. Role
   of waist-to-hip ratio and financial status. In: Journal of Personality and Social Psychology
   69, S. 1089–101.

Snyder, M./Cantor, N. (1979). Testing hypotheses about other people. The use of historical knowledge. In: Journal of Experimental Social Pschology 15, S. 330–42.

Sobal J./Stunkard A.J. (1989). Socioeconomic status and obesity. A review of the literature. In: Psychol Bull 105, S. 260–75.

Sokal, A. D. (1996). A physicist experiments with cultural studies. In: Lingua Franca 6, S. 62–64. Zitiert als: Sokal, 1996 b.

Sokal, A. D. (1996). Transgressing the boundaries. Towards a transformative hermeneutics of quantum gravity. In: Social Text 46/47, S. 217–52. Zitiert als: Sokal, 1996 a.

Sokal, A. D./Bricmont, J. (1998). Fashionable nonsense. Postmodern intellectuals' abuse of science. New York: Picador.

Solomon, M. R. (1999). The value of status and the status of value. In: Holbrook, M. B. (Hg.). Consumer value. A framework for analysis and research. Abingdon: Routledge, S. 224.

Sommer, R. (1969). Personal space. The behavioral basis of design. Englewood Cliffs: Prentice Hall. Sommer, R. (1988). The personality of vegetables. Botanical metaphors for human characteristics. In: Journal of Personality 56, 4, S. 665–83.

Spence, G. (1996). How to argue and win every time. New York: St. Martin Griffin.

Spence, G. (2006). Win Your Case: How to Present, Persuade, and Prevail. New York: St. Martin Griffin.

Spence, K. W./Spence, J. T. (Hg.) (1968). The psychology of learning and motivation, Band 2. New York: Acad. Press.

Spinath, F. M./Angleitner, A. (2004). Thin slices of behavior as cues of personality and intelligence. In: Journal of Personality and Social Psychology 86, S. 599–614.

Spurling, H. (2000). The wickedest man in Oxford. In: New York Times vom 24.12.00, einsehbar unter http://www.nytimes.com/books/00/12/24/reviews/001224.24spurlit.html (2.11.16).

Steffens, M. C./Schult, J. C./Ebert, I. D. (2009). Feminization of management leads to blacklash against agentic applicants. Lack of social skills, not gender, determines low hirability judgments in student samples. In: Psychology Science Quarterly 51, S. 16–46.

Stephan, C. W./Langlois, J. H. (1984). Baby beautiful. Adult attributions of infant competence as a function of infant attractiveness. Child Development 55, S. 576–85.

Sternthal, B. (1972). Persuasion and the mass communications process. Unveröffentlichte Dissertation, Ohio State University.

Stevens, C. K./Kristof, A. L. (1995). Making the right impression. A field study of applicant impression management during job interviews. In: Journal of Applied Psychology 80, S.

587–606.

Stewart, M. A./Ryan, E. B./Giles, H. (1985). Accent and social class effects on status and solidarity evaluations. In: Personality and Social Psychology Bulletin 11, 1, S. 98–105.

Stewart, R. A./Powell, G. E./Chetwynd, S. J. (1979). Person perception and stereotying. Westmead u. a.: Saxon House.

Stiff, J. B./Kim H. J./Ramesh, C. (1992). Truth biases and aroused suspicion in relational deception. In: Communication Research 19, S. 326–45.

Stockemer, D./Praino, R. (2015). Blinded by beauty? Physical attractiveness and candidate selection in the U.S. House of Representatives. In: Social Science Quarterly 96, S. 430–43.

Stone, J./Cooper, J. (2001). A self-standards model of cognitive dissonance. In: Journal of Experimental Social Psychology 37, S. 228–43.

Strack, F./Stepper, L. L./Martin, S. (1988). Inhibiting and facilitating conditions of the human smile. A non-obtrusice test of the facial-feedback hypothesis. In: Journal of Personality and Social Psychology 54, S. 768–77.

Stroebe, W./Hewstone, M./Stephenson, G. M. (Hg.) (1996). Sozialpsychologie. Eine Einführung. Berlin u. a.: Springer.

Stroebe, W./Insko, C. A./Thompson, V. D./Layton, B.D. (1971). Effects of physical attractiveness, attitude similarity, and sex on various aspects of interpersonal attraction. In: Journal of Personality and Social Psychology 18, S. 79–91.

Strong, S. R./Taylor, R. G./Bratton, J. C./Loper, R. G. (1971). Nonverbal behavior and perceived counselor characteristics. In: Journal of Counseling Psychology 18, 6, S. 554–61.

Stulp, G./Buunk, A. P./Verhulst, S./Pollet, T. V. (2012). Tall claims? Sense and nonsense about the importance of height of US presidents. In: Leadership Quarterly 24, S. 159–71.

Sugrue, T. (1999). Remarks of Thomas Sugrue. Vortrag anlässich der 11. FT World Mobile Communications Conference, 10–11.11.1999, einsehbar unter http://wireless.fcc.gov/statements/11–10–99.html (2.11.16).

Swami, V./Caprario, C./Tovde, M. J./Furnham, A. (2006). Female physical attractiveness in Britain and Japan. A cross-cultural study. In: European Journal of Personality 20, S. 69–81.

Swami, V./Smith, J./Tsiokris, A./Georgiades, C./Sangareau, Y./Tovée, M. J./Furnham, A. (2007). Male physical attractiveness in Britain and Greece. A cross-cultural study. In: The Journal of SocialPsychology 147, 1, S. 15–26.

Swami. V./Antonakopoulos. N./Tovee, M. J./Furnham, A. (2006). A critical test of the waist-to-hip ratio hypothesis of female physical attractiveness in Britain and Greece. In: Sex Roles

54, S. 201–11.

Swami. V./Tovee. M. J. (2006). Does hunger influence judgements of female physical attractiveness? In: British Journal of Psychology 97, S. 353–63.

Swann, W. B. (1987). Identity negotiation. Where two roads meet. In: Journal of Personality and Social Psychology 53, S. 1038–51.

Swann, W. B./Ely, R. J. (1984). A battle of wills. Self-verification versus behavioral confirmation. In: Journal of Personality and Social Psychology 91, S. 457–77.

Sybers, R./Roach, M. E. (1962). Sociological research. Clothing and human behavior. In: Journal of Home Economics 54, S. 184–87.

Sypeck, M. F./Gray, J. J./Etu, S. F./Ahrens, A. H./Mosimann, J. E./Wiseman, C. V. (2006). Cultural representations of thinness in women, redux. Playboy magazine's depiction of beauty from 1979 to 1999. In: Body Image 3, S. 229–35.

Tagiuri, R./Petrullo, L. (Hg.) (1958). Person perception and interpersonal behavior. Stanford: Stanford University Press.

Tangney, J. P. (1996). Conceptual and methodological issues in the assessment of shame and guilt. In: Behaviour Research and Therapy 34, S. 741–54.

Taylor, D. M./Bassili, J. N./Aboud, F. E. (1973). Dimensions of ethnic identity. An example from Quebec. In: Journal of Social Psychology 89, 2, S. 185–92.

Taylor, D. M./Gardner, R. C. (1970). Bicultural communication. A study of communicational efficiency and person perception. In: Canadian Journal of Behavioural Science 2, S. 67–81.

Tecce, J. J. (2004). Body language in Presidential debates as a predictor of election results. 1960–2004. Unveröffentlichtes Manuskript, Boston College.

Tedeschi, J. (Hg.) (1981). Impression management theory and social psychological research. New York u. a.: Academic Press.

Tedeschi, J. T./Melbug, V. (1984). Impression management and influence in the organization. In: Bacharach, S. B./Lawler, E. G. (Hg.). Research in the sociology of organizations. Greenwich: JAI Press, S. 293–322.

Tedeschi, J. T./Schlenker, B. R./Bonoma, T. V. (1971). Cognitive dissonance. Pricate ratiocination or public spectacle?. In: American Psychologist 26, S. 685–95.

Tedeschi, J./Riess, M. (1981). Identities, the phenomenal self, and laboratory research. In: Tedeschi, J. (Hg.). Impression management theory and social psychological research. New York u. a.: Academic Press, S. 3–22.

Terry, R. L. (1977). Further evidence on components of facial attractiveness. In: Perceptual and

Motor Skills 45, S. 130.

Terry, R. L./Brady, C. S. (1976). Effects of framed spectacles and contact lenses on self-ratings of facial attractiveness. In: Perceptual and Motor Skills 42, S. 789–90.

Terry, R. L./Davis, J. S. (1976). Components of facial attractiveness. In: Perceptual and Motor Skills 42, S. 918.

Terry, R. L./Kroger, D. L. (1976). Effects of eye correctives on ratings of attractiveness. In: Perceptual and Motor Skills 42, S. 562.

Terry, R. L./Zimmermann, D. J. (1970). Anxiety induced by contact lenses and framed spectacles. In: Journal of American Optometric Association 41, S. 257–59.

Tesser, A./Brodie, M. (1971). A note on the evaluation of a computer date. In: Psychonomic Science 23, S. 300.

Tetlock, P. E. (2005). Expert political judgment. How good is it? How can we know?. Princeton University Press: Princeton.

Teuscher, U./Teuscher, C. (2007). Reconsidering the double standard of aging. Effects of gender and sexual orientation on facial attractiveness ratings. In: Personality and Individual Differences 42, S. 631–39.

Thacker, R./Wayne, S. (1995). An examination of the relationship between upward influence tactics and assessments of promotability. In: Journal of Management 21, 4, S. 739–56.

Thompson, C. J./Rindfleisch, A./Arsel, Z. (2006). Emotional branding and the strategic value of the doppelgänger brand image. In: Journal of Marketing 70, 1, S. 50–64.

Thorndike, E. L. (1920). A constant error in psychological ratings. In: Journal of Applied Psychology 4, S. 25–29.

Thornhill, R./Gangestad, S. W. (1993). Human facial beauty. Averageness, symmetry, and parasite resistance. In: Human Nature 4, 3, S. 237–69. Thornton, G. R. (1943). The effect upon judgments of personality traits of varying a single factor in a photograph. In: Journal of Social Psychology 18, S. 127–48.

Thornton, G.R. (1944). The effect of wearing glasses on judgements of personality traits of persons seen briefly. In: Journal of Applied Psychology 28, S. 203–07.

Tiedens, L. Z. (2001). Anger and advancement versus sadness and subjugation. The effect of negative emotion expressions on social status conferral. In: Journal of Personality and Social Psychology 80, S. 86–94.

Tiedens, L. Z./Ellsworth, P. C./Mesquita, B. (2000). Stereotypes about sentiments and status. Emotional expectations for high- and low-status group members. In: Personality and Social

Psychology Bulletin 26, S. 500–74.

Todorov, A./Mandisodza, A. N./Goren, A./Hall, C. C. (2005). Inferences of competence from faces predict election outcomes. In: Science 308, S. 1623–26.

Todorov, A./Said, C. P./Engell, A. D./Oosterhof, N. N. (2008). Understanding evaluation of faces on social dimensions. In: Trends in Cognitive Sciences 12, 12, S. 455–60.

Tomikins, S./Izard, C. (Hg.) (1965). Affect cognition and personality. New York: Springer.

Tovee, M. J./Hancock, P./Mahmoudi, S./Singleton, B. R. R./Comelissen, P. L. (2002). Human female attractiveness. Waveform analysis of body shape. In: Proceedings of the Royal Society of Umdon B. 269, S. 2205–13.

Tovee, M. J./Reinhardt, S./Emery. J./Comelissen. P. (1998). Optimum body-mass index and maximum sexual attractiveness. Lancet 352, S. 548.

Tsafati, Y./Efassi, D. M/Waismel-Manor, I. (2010). Exploring the association between Israeli legislators' physical attractiveness and their television news coverage. In: International Journal of Press/Politics 15, 2, S. 175–92.

Tsui A. S./Barry, B. (1986). Interpersonal affect and rating errors. In: Academy of Management Journal 29, S. 586–99.

Turner, J. C. (1991). Social influence. Pacific Grove: Brooks/Cole.

Turner, J. C./Oakes, P. J. (1989). Self-categorization theory and social influence. In: Paulus, P. B. (Hg.). Psychology of group influence. Hillsdale: Erlbaum, S. 233–75.

Tversky, A./Kahneman, D. (1991). Loss aversion in riskless choice. A reference dependent model. In: Quarterly Journal of Economics 106, S. 1039–61.

Ury, W. (2008). The power of a positive no. Save the deal save the relationship. And still say no. New York: Random House.

Uzzi, B./Lancaster, R./Dunlap, S. (2007). Your client relationships and reputation. Weighing the worth of social ties. Embeddedness and the price of legal services in the large law firm market. In: Empson, L. (Hg.). Managing the modern law firm. Oxford: Oxford University Press, S. 91–116.

Van Vugt, M. /Hogan, R./Kaiser, R. B. (2008). Leadership, followership, and evolution. Some lessons from the past. In: American Psychologist 63, 3, S. 182–96.

Varma, A./Toh, S./Pichler, S. (2006). Ingratiation in job applications. Impact on selection decisions. In: Journal of Managerial Psychology 21, 3, S. 200–10.

Verhulst, B./Lodge, M./Lavine, H. (2010). The attractiveness halo. Why some candidates are perceived more favorably than others. In: Journal of Nonverbal Behavior 34, 2, S. 111–17.

Vonk, R. (1999). Impression formation and impression management. Motives, traits and likeability inferred from self-promoting and self-deprecating behavior. In: Social Cognition 17, S. 390–412.

Vrij, A. (2008). Detecting lies and deceit. Pitfalls and opportunities. Chichester: John C. Wiley.

Waber, R. L./Shiv, B./Carmon, Z./Ariely, D. (2008). Commercial features of placebo and therapeutic efficacy: in: JAMA, 299, S. 1016–17.

Wahrman, R./Pugh, M. D. (1972). Competence and conformity. Another look at Hollander's study. In: Sociometry 35, S. 376–86.

Waldmann, D. A./Ramirez, G. G./House, R. J./Puranam, P. (2001). Does leadership matter? CEO leadership attributes and profitability under conditions of perceived envi- ronmental uncertainty. In: Academy of Management Journal, 44, 134–143.

Walster, E./Aronson, V./Abrahams, D./Rottmann, L. (1966). Importance of physical attractiveness in dating behavior. In: Journal of Personality and Social Psychology 4, S. 508–16.

Walther, G. (1996). Sag, was du meinst, und du bekommst, was du willst. Düsseldorf u. a.: Econ.

Warr, P. B./Knapper, C. (1968). The perception of people and events. New York: Wiley.

Watson, O. (1972). Proxemic behavious. Cross-cultural study. The Hague: Mouton.

Watson, O./Graves, T. (1966). Quantitative research in proxemic behavior. In: American Anthropologist 68, S. 971–85.

Wayne, S. J./Ferris, G. R. (1990). Influence tactics, affect, and exchange quality in supervisor-subordinate interactions. A laboratory experiment and field study. In: Journal of Applied Psychology 75, S. 487–99.

Wayne, S. J./Liden, R. (1995). Effects of impression management on performance ratings. A longitudinal study. In: The Academy of Management Journal 38, 1, S. 232–60.

Wayne, S./Kacmar, K. (1991). The effects of impression management on the performance appraisal process. Organizational behavior and human decision processes 48, 1, S. 70–88.

Webster, M./Driskell, J. E. (1978). Status generalizations. A review and some new data. In: American Sociological Review 43, S. 220–36.

Weiner, B. (1986). An attributional theory of motivation and emotion. New York: Springer.

Weingarten, G. (2007). Pearls before breakfast. Can one of the nation's great musicians cut through the fog of a D.C. rush hour?. In: Washington Post vom 08.04.07, einsehbar unter https://www.washingtonpost.com/lifestyle/magazine/pearls-before-breakfast-canone-of-the-nations-greatmusicians-cut-through-the-fog-of-a-dc-rush-hour-lets-find-out/2014/09/23/8a6d46da-4331–11e4-b47c-f5889e061e5f_story.html (10.10.2016).

White, G./Fishbein, S./Rutstein, J. (1981). Passionate love and the misattribution of arousal. In: Journal of Personality and Social Psychology 41, 1, S. 56–62.

Wilcox, S. (1997). Age and gender in relation to body attitudes. Is there a double standard of aging?. In: Psychology of Women Quarterly 21, S. 549–65. Wilkinson, A. (1965). Spoken English. In: Educational Review, Beiheft zu 17, 2, S. 2.

Williams, R. G./Ware, J. E. (1976). Validity of student ratings of instruction under different incentive conditions. A further study of the Dr. Fox Effect. In: Journal of Educational Psychology 68, S. 48–56.

Williams, W. M./Ceci, S. J. (1997). How'm I doing?. In: Change 29, S. 13–24.

Wilson, C. P. (1979). Jokes. Form, content, use, and function. London: Academic Press.

Wilson, J. M. B./Tripp, D. A./Boland, F. J. (2005). The relative contributions of waist- to-hip ratio and body mass index to judgements of attractiveness. In: Sexualities, Evolution and Gender 7, S. 245–67.

Wilson, P. R. (1968). Perceptual distortion of height as a function of ascribed academic status. In: Journal of Social Psychology 74, S. 97–102.

Winkielman, P./Halberstadt, J./Fazendeiro, T./Catty, S. (2006). Prototypes are attractive because they are easy on the mind. In: Psychological Science 17, 9, S. 799–806.

Winkielman, P./Schwarz, N./Reber, R./Fazendeiro, T. A. (2003). Cognitive and affective consequences of visual fluency. When seeing is easy on the mind. In: Scott, L. M./Batra, R. (Hg.). Persuasive imagery. A consumer response perspective. Mahwah: Lawrence Erlbaum Associates, S. 75–89.

Winston, J. S./Strange, B. A./O'Doherty, J./Dolan, R. J. (2002). Automatic and intentional brain responses during evaluation of trustworthiness of faces. In: Nature Neuroscience 5, 3, S. 277–83.

Wojciszke, B. (1994). Multiple meanings of behavior. Construing actions in terms of competence and morality. In: Journal of Personality and Social Psychology 67, S. 222–32.

Wojciszke, B. (2005). Affective concomitants of information on morality and competence. In: European Psychologist 10, S. 60–70.

Wojciszke, B./Bazinska, R./Jaworski, M. (1998). On the dominance of moral categories in impression formation. In: Personality and Social Psychology Bulletin 24, S. 1245–57.

Wolf, N. (1991). The beauty myth. How images of beauty are used against women. New York: W.

Morrow.

Wookey, M. L./Graves, N. A./Butler, J. C., (2009). Effects of a sexy appearance on perceived competence of women. In: The Journal of Social Psychology 149, S. 116–18.

Yang, C-F. J./Gray, P./Pope, H. G. (2005). Male Body Image in Taiwan Ver sus the West: Yanggang Zhiqi Meets the Adonis Complex. American Journal of Psychiatry, 162, S. 263–69

Young, F. W. (1965). Initiation ceremonies. New York: Bobbs-Merrill.

Yzerbyt, V./Provost, V./Corneille, O. (2005). Not competent but warm......Really? Compensatory stereotypes in the French-speaking world. In: Group Processes & Intergroup Relations 8, 3, S. 291–308.

Zaidel, S. F./Mehrabian, A. (1969). The ability to communicate and infer positive and negative attitudes facially and vocally. In: Journal of Experimental Research in Personality 3, S. 233–41.

Zaltman, Gerald (2003). How customers think. Essential insights into the mind of the markets. Boston: Harvard Business School Press.

Zanna, M. P. (Hg.) (2000). Advances in experimental social psychology, Band 32. San Diego: Academic Press.

Zebrowitz, L. A. (1997). Reading faces. Window to the soul?. Boulder: Westview Press.

Zebrowitz, L. A./Hall, J. A./Murphy, N. A./Rhodes, G. (2002). Looking smart and looking good. Facial cues to intelligence and their origins. In: Personality and Social Psychology Bulletin 28, S. 238–49.

Zuckerman, M./Driver, R. E. (1989). What sounds beautiful is good: The vocal attractiveness stereotype. Journal of Nonverbal Behavior, 13, 2, S. 67–82.

나는 책을 사면 언제나 마지막 페이지를 맨 먼저 읽는다.
그러면 내가 다 읽기 전에 죽는다 해도 책이 어떻게 끝날지 알 테니까.

— 노라 에프런 Nora Ephron

옮긴이 **안인희**

문학·철학·예술 분야에서 꾸준한 연구로 주목받는 인문학자이자, 영어와 독일어권 대표 번역가. 한국외국어대학교 독일어과를 졸업하고 같은 대학 대학원에서 박사 학위를 받았으며, 독일 밤베르크 대학에서 공부했다. 저서로 『북유럽 신화 1·2·3』, 『게르만 신화, 바그너, 히틀러』가 있고, 옮긴 책으로 『문명 이야기 5: 르네상스』, 『세계 역사의 관찰』, 『히틀러 평전』, 『중세로의 초대』, 『그림 전설집』, 『베를린 알렉산더 광장』, 『광기와 우연의 역사』 등이 있다.

어떻게 능력을 보여줄 것인가

초판 1쇄 발행 2018년 9월 7일
10쇄 발행 2024년 1월 22일

지은이 잭 내셔
옮긴이 안인희

발행인 이봉주 **단행본사업본부장** 신동해
편집장 김경림 **디자인** 석운디자인 **일러스트** 최광렬
마케팅 최혜진 이인국 **국제업무** 김은정 김지민
홍보 반여진 허지호 정지연 송임선 **제작** 정석훈

브랜드 갤리온
주소 경기도 파주시 회동길 20
문의전화 031-956-7350 (편집) 031-956-7089 (마케팅)
홈페이지 www.wjbooks.co.kr
인스타그램 www.instagram.com/woongjin_readers
페이스북 https://www.facebook.com/woongjinreaders
블로그 blog.naver.com/wj_booking
발행처 ㈜웅진씽크빅
출판신고 1980년 3월 29일 제 406-2007-000046호

한국어판 출판권ⓒ 웅진씽크빅, 2018
ISBN 978-89-01-22660-6 (03190)